"船舶与海洋结构物先进设计方法"丛书编委会

船舶与海洋结构物先进设计方法

船 体 结 构

张维英　孙风胜　主　编

于　欣　陈　静　张兴华　副主编

科学出版社

北　京

内 容 简 介

本书比较全面、系统地介绍与船舶结构相关的基础知识和专业知识。内容包括常用运输船舶和渔船的分类方法、各种船型的基本特征、船舶结构基础知识，以及外板与甲板板、船底结构、舷侧结构、甲板结构、舱壁结构、首尾结构、上层建筑和机舱棚结构、各类常用运输船型的结构特点和木质渔船船体结构特点。通过学习这些知识与内容使读者对船体结构的特点与不同船型的特征有较全面的了解。

本书可以作为高等院校船舶与海洋工程相关专业的本科生与专科生的专业基础教学用书，也可作为船舶与海洋工程领域技术人员的参考资料及渔业船舶检验人员的培训教材，还可作为法律、保险和物流等其他专业技术人员了解船体结构基础知识的参考用书。

图书在版编目（CIP）数据

船体结构 / 张维英，孙风胜主编. —北京：科学出版社，2022.11
（船舶与海洋结构物先进设计方法）
ISBN 978-7-03-073763-2

Ⅰ. ①船… Ⅱ. ①张… ②孙… Ⅲ. ①船体结构 Ⅳ. ①U663

中国版本图书馆 CIP 数据核字（2022）第 214428 号

责任编辑：杨慎欣　霍明亮 / 责任校对：樊雅琼
责任印制：吴兆东 / 封面设计：无极书装

科 学 出 版 社 出版
北京东黄城根北街 16 号
邮政编码：100717
http://www.sciencep.com
北京九州迅驰传媒文化有限公司 印刷
科学出版社发行　各地新华书店经销
*
2022 年 11 月第 一 版　开本：787×1092　1/16
2022 年 11 月第一次印刷　印张：13 3/4
字数：326 000
定价：56.00 元
（如有印装质量问题，我社负责调换）

"船舶与海洋结构物先进设计方法" 丛书序

　　船舶与海洋结构物设计是船舶与海洋工程领域的重要组成部分，包括设计理论、原理、方法和技术应用等研究范畴。其设计过程是从概念方案到基本设计和详细设计；设计本质是在规范约束条件下最大限度地满足功能性要求的优化设计；设计是后续产品制造和运营管理的基础，其目标是船舶与海洋结构物的智能设计。"船舶与海洋结构物先进设计方法" 丛书面向智能船舶及绿色环保海上装备开发的先进设计技术，从数字化全生命周期设计模型技术、参数化闭环设计优化技术、异构平台虚拟现实技术、信息集成网络协同设计技术、多学科交叉融合智能优化技术等方面，展示了智能船舶的设计方法和设计关键技术。

　　（1）船舶设计及设计共性基础技术研究。针对超大型船舶、极地航行船舶、液化气与化学品船舶、高性能船舶、特种工程船和渔业船舶等进行总体设计和设计技术开发，对其中的主要尺度与总体布置优化、船体型线优化、结构形式及结构件体系优化、性能优化等关键技术进行开发研究；针对国际新规范、新规则和新标准，对主流船型进行优化和换代开发，进行船舶设计新理念及先进设计技术研究、船舶安全性及风险设计技术研究、船舶防污染技术研究、舰船隐身技术研究等；提出面向市场、顺应发展趋势的绿色节能减排新船型，达到安全、经济、适用和环保要求，形成具有自主特色的船型研发能力和技术储备。

　　（2）海洋结构物设计及设计关键技术研究。开展海洋工程装备基础设计技术研究，建立支撑海洋结构物开发的基础性设计技术平台，开展深水工程装备关键设计技术研究；针对浮式油气生产和储运平台、新型多功能海洋自升式平台、巨型导管架平台、深水半潜式平台和张力腿平台进行技术设计研究；重点研究桩腿、桩靴和固桩区承载能力，悬臂梁结构和极限荷载能力，拖航、系泊和动力定位，主体布置优化等关键设计技术。

　　（3）数字化设计方法研究与软件系统开发。研究数字化设计方法理论体系，开发具有自主知识产权的船舶与海洋工程设计软件系统，以及实现虚拟现实的智能化船舶与海洋工程专业设计软件；进行造船主流软件的接口和二次开发，以及船舶与海洋工程设计流程管理软件系统的开发；与 CCS 和航运公司共同进行船舶系统安全评估、管理软件和船舶技术支持系统的开发；与国际专业软件开发公司共同进行船舶与海洋工程专业设计软件的关键开发技术研究。

　　（4）船舶及海洋工程系统分析与海上安全作业智能系统研制。开展船舶运输系统分析，确定船队规划和经济适用船型；开展海洋工程系统论证和分析，确定海洋工程各子系统的组成体系和结构框架；进行大型海洋工程产品模块提升、滑移、滚装及运输系统的安全性分析和计算；进行水面和水下特殊海洋工程装备及组合体的可行性分析和技术设计研究；以安全、经济、环保为目标，进行船舶及海洋工程系统风险分析与决策规划研究；

在特种海上安全作业产品配套方面进行研究和开发，研制安全作业的智能软硬件系统；开展机舱自动化系统、装卸自动化系统关键技术和 LNG 运输及加注船舶的 C 型货舱系统国产化研究。

　　本丛书体系完整、结构清晰、理论深入、技术规范、方法实用、案例翔实，融系统性、理论性、创造性和指导性于一体。相信本丛书必将为船舶与海洋结构物设计领域的工作者提供非常好的参考和指导，也为船舶与海洋结构物的制造和运营管理提供技术基础，对推动船舶与海洋工程领域相关工作的开展也将起到积极的促进作用。

　　衷心地感谢丛书作者们的倾心奉献，感谢所有关心本丛书并为之出版尽力的专家们，感谢科学出版社及有关学术机构的大力支持和资助，感谢广大读者对丛书的厚爱！

大连理工大学

2016 年 8 月

前　言

21 世纪是人类走向海洋、大规模开发和利用海洋资源的世纪。船舶与海洋工程结构物是人类探索和利用海洋资源的必备装备，是关系到国防安全及国家经济发展的战略性产业，担负着海上运输、海洋资源勘探与开发等重要任务，对推动社会经济发展、保护海洋生态环境、维护国家海洋权益等具有重要意义。船舶作为船舶与海洋工程的组成部分，就像一座水上漂浮的建筑物，具有结构复杂、投资大和建造过程复杂、建造周期长等特点，船舶对其强度及结构都有特殊的要求。"船体结构"作为"船舶与海洋工程"专业及相关专业的基础核心课和必修课程，根据《高等教育面向 21 世纪教学内容和课程体系改革计划》培养高素质实用型和技能型工程技术人才的要求，本书编写目的是使学生尽可能地掌握与船体结构相关的基础知识和专业知识，为后续课程学习和未来的工作打下基础。

本书分 11 章，第 1 章介绍民用船舶的分类方法及常见运输船舶和渔业船舶的基本特征；第 2 章介绍对船体结构的基本要求、船体承受的外部载荷及船体要具有的强度要求，阐述船体结构采用板架结构形式的原因及船体结构的三种形式；第 3 章介绍外板和甲板板的形状、作用、受力、布置形式、厚度分布、上面开口的加强方法；第 4 章介绍船底结构四种形式及应用、船底骨架结构、骨架节点形式与相交时加强方法、箱形中底桁结构形式与特点；第 5 章介绍舷侧结构的骨架形式，组成纵、横骨架式舷侧结构的骨材形式与安装方式及要求，舷墙及护舷材结构形式；第 6 章介绍两种甲板骨架结构形式、甲板上舱口结构形式及大型舱口的悬臂梁结构；第 7 章介绍规范对舱壁数量的要求及平面舱壁与槽型舱壁、轻型舱壁的结构形式；第 8 章介绍常用的首尾端形状及首尾端加强的方法，艏艉柱的结构形式及双桨船上的尾轴架和轴包套结构；第 9 章介绍上层建筑和机舱棚的作用、结构形式及加强方法；第 10 章介绍几种典型船舶的中剖面结构特点；第 11 章介绍木质渔船船体结构形式，包括木质渔船常见类型、外板与甲板板结构、船体常用结构构件名称及质量标准、横舱壁结构、首尾结构、捻缝工艺等。

从教学的角度看，本书全面系统地介绍与钢质海船和木质渔船结构相关的内容。船体结构相关的知识是从事船舶与海洋工程和相关领域技术人员必备的基础知识。专门用于船体结构方面的教材较少而且出版的年代较早。本书作者多年来一直从事船舶与海洋工程学科的教学与研究工作，根据多年教学实践积累的素材和船舶与海洋工程专业培养目标及教学的实际情况，以图文并茂的形式较全面地介绍与船体结构相关的主船体板架结构构成特点、上层建筑结构特点和常见运输船舶的结构特点。通过实地到木质渔船生产厂家调研并根据作者多年从事渔船检验教学培训的经验，全面系统地介绍木质渔船的结构形式、结构特点及建造工艺中遇到的问题。各章后面有根据章节主要知识点编制的不同类型的习题，可以检验对章节主要内容的掌握程度。

　　本书是校企合作编写的教材，其中第 1、4、5、10 章由张维英编写，第 2、3 章由陈静编写，第 6、7 章由孙风胜编写，第 8、9 章由于欣编写，第 11 章由盘锦远航船厂张兴华编写，全书由张维英统稿。本书由"辽宁省普通高等学校本科工程人才培养模式改革试点专业建设"项目（项目编号：GM201417）基金资助。作者在本书的编写过程中借鉴了相关教材及与船舶相关的规范、规则，也得到了研究生周俊秋、于洋、于博文等的大力支持，在此一并表示感谢。同时感谢爱人张军对我工作的全力支持，感谢儿子张戬男为我收集外文资料，本书的完成也有他们的一份贡献。

　　由于作者水平有限，书中难免存在不足之处，恳请各位读者批评指正，以便在以后版本的修订过程中不断改进和提高。

张维英

2020 年 3 月

目　　录

"船舶与海洋结构物先进设计方法"丛书序

前言

第1章　绪论 ··· 1

1.1　概述 ·· 1

1.2　民用船舶类型 ·· 2

1.3　专用运输船舶 ·· 3

1.4　渔业船舶 ·· 16

1.5　本章小结 ·· 31

习题 ··· 31

第2章　船体结构的一般知识 ·· 34

2.1　对船体结构的基本要求 ·· 34

2.2　船舶的主要组成部分 ·· 35

2.3　船体受力与总纵弯曲 ·· 36

2.4　船体强度概念 ·· 38

2.5　船体结构用材料 ·· 40

2.6　铝合金材料在船舶上应用简介 ·· 42

2.7　船体构件的连接形式 ·· 46

2.8　船体板架结构 ·· 46

2.9　船体结构的形式 ·· 49

2.10　本章小结 ··· 50

习题 ··· 50

第3章　外板和甲板板 ·· 53

3.1　外板 ··· 53

3.2　甲板板 ·· 59

3.3　本章小结 ·· 63

习题 ··· 63

第4章　船底结构 ·· 65

4.1　概述 ··· 65

4.2　横骨架式单层底结构 ·· 66

4.3　纵骨架式单层底结构 ·· 71

4.4　横骨架式双层底结构 ·· 73

4.5　纵骨架式双层底结构 ·· 79

4.6　散货船、油船和集装箱船船底结构特点 ······················· 85

4.7　主机基座、轴隧和舭龙骨结构 ······························· 88

4.8　本章小结 ··· 92

习题 ··· 92

第 5 章　舷侧结构 ··· 96

5.1　概述 ··· 96

5.2　横骨架式舷侧结构 ··· 97

5.3　纵骨架式舷侧结构 ··· 101

5.4　散货船、油船和集装箱船舷侧结构特点 ···················· 103

5.5　舷墙和护舷材结构 ··· 107

5.6　本章小结 ··· 109

习题 ··· 110

第 6 章　甲板结构 ··· 112

6.1　概述 ··· 112

6.2　横骨架式甲板结构 ··· 114

6.3　纵骨架式甲板结构 ··· 119

6.4　货舱口、舱口悬臂梁结构 ··· 121

6.5　支柱结构 ··· 123

6.6　散货船、油船和集装箱船甲板结构特点 ···················· 125

6.7　本章小结 ··· 127

习题 ··· 127

第 7 章　舱壁结构 ··· 131

7.1　概述 ··· 131

7.2　平面舱壁 ··· 134

7.3　槽型舱壁与轻型舱壁 ·· 138

7.4　本章小结 ··· 141

习题 ··· 141

第 8 章　首尾结构 ··· 144

8.1　船首结构概述 ·· 144

8.2　船首结构及加强 ·· 146

8.3　船尾结构概述 ·· 149

8.4　尾端结构及加强 ·· 150

8.5　艏艉柱结构 ··· 152

8.6　尾轴架和轴包套 ·· 155

8.7　本章小结 ··· 158

习题 ··· 158

第 9 章　上层建筑和机舱棚结构 ··· 161

9.1　概述 ··· 161

9.2　上层建筑结构 ··· 163
9.3　船楼种类及加强 ·· 164
9.4　甲板室结构及端部加强 ··· 165
9.5　机舱棚结构 ·· 167
9.6　桅柱及其下部的加强结构 ····································· 169
9.7　本章小结 ··· 170
习题 ··· 170
第 10 章　几种典型船舶的结构特点 ······························· 172
10.1　杂货船结构特点 ··· 172
10.2　散货船结构特点 ··· 173
10.3　集装箱船结构特点 ·· 174
10.4　油船结构特点 ·· 175
10.5　滚装船结构特点 ··· 177
10.6　客货船及内河船结构特点 ···································· 180
10.7　本章小结 ·· 180
习题 ··· 181
第 11 章　木质渔船结构 ··· 183
11.1　概述 ··· 183
11.2　木质渔船材料 ·· 184
11.3　木质渔船的类型 ··· 185
11.4　木质渔船外板与甲板板 ·· 187
11.5　船体结构构件名称 ·· 190
11.6　横舱壁 ·· 193
11.7　首尾结构 ·· 195
11.8　构件连接应注意的几个问题 ·································· 198
11.9　构件的连接形式 ··· 199
11.10　捻缝及工艺 ··· 202
11.11　船体主要构件及检验要求 ···································· 203
11.12　本章小结 ··· 203
习题 ··· 203
参考文献 ··· 206

第1章 绪 论

📖 知识目标

（1）了解船舶的分类方法及主要民用船舶的分类方法。
（2）了解运输船舶的分类方法。
（3）掌握常用运输船舶的特点。
（4）了解渔业船舶的分类方法及捕捞渔船的特点。

📖 能力目标

（1）可以根据不同的分类方式对船舶进行分类。
（2）能正确描述常用运输船舶的外观特征，并根据外观特征识别不同类型的船舶。
（3）能正确地描述渔船的分类方法及不同类型渔船的布置特征。

本章主要介绍船舶的分类方法及常见运输船舶和渔业生产船的布置特征。

1.1 概 述

船舶是用于交通运输、捕捞水生物、矿藏勘探、港口服务、科学调查及测量、工程作业、军事等水上、水中、水下的运载工具的总称，是人们水上交通运输、生产、维护领海的主要工具。船舶在国防、国家经济和海洋开发方面都占有十分重要的地位。

船舶根据用途不同，可分为民用船舶和军用船舶。民用船舶一般称为船，军用船舶称为舰船。根据船舶的大小，一般大型船舶称为船，小型船舶称为艇或舟、筏，其总称为舰船或船艇。

军用舰船可分为两大类，其中有直接作战能力或海域防护能力的称为战斗舰艇，负担后勤保障的称为辅助舰船，主要有以下类型。

战斗舰艇有水面战斗舰艇、水中战斗舰艇和特种战斗舰艇。常见的水面战斗舰艇如航空母舰、巡洋舰、战列舰、驱逐舰、护卫舰和各种类型快艇等。潜艇有战略导弹潜艇和攻击潜艇等。

辅助舰船有补给舰、修理舰、医院船、研究试验船等。

民用船舶是本书的主要内容。

1.2 民用船舶类型

民用船舶按用途可分为运输旅客与货物的运输船、从事各种工程技术作业的工程船、为其他船舶航行进行服务工作或专业性服务工作的工作船、从事海洋矿藏开发的船舶（如石油钻井平台）和从事捕捞鱼类或其他水生生物资源及渔业生产的渔业船舶等。

1. 运输船

运输旅客和货物的船舶称为运输船，包括：客船、客货船、渡船、杂货船、集装箱船、散货船、滚装船、客滚船、驳船、运木船、冷藏船、原油船、成品油船、化学品船、液化气船［如液化天然气（liquefied natural gas，LNG）船与液化石油气（liquefied petroleum gas，LPG）船等］。

2. 工作船

为航行进行服务工作或用于维持港口生产作业的各种船舶称为工作船或港务船，包括港作拖船、引航船、消防船、供应船、缉私船、渔政船、港监船、破冰船、航道测量船、浮油回收船、供油船、供水船和巡逻船等。

3. 工程船

从事各种工程技术作业的船舶称为工程船，包括挖泥船、起重船、打桩船、航标船、浮船坞、救捞船、海洋开发船、电缆敷设船、钻井船和钻井平台等。

4. 渔业船舶

渔业船舶是众多船舶类型中的一大类船舶，指从事与渔业生产活动有关的船舶。从事商业性捕捞鱼类、海豹、海象或其他水生生物资源的船舶称为渔业生产船，简称渔船。主要有以下类型：拖网渔船、围网渔船、刺网渔船、钓渔船及猎捕渔船（如捕鲸船、捕虾蟹船）等。为渔业生产、科研、教学、监督、渔港工程服务的船舶称为渔业辅助船，如渔获运输船、渔业资源调查船、渔业实习船、渔政船、渔业监督船、渔业救助船等。渔业船舶的具体分类详见 1.4 节。

5. 内河船

内河船是航行于内陆的江、河、湖泊、水库等的船舶，包括自航船、非自航船、载驳货船、游船、游艇、港作拖船、水上餐厅等。

6. 海洋开发船

海洋开发船是指一种专门从事海洋调查研究、海洋资源利用和海洋环境保护的船舶，可以并入到工程船类型，但海洋开发船根据用途不同，又可细分为海洋资源开发船、生物资源开发船、海洋能源开发船、海洋资源利用船、海上海底空间利用船、海水资源利用船和海洋调查船等。

7. 特种船

排水型船依靠排开水的体积来获得水面浮力。还有一些类型的船舶不依靠水的浮力漂浮在水面上，而是船舶高速航行时完全由水或空气对水翼产生的升力支持船的重量，使船体全部离开水面，减小了水的阻力，主要是一些尺度比较小的船舶，如冲翼艇、水翼艇、滑行艇、赛艇。还有一种利用表面效应原理，依靠高于大气压的空气在船体与支撑面（水面或地面）间形成气垫，使船体全部或部分脱离支撑面航行的高速船舶，如气垫船及利用喷水所产生的反作用力作为推进动力的船舶，如喷水推进船等。

此外，船舶按航行区域分为内河船、沿海船、远洋船、极区船、海峡船；按航行状态分为排水型船（潜船和半潜船）、水翼艇、滑行艇、气垫船；按推进类型分为风帆船、明轮船、喷水推进船和螺旋桨船等；按推进动力类型分为帆船、人力船、蒸汽船、内燃机船、电力推进船和核动力船等；按船舶材料分为钢船、木船、铝合金船、玻璃钢船、水泥船等；按船体数量分为单体船、双体船［包括小水线面双体船（small waterplane area twin hull，SWATH）］、三体船和五体船等。

1.3 专用运输船舶

各类船舶因其用途不同，在结构、布置、性能等方面有许多不同的要求，但又有许多共同的特点。本节主要介绍专用运输船的特点和相互间的主要区别。

1.3.1 客船、客货船

根据 1974 年《国际海上人命安全公约》（International Convention for Safety of Life at Sea，SOLAS）的规定，凡载客超过 12 人的船舶，定义为客船。客船在结构分舱、稳性、机电设备、消防设备、无线电报、电话等方面，与货船相比，有更严格的要求。

一般称专门运送旅客、行李、邮件及少量需要快速运送的货物的船舶为客船，其外观如图 1.1 所示。除了载运旅客，还装有部分货物的船舶，称为客货船，客货船在要求上与客船是相同的。客船的特点如下所示。

图 1.1 客船

（1）客船的外形美观，多采用飞剪式船首，首部甲板外飘，上层建筑丰满、层数多且长，其两端呈阶梯形与船体一起形成流线型。

（2）客船水下型线较消瘦，方形系数小，适用于中机型。这对于生活舱室设施和各种管系布置也较方便。

（3）为了布置旅客居住舱室的需要，客船设置多层甲板，大型客船的甲板多达 8～9 层，加上多层上层建筑，水线以上的干舷高，侧向受风面积大，必须全面统筹考虑其对稳性的影响。

（4）客船要求保证在破舱浸水后，要有足够的浮力和稳性，因此，水密横舱壁的间距较小，以确保船舶的抗沉性。

（5）客船的防火要求较严格。主竖区防火舱壁、甲板、上层建筑等必须采用不燃材料制作。而家具等设施要经过防火处理，在各个防火区之间的通道上要设防火门。

（6）由于客船的居住舱室布置在水线以上，旅客又可以上下左右到处走动，所以船的重心较高，船的侧向受风面积又大，故客船要求具有较高的稳性。一般需要装设固定的压载，如生铁块等，来降低船的重心。对于客货船，水线以下的船舱尽可能地用来装货。

（7）客船要按照《国际海上人命安全公约》的要求，配备有足够的救生设施，以保证旅客的安全。另外，为了减小船舶的摇摆，大型豪华客船一般设有减摇鳍，可减小 50%～80% 的横摇角，提高了大型豪华客船在风浪中的摇摆性能。

（8）为了保证客船的准点率，使旅客按时到达目的地，客船的航速高，主机功率大，大部分客船都装设有两部主机，两个螺旋桨，有的大型客船装有四部主机，四个螺旋桨。一般国际航线的大型客船，航速为 20～23kn，个别的高达 30kn。国内沿海客船的航速一般为 14～17kn。

近年来随着科学技术的不断发展，客货船现已发展为滚装型客货船，不仅方便了旅客上下船，而且提高了装卸货物的效率。

1.3.2　杂货船

杂货也称为统货，是指机器设备、建材、日用百货等各种物品，将其包装成捆、成包、成箱后装船运输。专门运输杂货的船称为杂货船或称普通货船，其外观如图 1.2 所示。

由于受货源、货物装卸速度等影响，杂货船有下列特征。

（1）杂货船的载重量不可能很大，远洋的杂货船总载重量为 10000～14000DWT[①]；近洋的杂货船总载重量为 5000DWT 左右；沿海的杂货船总载重量为 3000DWT 以下。由于货种多，装卸速度慢，停港时间长，杂货船的载重量过大会对经济性不利。

（2）为了理货方便，杂货船一般设有 2～3 层甲板。载重量为万吨级的杂货船，设有5～6 个货舱。杂货船多数采用中后机型机舱，有时也采用尾机型机舱。

（3）杂货船一般都设有首楼，在机舱的上部设有桥楼。早期的 5000DWT 级杂货船，多采用三岛型布局。

———————————

① DWT 表示载重吨。

图 1.2 杂货船

（4）许多万吨级的杂货船，因压载的要求，常设有深舱，同时深舱可以用来装载液体货物（动植物油、糖蜜等）。

（5）杂货船一般都装设起货设备，多数以吊杆为主，也有装设液压的旋转吊。

（6）大多数杂货船，每个货舱一个舱口，但少数杂货船根据装卸货物的需要，采用双排舱口。

（7）不定期航次的杂货船一般为低速船，航速过高对于杂货船是很不经济的。远洋杂货船的航速为 14～18kn，续航力为 12000n mile 以上；近洋杂货船的航速为 13～15kn；沿海杂货船的航速为 11～13kn。

（8）杂货船一般都是一部主机，单螺旋桨。

杂货船的主要缺点是运载的各种货物需要包装、捆绑才能装卸，装卸作业麻烦、时间长、劳动强度大、易货损、装卸效率低、货运周期长、成本高等。

若把各种货预先装在统一规格的集装箱内，再装到集装箱船进行运输，可克服上述缺点。

1.3.3 集装箱船

1. 集装箱船的类型

集装箱船是专门运输集装箱货物的船舶。集装箱船是 20 世纪 60 年代发展起来的一种新型货船，其可分为三种类型。

（1）全集装箱船：一种专门装载集装箱的船，不装运其他形式的货物。

（2）半集装箱船：将船长中部区域作为集装箱的专用货舱，而船的两端货舱装载杂货。

（3）可变换的集装箱船：或称多用途船。这种船的货舱，根据需要可随时改变设施，既可装运集装箱，也可以装运其他普通杂货，以提高船舶的利用率。

2. 集装箱的型号

集装箱的尺寸和重量大小、种类很多，目前各国尚未完全统一。国际标准化组织推荐的规格也有十余种。

现常用的集装箱主要有以下两种型号。

（1）40ft[①]（1ft = 0.3048m）集装箱：长×高×宽为40ft×8ft×8ft，即 12.192m×2.438m×2.438m；最大重量为30.48t。

（2）20ft 集装箱：长×高×宽为 20ft×8ft×8ft，即 6.0960m×2.4384m×2.4384m；最大重量为20.32t。

集装箱船通常采用载运标准集装箱的数目来表示其载重能力。为了便于比较载运不同规格集装箱船的载重能力，国际上通常采用标准箱作为换算的单位。一个 20ft 集装箱作为一个标准箱（twenty foot equivalent unit，TEU），一个 40ft 的集装箱等于 2 个标准箱。

3. 全集装箱船的主要特点

（1）全集装箱船又称为集装箱专用船，其装载单元是集装箱，主要利用岸边起重设备将集装箱进行垂直装卸。由于集装箱是一个长方体，为了能充分地利用舱容，要求集装箱船的货舱尽可能方正，具有较大的型深。此类船舶一般为大开口单甲板双层壳船，横剖面呈 U 字形，货舱内无中间甲板，设置了许多横舱壁。在货舱内设置箱轨、柱子、水平桁材等，组成固定集装箱用的蜂窝状格栅，以保证航行安全，由于舱内不需要系紧作业，可提高装卸效率。集装箱沿着导轨垂直地放入格栅中，根据舱的大小可堆放4~9层同一规格的集装箱。在集装箱船的甲板上，一般设有固定集装箱用的专用设施，可堆放 3~4 层集装箱，集装箱船的排箱形式如图 1.3 所示。

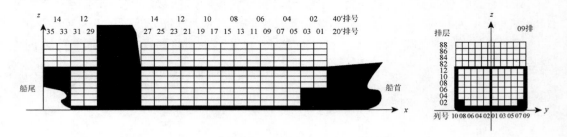

图 1.3　集装箱船的排箱形式

（2）由于集装箱货物的特点，集装箱船都是单甲板船。舱口宽且长，一般设置 2~3 个排舱口，舱口总宽度为船宽的 70%~80%，舱口长度为舱长的 75%~80%。

（3）甲板开口大，对于船体总纵强度和扭转强度不利，需要采取各种加强措施。全集

---

① ft 为英尺的英制符号。

装箱船一般为双层船壳，并在舱侧顶端设有抗扭箱，可以提高船体的抗扭强度，两层船壳之间作为压载水舱，以调整船舶的浮态。

（4）为了使货舱尽可能方正，以及便于在甲板上堆放集装箱，一般均采用尾机型船或中尾机型船。

（5）除了个别集装箱船在船上装设集装箱的专用起货设备，一般船上均不设起货设备，而是使用岸上的集装箱码头装卸货物。

（6）集装箱船的主机马力大，航速高，多数船为两部主机，两个螺旋桨。船型较瘦削，远洋高速集装船的方形系数 C_b 小于 0.7。

（7）由于甲板上堆放集装箱，所以集装箱船的受风面积大，重心高，对于稳性、防摇、压载等一系列问题要求采取相应的措施。

（8）随着科学技术的不断发展，集装箱不仅装运杂货，也可装运冷冻或保温货物，从而提高该船的利用率和经济效率。典型的全集装箱船外观形状如图 1.4 所示。

图 1.4 典型的全集装箱船外观形状

资料来源：https://www.guancha.cn/indexnews/2014_09_18_268464.shtml

1.3.4 滚装船

滚装船又称开上开下船，以集装箱或装载货物的车辆为运输单元，用牵引车牵引载有箱货或其他货物的半挂车或轮式托盘直接进出货舱装卸的运输船舶。其货物装卸不是从甲板上的货舱口垂直地吊进吊出，而是通过船舶首尾或两舷的开口及搭到码头上的跳板，用拖车或叉式装卸车把集装箱或货物连同带轮子的底盘，从船舱至码头拖进拖出的一种船舶，是船舶装载的一次变革。

滚装船的主要优点是不需要起货设备，货物在港口不需要转载就可以直接拖运至收货地点，不仅缩短货物周转的时间，而且能减少货损，提高经济效益。典型的滚装船如图 1.5 所示。

图 1.5　典型的滚装船

滚装船有下列主要特征。

（1）滚装船的船体结构与普通货船、集装箱船等均有许多不同之处。要求甲板面积大，甲板层数多。装卸小汽车的滚装船，甲板层数可多达 10 层。主甲板以下设有双层船壳，两层船壳之间作为压载水舱。为了便于拖车开进开出，货舱区域内不设横舱壁，采用强横梁和强肋骨保证横强度。在各层甲板上设有升降平台或内跳板，用来安放货物或供拖车通行。船宽小于 20～25m 的船舶一般不设支柱。

（2）由于滚装船装载的货物或集装箱一般是连同底盘车一起装在舱内运输的，所占的舱容大，货舱的利用率低。运输带有底盘车的货物，舱容利用率仅占 40%。滚装船的载重量系数（载重量与排水量之比）仅为 0.45～0.65，而与其载重量相当的普通货船的载重量系数为 0.65～0.75，干货船的载重量系数为 0.78～0.84。因此，滚装船的型深较大，水线以上的受风面积也大，必须全面统筹考虑其对稳性的影响。

（3）滚装船在首部、尾部或两舷侧设有开口，并装设水密门和跳板，依靠机械机构或电动液压机构进行开闭和收放。跳板的型式很多，有从尾部沿着船舶纵向中心线方向伸出船外的，称为尾直跳板。尾斜跳板是位于船舶尾部并向船的一舷侧方向斜偏30°～40°的跳板。因此，要求船舶只能用一舷停靠码头。尾旋转跳板可以向船的两舷侧方向旋转或伸直，操作灵活、方便，但机构复杂、重量大。类似尾直跳板，也有在船首设有跳板，但首部的开口要比尾部复杂些，故采用的较少。因为从舷侧装卸时，船易产生较大的横倾，故舷侧跳板对小型滚装船不适用。

（4）由于滚装船用拖车开进开出装卸货物，跳板与码头的坡度不能太大，所以要求在装卸货物的过程中，船舶吃水变化不得太大。因此，必须用压载来调节吃水、纵横倾和稳性等，压载重量与载重量之比一般为 0.4～0.6。

（5）滚装船大多数装有首部侧推装置，以改善靠离码头的操纵性。

（6）滚装船航速高，远洋滚装船的船速一般为 20～30kn。

（7）滚装船多数为尾机型，船型较瘦削，方形系数 C_b 不大于 0.6。

滚装船的主要缺点是货舱的利用率比一般的杂货船低，造价高，设在尾部的机舱体积小，工作条件差等问题尚待进一步解决。

1.3.5 散货船和矿砂船

通常把运输谷物、煤、矿砂、盐、水泥等大宗散货物的船舶称为干散货船或散货船。这些货物品种单一，不需要包装成捆、成包、成箱的装载运输。但是，由于谷物、煤、矿砂等的积载因数（stowage factor，SF）（每吨货物所占的体积）相差很大，所要求的货舱容积的大小，以及船体的结构、布置和设备等许多方面都有所不同。因此，一般习惯上仅把装载粮食、煤等货物积载因数相近的船舶，称为散货船，而把装载积载因数较小的矿砂等货物的船舶称为矿砂船。下面分别介绍这两类船舶的一些主要特征，自带起货设备的散装货船如图 1.6 所示。

图 1.6 自带起货设备的散装货船

1. 散货船的主要特征

（1）散货船的货舱容积是以积载因数在 1.20～1.60m³/t 的货物为主要对象设计的。例如，小麦的积载因数为 1.28～1.53m³/t；玉米的积载因数为 1.34～1.39m³/t；大豆的积载因数为 1.23～1.67m³/t；煤的积载因数为 1.17～1.34m³/t。

（2）由于粮食、煤等散货的货源充足，装卸效率高，所以散货船的载重量较大。但是由于受到港口、航道等吃水的限制，以及世界经济形势的影响，散货船载重量的大小通常分为如下几个级别。

总载重量 80000DWT 以上的船舶通常称为好旺角型，因为这类船舶的尺度太大，不能通过巴拿马运河，只能绕行好旺角；总载重量为 60000～75000DWT 的船舶通常称为巴拿马型，这是一种巴拿马运河所允许通过的最大船型，船长要小于 274.32m，船宽不大于 32.2m，最大的允许吃水为 12.04m；总载重量为 35000～40000DWT 的船舶称为轻便型散货船，吃水较浅，世界上各个港口基本都可以停靠；总载重量为 20000～27000DWT 的船舶称为小型散货船，最大船长不超过 222.5m，最大船宽小于 23.1m，最大吃水要小于 7.925m。

（3）因为干散货船的货种单一，不怕挤压，便于装卸，所以都是单甲板型船。

（4）散货船都是尾机型船，船型肥大，机舱布置在尾部无困难。一般设有首楼和尾甲板室，船中部无桥楼和甲板室，有利于货舱和起货设备的布置。

（5）散货船通常在货舱内舷侧的上下角处设有上下边舱。由于船舶在航行中谷物等会下沉或横向移动，对于船舶的横倾和稳性会产生不利的影响，下边舱可以减小谷物的横向移动。上边舱底部的斜板与水平面大约呈30°，下边舱的内底板是在两舷边处向上升高而形成的，目的是使舱底货物能自然地流向舱中心部位，以便于卸货。船在空载时，上下边舱和双层底舱都作为压载水舱，增加船舶的吃水，控制空船的重心。有的散货船上边舱设计成可以装载谷物，在上边舱下面的斜底板上设有开口，开口盖平时用螺栓固牢，卸货时把开口盖打开，谷物会自动流入大舱内。

（6）散货船一般都是单向运输一种货物，而船型又肥大，空载时双层底舱和上下边舱全部装满压载水，还达不到吃水的要求。因此，往往还另外用1～2个货舱作为压载水舱，由于利用货舱装压载水，两端的水密横舱壁需要加强，许多船采用双层平面舱壁。

（7）总载重量在50000DWT以上的散货船，很多船上不装起货设备，利用岸上的起货设备装卸货物。总载重量为40000DWT以下的散货船，一般船上都设有起货设备，如图1.6所示，且大部分采用液压旋转吊。

（8）散货船也可以用来装载积载因数较小的矿砂等货物，但是由于矿砂的密度大，占的舱容小，船的重心过低，所以装载矿砂时都采取隔舱装货，这样可以提高船舶的重心。但是，这种散货船在设计上必须满足强度要求，并在装载计算书上予以注明。

（9）散货船都是低速船，船速为14～15kn。

（10）散货船当船龄大于10年时，存在一些问题，如上边舱因经常装压载水和空舱，腐蚀严重；对于兼作压载水的货舱同样也会造成严重腐蚀；金属舱口盖腐蚀、变形、漏水都较严重，而且不易修理；液压旋转吊易出故障。

2. 矿砂船的主要特征

（1）矿砂船是指专门运载散装矿石的船舶。它的货舱容积是按照货物的积载因数为 $0.42 \sim 0.50 \text{m}^3/\text{t}$ 设计的。例如，铁矿的积载因数为 $0.34 \sim 0.48 \text{m}^3/\text{t}$；锰矿的积载因数为 $0.48 \sim 0.51 \text{m}^3/\text{t}$；铜矿的积载因数为 $0.40 \sim 0.57 \text{m}^3/\text{t}$。

（2）矿砂船的载重量较大，其大小是根据航线、生产设备、运输成本等因素决定的。一般矿砂船的载重量越大，运输成本越低。目前，矿砂船最小的总载重量为57000DWT，最大的总载重量为360000DWT以上，大多数矿砂船的总载重量为120000～150000DWT。某大型矿砂船如图1.7所示。

（3）矿砂船设置大容量的压载边舱，因为矿砂船的船型肥大，空载时必须装载大量的压载水才能达到吃水要求。

（4）矿砂船的货舱口大，舱口围板高。高的舱口围板在装货时可起到添注漏斗的作用，如图1.8所示。

图 1.7　某大型矿砂船

图 1.8　矿砂船的大舱口结构

（5）由于矿石的密度较大，所占的货舱体积较小，为了不使船的重心太低，货舱的横断面做成漏斗形，这样既可以提高船的重心，又便于卸舱底货，同时抬高双层底高度，一般矿砂船的双层底高度可达型深的 1/5。

（6）矿砂船都是重结构船，为了减轻船体重量，普遍采用高强度钢。舱内底板等构件要加厚，防止被吊货抓斗的冲击作用损坏。为了不妨碍铲车、抓斗等起货设备的操作，舱内骨架构件都装设在边舱的外侧。

（7）矿砂船都是尾机型、单甲板、低速船。船速一般为 14～15kn。设置尾甲板室，大型矿砂船不设置首楼。

（8）目前，大型矿砂船上都不设置起货设备，而是利用岸上的起货设备。但是由于船型高大，在涨潮时岸上的起货设备往往不够高。因此，这种矿砂船在装卸货的同时，通常利用压载水来调节船舶吃水的高低，这样要求压载水舱的容积和压载系统的能力必须与起货设备相适应。

（9）为了装卸货方便，矿砂船的货舱口尽量加长，有的舱设置多个舱口。为了能迅速地开闭舱口盖，并且不妨碍抓斗等起货设备的操作，有的舱采用滚动式舱盖。

（10）因为铁矿石会吸收氧气变成氧化铁，航行中舱口盖在关闭的状态下，舱内会缺氧，进入舱内必须注意安全。

1.3.6　油船

油船从广义上讲是指散装运输各种油类的船。除了运输石油，还装运石油的成品油、各种动植物油、液态的石油气和天然气等。但是，通常所称的油船，多数是指运输原油的船。而装运成品油的船，称为成品油船。装运液态石油气和天然气的船，称为液化气体船。

1. 油船的主要特征

典型原油船外观如图 1.9 所示。

图 1.9　典型原油船外观

油船的主要特征如下所示。

（1）载重量大。由于石油货源充足，装卸速度快，所以油船可以建造得很大。近海油船的总载重量为 30000DWT 左右；近洋油船的总载重量为 60000DWT 左右；远洋大型油轮的总载重量为 200000DWT 左右；超级油轮的总载重量为 330000DWT 以上。最大的油轮达到 550000DWT。油船的载重量越大，运输成本越低。但是太大的油轮受到航道和港口的吃水限制，不一定有利。

（2）大型油船与其他货船相比，船长宽度比 L/B 较小，而船宽吃水比 B/d 和方形系数 C_b 较大，因此船型较肥。这主要是考虑到船舶的造价、空船压载吃水要求及总纵强度等原因。

（3）油船都是尾机型船，机舱、锅炉舱布置在船尾部，使货油舱连接成一个整体，无须布置轴隧，减少尾轴长度，增加货舱容积，对于防火、防爆、油密等都十分有利。

（4）早期油船都是单甲板、单层底结构，但油轮发生海损事故后会造成污染，近年来有的大型油轮，设置双层底或双层船壳，现在小型油船也要求建造双层船壳，这也是为了避免油船泄漏造成海上污染的发生。

（5）对于船长大于 90m 的油轮，通常要求在货油舱内设置两道纵向连续的纵舱壁。其目的是减小自由液面的影响及液体的摇荡，并可增加纵向强度。设置多道横舱壁和大型肋骨框架，保证有足够的横强度。货油舱的数目较多，还可装载不同品种的油类。

（6）设隔离空舱。为了防止油类的渗漏和防火、防爆，在货油舱的前后端设有隔离空舱，与机炉舱、居住舱室等隔开。也有用泵舱和压载水舱兼作隔离空舱。

（7）设干货舱。由于尾机型船满载时船尾部轻，船的中心向前移，船舶容易发生首倾。为了调整纵倾，许多油船在首尖舱之后设置一个空舱。舱内可以装载一点零星干货，故称为干货舱（或杂货舱）。

（8）设压载水舱。由于油轮船型较肥，为了保证空载状态时的吃水和稳性，需要装载大量的压载水，约占货舱容积的 30%，有的高达 50%。过去油轮的压载都是用部分货油舱装压载水，当排放压载水时会造成海洋污染。1973 年《国际防止船舶造成污染公约》（International Convention for the Prevention of Pollution from Ships，MARPOL）规定，载重 30000DWT 以上的油轮，均应设有专用的压载水舱。专用的压载水舱的好处是防止了海洋污染，减轻了由于货油舱装压载水时舱内结构的腐蚀，缩短了停港的时间，改善了抗沉性，提高了结构强度。设专用压载水舱的不足之处是船体重量有所增加。

（9）设污油舱。根据《国际防止船舶造成污染公约》规定，船舶排放污水的含油浓度不得超过 100ppm［ppm（parts per million）表示百万分比浓度，是用溶质质量占全部溶液质量的百万分比来表示的浓度］。因此，清洗油舱的污水，要先集中在污油舱内，经过油水分离，达到防污要求后方可排放。

（10）设货油泵舱。专门用来布置货油泵的舱。油船在装油时都使用岸上的泵，但在卸油时采用船上的货油泵。为了防火，驱动货油泵的电动机或柴油机不能安装在泵舱中，应设在邻近的机舱或专用舱内，转动轴可穿过防火舱壁与泵相连。若用蒸汽动力驱动时，则原动机可装在泵舱内。

（11）铺设舱底加温管系。装运原油和重柴油的油船，在货油舱底铺设加温管系，以防舱内油料因温度下降而凝固。

（12）上层建筑、步桥和通道设置。现代油船一般不在船中部设置桥楼，只设置尾楼。

起居处所等不允许布置在上甲板下面,必须位于上层建筑内,或位于货油舱以外的开敞甲板上的甲板室内。

在船舶首部设置首楼。在首楼和尾楼之间设置与船楼同样高度的步桥,也称天桥。因油船干舷低,甲板易上浪,甲板上铺设各种管系,在甲板上行走易引起火灾,故在步桥上通行方便安全。步桥下面可以铺设各种管系和电缆等。

大型油轮可以不设置首楼,也可以不设置步桥,而是在甲板的下面从尾楼至船首设置一条封闭的通道,在通道内可铺设管路和电缆。

(13)防火设施。油船上的防火是极为重要的大事,采取了许多防火措施:设置吸烟室,不准随地吸烟;在可能发生相互碰击和摩擦的部位,如舱口盖接触舱口处,步桥的伸缩接头处,吊杆与支架相接触的部位等,都用有色金属制成,避免因撞击发生火花;货油舱口的观察孔设有防火网,各种排气管、排烟管、通风管的出口,装设有火星灭火器或防火装置。各种甲板机械、锚机、起货机、系泊机械等都采用蒸汽作为动力。

(14)油船均是单部主机、单螺旋桨的低速船。

2. 成品油船的主要特征

(1)成品油船(product carrier)在结构上与原油船基本上相同。运输轻油的成品油船,为了防止舱内结构的腐蚀和保证油的质量,在货舱内表面需要进行特殊涂装。而运输重油的成品油船,货舱内不需要涂装,但是在装载重油的舱内必须装设加热管,防止重油凝固不能卸油。

(2)总载重量在30000DWT以上的新造的成品油船,需要设置专用压载水舱。

(3)因为成品油的种类很多,各种油的性质又有明显不同,不能相互混合,每种成品油需要运输的数量往往又不多。因此,要求成品油船的货舱容积较小而数目较多。装载各种不同油类的货舱、管系、泵等要求是完全独立的系统。所以成品油船管系复杂、货油泵的台数多。

(4)成品油船设有洗舱设备,以便适应更换装载不同种类的成品油。典型成品油船如图1.10所示。

图1.10　典型成品油船

1.3.7 液化气体船

液化气体船是专门散装运输液态石油气和天然气的船。这些液化气体，在 37.8℃时，其绝对蒸汽压力都大于 0.2746MPa，如甲烷（天然气）、乙烯、丙烷、丙烯、丁烷等。在常温常压下，这些液化气体会完全汽化。为此需要特殊的装置装载运输。

专门散装运输液化石油气（液化丙烷、丁烷等）的船舶简称为 LPG 船。专门散装运输液化天然气（液化甲烷等）的船舶简称为 LNG 船。

由于液化气体船也是一种散装液货船，所以也有人称其为特种油船。液化气体船是 20 世纪 70 年代开始发展起来的一种新型船舶。

1. 液化气体船的种类

各种石油气和天然气的液化温度及压力相差很大，如在常温下，丙烷的液化压力为 4.116MPa，丁烷的液化压力为 3.675MPa；而在大气压力下，丙烷的液化温度为-42.2℃，丁烷的液化温度为-0.5℃，甲烷的液化温度为-161.5℃，乙烯的液化温度为-103.9℃。因此，根据液化气体的液化压力和温度的不同及需要运输的液化气体的数量和运输航程的长短等，转运的方式也有所不同。

液化气体船按其运输时液化气体的温度和压力，分为三种类型。

（1）压力式液化气体船：这种液化气体船适用于近海短途运输少量的液化气体。它是在常温下，将气体加压至液化，把液化气储存在高压容器中进行运输。这种运输方式的船体结构及操作技术都比较简单，但容器重量大，船舶的容量利用率低，不适于建造大型高压容器。

（2）低温压力式液化气体船：把液化气体的温度控制在 45℃以下，但高于液化气体的沸点，在这样的温度范围内，把气体加压至液态进行运输。采用这种方式运输时，对于液化气体的温度和压力都需要进行控制，舱内要进行隔热绝缘，并且设置冷冻装置。

（3）低温式液化气体船：在大气压力下，将气体冷却至液态的温度以下进行运输。船上设有温度和压力控制装置。它适用于大量运输液化气体，目前这种类型的液化气体船较多。典型液化气体船如图 1.11 所示。

2. 液化气体船舱结构类型与材料

液化气体船一般都是在船体内部单独设置数个储存液化气体的高压容器或低温冷藏舱。液化气体船舱的结构有下列几种。

（1）高压容器罐型：在船舱内布置数个圆筒形或球形高压容器罐，罐的设计压力是根据所装载液化气体的压力决定的。罐的壳体材料是采用 5.88～7.85MPa 的高强度钢制成的。由于货舱的温度在 45℃以下，所以不需要设置隔热绝缘材料和温度、压力控制装置。整个船体结构和设备都比较简单，如图 1.11 所示。

（2）双层船壳薄膜式低温液化气体舱：在货舱区域内，船体是双层船壳，将两层船壳板之间的空间作为压载水舱。在船体内壳的内表面，装设厚度为 0.5～0.7mm 的 36%镍钢薄膜。36%镍钢薄膜在温度急剧变化时会发生伸缩，故不锈钢薄膜做成皱褶形。

图 1.11　典型液化气体船

（3）球形低温液化气体舱：球体舱壁采用 9%镍钢或铝合金，外部包着隔热绝缘材料。球形舱支撑在船舱的支架上，或用铰接机构吊挂在甲板下面，采用这种固定方式的好处是当热胀冷缩时球形舱有伸缩的余地。

3. 液化气体船特殊的技术要求

（1）要求高度的保冷技术，如在常压下必须把甲烷和乙烯分别保持在−103.9～−61.5℃才行。

（2）在常温下建造的冷藏舱，当装载液化气体时，要急速冷却至极低的温度，必须采取措施防止结构产生温差应力。

（3）船体结构与液化冷藏舱的连接处，由于热胀冷缩会产生间隙，必须采取各种措施防止在航行中出现液货舱的移动。

（4）必须采取措施处理液化气体的自然蒸发问题。

1.4　渔 业 船 舶

1.4.1　渔业船舶类型

渔业船舶分类的方法有很多，根据不同目的可以把渔业船舶分为不同的类型。

1）按生产任务分类

（1）渔业生产船：指用于商业性捕捞鱼类、海豹、海象或其他海洋生物资源的任何船舶，简称为渔船。

（2）渔业辅助船：指用于渔获物运输、渔业生产补给、科学研究、教学、渔政管理、渔港监督等的船舶。

（3）养殖船：指用于运送养殖人员、饲料和养殖用生产工具，以及养殖产品等的船舶。

（4）休闲渔船：指季节性休闲渔船和非季节性休闲渔船。季节性休闲渔船指休渔期或捕捞淡季从事观光、垂钓、水产品采集、捕捞作业演示或其他休闲渔业服务的现有渔船；非季节性休闲渔船指转产而更新改造成具有上述休闲渔业服务功能的现有渔船。

（5）敞口船：指从船首至船尾不具有风雨密的连续露天甲板的船舶。

（6）生产性渔业辅助船：直接从事于辅助性生产作业的船舶，如渔业基地加工船、光诱船等。

（7）非生产性渔业辅助船：间接从事于辅助性生产作业的船舶，如渔业资源调查船、渔业实习船等。

2）按作业海域分类

（1）过洋渔船：指用于商业性捕捞鱼类、海豹、海象或其他海洋生物资源的任何船舶。

（2）远洋渔船：中华人民共和国公民、法人和其他组织所有，并到公海和他国管辖海域从事海洋捕捞作业的渔船，作业半径可达数千海里。

（3）近海渔船：指在中国渤海、黄海及东海距岸或庇护地不超过 200n mile；台湾海峡及南海距岸不超过 120n mile（台湾岛东海岸、海南岛的东海岸及南海岸距岸不超过 50n mile）的Ⅲ类航区以外的海域进行捕捞作业的渔船。

（4）沿海渔船：指台湾岛东海岸、台湾海峡的东海岸及西海岸、海南岛的东海岸及南海岸距岸不超过 10n mile 的海域和除上述海域外距岸或庇护地不超过 20n mile 的海域进行捕捞作业的渔船。

（5）内河渔船：指在江、河、湖泊和水库等航区作业的渔船。

3）按捕捞方式和捕鱼对象分类

（1）网捕类渔船：用网具进行捕捞作业的渔船，包括拖网渔船、围网渔船和刺网渔船等。

（2）钓捕类渔船：指用钩与绳进行捕捞作业的渔船，包括绳钓渔船、手钓渔船、竿钓渔船、鱿鱼钓船和机械化钓渔船等。

（3）猎捕类渔船：指用猎捕渔具进行捕捞作业的渔船，如捕鲸猎捕船、海豚猎捕船等。

（4）其他渔具渔法捕捞船：如先用光来诱捕鱼再用吸鱼泵来进行捕捞的渔船，利用笼子进行捕捞的渔船等。

4）按材料分类

渔船的材质决定了船体的性能，材质不同的渔船其检验技术也不同，根据渔船材质，渔船可分为以下几种。

（1）钢质渔船：以各种型钢及钢板为材料建造的渔船。

（2）木质渔船：船体主要部分由木材建成，仅在连接处用金属材料建造的渔船。

（3）玻璃钢渔船：船体主要部分以玻璃纤维增强剂和不饱和聚酯、环氧树脂及酚醛树脂黏合剂为基本组成成分建造的渔船。

（4）铝合金渔船：以铝合金为材料建造的渔船。

（5）其他材质渔船：以几种混合材质建造的渔船，如钢木混合渔船。

5）按船长和主机功率分类

根据船长和主机功率的大小，渔业船舶可分为大型渔船、中型渔船和小型渔船。

根据船长对渔船进行分类是国际渔船管理中最普遍的做法。一般情况下，船长大于24m 的为大型渔船；船长小于 12m 的为小型渔船；船长为 12～24m 的为中型渔船。

以渔船主机功率为主对渔船进行分类，是我国渔船管理中对海洋捕捞渔船分类的主要方法。在我国，主机功率大于等于 44.1kW 的为大型渔船；主机功率小于 44.1kW 且船长小于 12m 的为小型渔船；介于上述两者之间的为中型渔船。

6）按甲板类型分类

（1）甲板船：指从船首到船尾具有风雨密的连续露天甲板的船舶。

（2）敞口船：指从船首到船尾不具有风雨密的连续露天甲板的船舶。

7）按推进方式分类

渔船还可以按推进方式进行分类，如机帆渔船、柴油机动力装置渔船、柴油机-电力推进渔船、汽轮机动力装置渔船等。

8）按保鲜方式分类

按渔获物保鲜方式的不同，可分为冰鲜渔船、腌鱼渔船、冷海水保鲜渔船、微冻渔船、冷冻渔船、加工渔船、制鱼粉船、制罐头船等。在一些大型渔船上，几种加工方法往往同时存在。某些捕捞渔船，为表明其加工方法，也经常按渔法和加工方法来区分渔船，如拖网冷冻渔船、拖网加工渔船等。

通过上述分类可以看出，因分类方式的不同，同一条船舶可有不同的名称。如鱿鱼钓船是按船舶的捕捞方式和捕捞对象命名的，玻璃钢渔船是按制造材料命名的，渔业船舶多数是按船舶的捕捞方式和材料进行分类命名的。

若按用途分类渔业船舶可分为两大类，即渔业生产船和渔业辅助船。

渔业生产船由于渔法和捕捞对象的不同，其型式和特点差异很大，按其捕捞方式又分网式、钓式和猎捕式三种。下面主要介绍各种渔业生产船的区别和特点。

1.4.2　拖网渔船

利用拖曳网具捕捞中、下层鱼类或甲壳类的渔船统称为拖网渔船。拖网渔船的主要作业方式有两种，即对拖（或称双拖）和单拖。

1. 对拖

对拖是以两艘渔船合拖一个网具的捕捞方法，如图 1.12 所示。通常在拖网时根据网具的大小来确定两船之间带网的水平距离并保持一定拖速平行前进，使网口张开达到最佳捕捞作业状态进行海上作业，这种拖网形式对于水深在 100m 内，海底平坦的渔场最为适宜，网次产量较高。捕捞拖速一般为 3～4kn，也是目前大、中、小型拖网渔船广泛采用的一种作业方式。

2. 单拖

一艘渔船拖曳一个网具，如图 1.13 所示。通常在拖网时网具在水中依靠单船的拖速和配置的网板在水流作用下产生的张力使网口向外张开达到最佳捕捞作业状态。捕捞拖速一般为 4～5kn。单拖网渔船现多采用尾滑道船型，这将有利于收放网作业，目前大型大马力的拖网渔船采用该作业方式较多。

3. 拖网渔船的特点

对拖网渔船而言，不论采取哪种作业方式，其主要特点如下所示。

拖网渔船船型的共同特点是均设有尾纵倾，而且上层建筑多采用甲板室型，这种设置有利于渔捞海上生产作业。

图 1.12 对拖渔船作业示意图　　　　　图 1.13 单拖渔船作业示意图

拖网渔船设有尾纵倾的优点。

（1）能获得较大的尾吃水，可容纳大直径螺旋桨，有利于提高桨的推进效率，增大桨的拖力；螺旋桨可设置在距水面较深位置处，有利于避免螺旋桨在风浪中露出水面产生飞车现象，有利于改善船的航向稳定性，这对拖网作业时保持网形不变，提高渔捞产量是非常重要的。

（2）拖网渔船因经常在海上起、放网具，要求干舷低、水线上受风面积不应过大，受风面积过大，会带来大幅度横倾，在稳性上也会产生不利的后果。

（3）拖网渔船需要大的作业甲板面积，并配置拖曳拉力较大的起网机、起网吊杆和导向滑轮等捕捞装置，这将有利于在海上安全地进行渔捞作业，如图 1.14 所示。

（4）拖网渔船要求能在恶劣海况下正常航行并坚持捕捞作业，所以拖网渔船应有良好的稳性、耐波性和坚固的船体结构。

（5）在露天甲板上应有良好的排浪措施，这意味着不仅在平时上浪后能迅速排浪，而且要防止在冬季由于结冰使排水口无法排浪。

（6）对小型拖网渔船，作业甲板通常都设在中前首部甲板上，机舱设置在中后。对大、中型拖网渔船作业甲板通常都设在中后尾部甲板上，机舱设置在中前。现今多数已设成尾滑道拖网渔船。

（7）尾滑道拖网渔船在船尾端甲板向下延伸至水面设一个斜坡滑道，供起网、放网和提拉渔获物使用，如图 1.15 所示。为适应海上作业，多数尾滑道渔船都设双甲板。上层甲板作为渔捞作业区，也称为作业甲板，布置绞网机等渔捞设备。下甲板作为渔获物处理和速冻加工的场所，称为加工甲板，设有渔品加工、冷冻等设备。为扩大甲板作业面积，上层建筑（甲板室）尽量向首部布置。

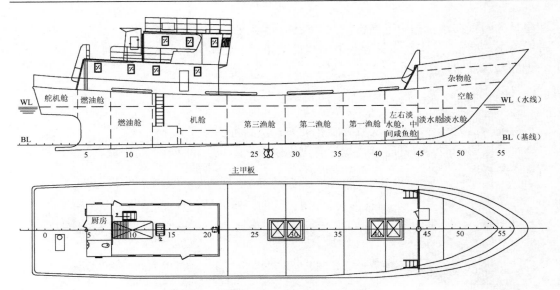

图 1.14　某钢质双拖网渔船总布置图

图中数字表示肋位号

图 1.15　尾滑道拖网渔船

目前世界上大型加工拖网渔船多为尾滑道形式，渔船总长达 120m，每天可加工 100t 渔货。这类新型渔船的导航、助航、捕捞机械等设备都在向液压化、自动化方向发展。

1.4.3 围网渔船

世界海洋渔业中，对中、上层鱼类的捕捞产量约占渔业总产量的 2/3。围网渔船（seine vessel or purse seiner）主要围捕游动敏捷的中、上层集群性鱼类。围网渔船主要有以下特点。

（1）围网渔船在围捕鱼群时，要求操作灵活，回头转向迅速。一般船长较小，吃水较浅，首部常设有侧推装置，来提高渔捞作业的灵敏性。

（2）围网渔船网具长度和重量都很大，通常每片网具长可达 800～1000m，高可达 80～100m，大、中型围网渔船网具重量可达 10～30t，网具收起后堆放在尾部甲板的网台上。

（3）起网时使用吊杆上的动力滑车，受力点高，渔捞人员又常集中于舷侧操作，故对船的稳性要求较高。

（4）甲板上除在尾部常设可转动的网台外，还设有滚筒式括网机械、起网动力滑车或槽轮式起网机、舷边滚筒和可移式理网机等机械设备。

（5）大型围网渔船在尾部设一滑坡，其上吊放一艘渔艇，有的还设有侦察直升机停放的平台。

围网渔船的作业方式有两种，即独船式和灯光围网式。

1）独船式围网渔船的作业特点

船型瘦削、速度快、操作灵活，设首部侧推器。

机舱在首部，首楼较高，主桅杆桅顶有瞭望台，内装侧推器的遥控装置和通信电话，便于指挥围网作业。

船上设有多艘带网小艇和追赶鱼群用的小艇，利用这些小艇配合来完成整个围捕作业工作。

2）灯光围网式围网渔船的作业特点

灯光围网式围网渔船通常由一艘灯船、两艘围网船和运输船组成。

灯船的主要作用是在渔场探测鱼群，用灯光诱集鱼群，作业中在网圈内控制鱼群，拖带网头，调整网形。

围网船的主要作用是起网和放网，指挥作业，负责灯船的物资补给，并起母船的作用。也有的船队由一艘围网船、两艘灯船（主灯船、副灯船）和一艘运输船组成。副灯船将鱼群诱集到主灯船附近，然后灭灯离去。放网时，网的一端由副灯船拉住，围网船绕主灯船撒网形成包围圈，把主灯船及其周围的鱼群圈在网内。当底括纲收紧后，主灯船开走，开始完成收网工作。

典型的灯光围网渔船如图 1.16 所示。

图 1.16　典型的灯光围网渔船

1.4.4　流网渔船

流网渔船（drift fisher）是采用悬挂在水中漂浮的流网捕鱼作业的渔船。其中上层鱼类随流游动触网时，鱼头伸进网眼，因呼吸作用鱼鳃挂于网片上无法脱出，网眼大小按鱼的品种而定。其主要特点如下所示。

（1）为减小风和流对船体的作用力，流网渔船也应尽量缩小上层建筑，使水线上受风面积减小。

（2）为便于操网，干舷不宜过高。水上风压中心和水下水压中心距离宜小，以免船体在随网漂流时摇首偏航。

（3）操作甲板面积要宽敞，以便安装起网机、抖网机等设备。

（4）为防止绳、网缠入推进器，操作甲板尽量靠近船首，以便在首部舷边起网、放网。推进器处最好加防护装置。

1.4.5　远洋金枪鱼延绳钓渔船

远洋金枪鱼延绳钓渔船（tuna longline fishing boat）的船型特点是采用单甲板、长尾楼、首楼、双层底的布置形式，如图 1.17 所示。

远洋金枪鱼延绳钓渔船的主要特点如下所示。

1. 总布置的特点

（1）机舱在船尾，其前部为冷藏渔舱，冷藏渔舱前为燃油深舱和首尖舱，长尾楼前端为准备间和冻结间。

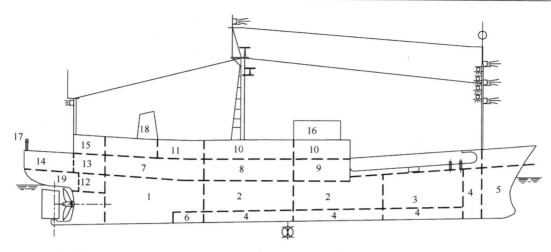

图 1.17 远洋金枪鱼延绳钓渔船总体布置形式示意图

1-机舱；2-冷藏渔舱；3-冷藏渔舱；4-燃油深舱；5-首尖舱；6-滑油舱；7-冷冻机舱；8-冻结间；9-准备间；10-船员舱室；
11-卫生间；12-淡水舱；13-厨房餐厅；14-舵机舱；15-渔具库；16-驾驶室；17-放绳机；18-烟囱；19-尾尖舱

（2）对大型远洋金枪鱼延绳钓渔船，在冷冻间后还设有冷藏渔舱。制冷机舱在机舱上部的尾楼内，一般在尾楼的左舷尾端还设有一个小的饵料舱，在首楼内设有油漆、灯具及缆索间等。

（3）远洋金枪鱼延绳钓渔船的甲板室布置在长尾楼的上部，这样有利于改善船员的居住条件，同时其船员生活区也较为集中。

（4）甲板室后端设有渔具库，驾驶室在甲板室的前上方，对于主尺度较小的船，甲板室的前端也可作为驾驶室。

（5）由于该船全天候的作业特点，在中前渔捞作业区设有遮阳甲板，左舷墙也较高，可以遮蔽风雨，在尾部放线作业区设有遮阳篷。

（6）由于大型远洋金枪鱼延绳钓渔船的自持力较长，为 90～120d，小型的远洋金枪鱼延绳钓渔船也有 30d 左右，因此需携带大量的燃油，所以双层底及尾部舵机舱两侧均设有油柜，以储备燃油。即便如此有时也不能满足要求，则需要在首部设置燃油深舱。

（7）渔捞钓机根据作业的流程，分别设置在首尾作业甲板上，力求操作方便。在首尖舱位置或首尾都设置首尖舱，将有利于营运过程中的纵倾调整。

2. 渔捞甲板的布置特征

（1）对于远洋金枪鱼延绳钓渔船，其渔捞甲板上的主要设备有起绳机、放绳机、盘绳机和传送机等。

（2）该船的起绳机布置在首部渔捞甲板靠近右舷渔捞口处，放绳机布置在尾楼后端与渔具库靠近，盘绳机也设置在干绳库附近。在甲板室的左侧处依次设置干绳收绞导管和慢速传送带装置。

（3）该船作业时，在放绳阶段通常以全速航行，由尾部甲板通过放绳机放出干绳，然后放出支绳、浮绳、浮子等，如图1.18所示。

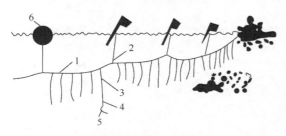

图1.18　远洋金枪鱼延绳钓渔船作业示意图

1-干绳；2-浮绳；3-支绳；4-钓线；5-钓钩及钓饵；6-浮子

（4）远洋金枪鱼延绳钓渔船钓具由数十条干绳连成一体，每条干绳端通过浮绳系有浮子，并配有信号旗子，每隔数十条干绳还配有浮标灯，有时在整个渔具上还配有2～4个无线电浮标发射装置，这些装置均作为掌握钓具所在位置之用。

（5）在干绳上连接若干支绳，支绳下端连接钓线，钓线再连接钓钩。钓具的规模通常以筐或箩为单位来计算。该船所放的干绳总长可达150～180m，支绳长为20～30m，浮绳长约为25m，支绳之间的距离必须大于两支绳长度之和，主要为了避免金枪鱼上钩时出现支绳之间的缠线现象，产生不必要的麻烦。

（6）起钓时，在首部作业甲板上进行。此时船低速航行，通过起绳机把钓具和渔获物收到甲板，把干绳、支绳、浮绳、浮子分开。干绳可通过扬绳机经过转向导轮进入干绳导管，最终由盘绳机收绞到尾部，放入干绳库中。支绳、浮绳、浮子等均可通过传送带送到尾部渔具库，左侧为支绳，右侧为浮子等，即可迅速做好下次放钓准备。渔获物可送进冷冻间速冻，然后放入冷藏渔舱。

1.4.6　远洋鱿鱼钓渔船

远洋鱿鱼钓渔船是根据营运特点及渔业生产的要求来布置的，基本原则是首先保证具有良好的航海性能，根据远洋鱿鱼钓渔船的特点特别是捕捞渔获物种类专一的特点，经济地利用甲板面积与舱室，把渔捞作业流程和渔获物加工流程结合起来，组成连续生产线的形式进行合理布置，并应在确保安全的基础上提高船员居住的舒适性。典型远洋鱿鱼钓渔船如图1.19所示。

1. 远洋鱿鱼钓渔船的主要特点

（1）均采用球鼻艏与双甲板船型，理鱼、加工等均在甲板间进行，有利于改善船员劳动条件与实行机械化，同时其船员生活区较为集中。

（2）甲板的布置形式，采用甲板室型，这是其渔捞作业均在舷侧甲板上进行的缘故。通常甲板室由船中向船尾延伸，机舱在尾，冷藏渔舱由船中向船首延伸。制冷机舱、冻结间、加工间等均从尾依次布置在甲板间内。

（3）渔捞钓机从首至尾布置在船的两舷，诱鱼灯通常吊置在靠近于两舷甲板的上方，诱鱼灯悬挂高度要求光线与海面呈45°。这主要是为了增强捕捞效果。

（4）在首尖舱或首尾设置压载水舱，有利于营运过程中的纵倾调整，如图1.20所示。

图 1.19　典型远洋鱿鱼钓渔船

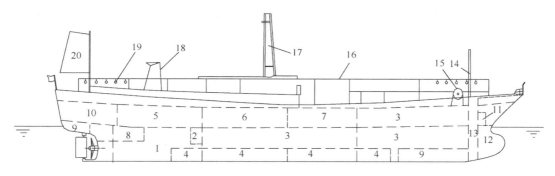

图 1.20　远洋鱿鱼钓渔船总体布置形式示意图

1-机舱；2-滑油舱；3-冷藏渔舱；4-燃油舱；5-制冷机舱；6-冻结间；7-加工间；8-淡水舱；9-压载水舱；10-舵机舱；11-锚链舱；12-首尖舱；13-深舱；14-首灯杆；15-海锚起放绞车；16-电缆线；17-灯杆；18-烟囱；19-诱鱼灯；20-尾帆

2. 渔捞甲板的布置特征

（1）对于鱿鱼钓船，其渔捞甲板上的主要设备有钓机、海锚起放绞车等，如图 1.20 所示。该船钓机布置在渔捞甲板的两舷，沿船长方向依次紧凑分布，钓机间的距离为 2.15m 左右，可避免相邻钓线之间出现缠线现象。目前，50~70m 长的鱿鱼钓船，设置 40~60 台钓机。

（2）钓机在工作时钓线通过托架上的钓线滑轮放入海中，一般放线 100~150m，如图 1.21 所示。托架可避免钓钩与船体接触时出现脱钩现象，并且托架长短交替布置可增加相邻钓线之间的距离，也可避免钓线相互缠绕，增加布置钓机的数量。

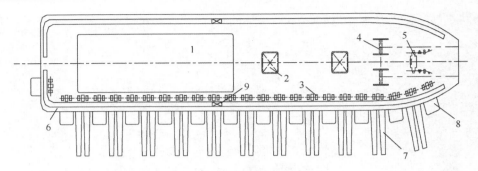

图 1.21　渔捞甲板布置示意图

1-甲板室；2-渔舱口；3-钓机；4-海锚起放绞车；5-锚机；6-U 形流鱼槽；7-长托架；8-短托架；9-落鱼口

（3）另外，托架还可以接住脱钩没有进入 U 形流鱼槽的鱿鱼，避免掉入海里。一般每台钓机可控制两盘钓线，需要配备一个短托架或两个长托架。渔捞作业时，短托架可伸出舷外 1.5m 左右，长托架可伸出舷外 4m 左右，两盘钓线可同时放线同时收线，也可以放一盘收一盘交错时间差来进行渔捞作业。

（4）渔捞作业时，海水通过管路在首尾流鱼槽端处，按一定的流量使水连续喷入槽内，把槽内的鱿鱼不断地冲到落鱼口进入加工间。

（5）在渔捞甲板的首部还设置了海锚起放绞车。因为在渔捞作业时主机停车，螺旋桨停止工作，这时就依靠海锚和尾帆的作用，使船能够稳定地漂浮在海上进行渔捞作业。放海锚时应考虑风向，一般在上风头放海锚为宜。其主要目的是把海锚撑开以增加船的阻尼，使船达到最佳稳定的漂浮状态，便于钓机更好地进行作业。

（6）渔捞甲板上的诱鱼灯的集鱼效果在晚上最明显，如白天作业，则可采用深水诱鱼灯，该灯功率一般为 4～5kW，对称地布置在驾驶甲板的两侧，利用支架伸到舷外，开机放入海中。根据不同海域的需要，深水诱鱼灯可放至 100～200m，或者更深，然后开机慢慢地提起诱鱼灯，把深水的鱿鱼引上来，其作用是提高钓鱼产量。

3. 渔获物加工间的布置特征

（1）对于远洋鱿鱼钓渔船，由于其渔获种类的专一性，在渔获加工间的布置上应尽可能地按加工流程要求，组成连续生产线的形式来进行合理的布置，同时还要考虑到加工间应具有良好的通风设备，特别是夏天保证加工间具有良好的工作环境就显得非常重要。

（2）将鱿鱼从渔捞甲板落鱼口进入加工间，经过鱼水分离槽进入接鱼槽，再从接鱼槽落鱼口进行分选，在理鱼工作台上进行装盘和称重（通常每盘为 15kg），然后经过传送带送到冻结间。

（3）如果渔获物很多来不及分选装盘时，可从鱼水分离槽端侧的流鱼口经过导鱼槽落到贮鱼槽里存放，等整理完接鱼槽内的渔获物后，再分选贮鱼棚里的鱿鱼，在理鱼工作台上进行装盘称重，然后经过传送带送到冻结间。

（4）根据平板冻结机的功率，一般需要 6～12h 开始出冻（渔获物温度为-28～-20℃），出冻时先将冻鱼盘由传送带送到脱盘水槽，将鱼盘放入水槽进行脱盘，然后捞出鱼盘翻倒在脱鱼工作台上，再传送到包装工作台上进行包装，由打包机封包后传送到落鱼舱口处，渔获物经过落鱼舱口，由滑道滑入冷藏舱进行码垛。

1.4.7 远洋金枪鱼围网渔船总布置特征

1. 总布置的基本原则

远洋金枪鱼围网渔船是根据营运中的围网作业特点及渔业生产的要求来布置的。基本原则是首先在保证具有良好的航海性能的前提下，根据远洋金枪鱼生产的特点，特别是捕捞渔获物种类专一的特点，经济地利用甲板面积与舱室，把渔捞作业流程和渔获物速冻保鲜流程结合起来，使连续生产线的布置合理，并应在确保安全的基础上提高船员居住的舒适性。总之，除应具有上述布置要求外，尚应根据该船营运特点，遵循下列原则。

（1）由于该船型设有长桥楼和两层甲板，其受风面积要比其他单甲板渔船稍大，所以在设计中需要控制上层建筑和甲板机械的高度，特别是主桅上的各种吊杆的设置，必须根据其作业中的用途合理地选取各吊杆的长度和动力滑车。另外，为了配合围网作业观察鱼群，通常在主桅杆中部和顶部设有两层瞭望台，并配置上下直梯。在保证瞭望台结构安全的前提下，其材料最好采用重量较轻的铝合金材料，否则，不仅受风面积增大，而且很容易造成空船重心过高，从而会给稳性带来不利的后果。

（2）在舱室布置上尽可能地对称，以确保空船处于正浮状态，避免水线上受风面积过大带来的不利影响。同时还应注意水线上受风面积中心与水线下面积中心之间的纵向距离不可过大，否则航向与船位均难稳定，带来操纵上的困难。

（3）渔捞作业甲板的布置，在首先保证尾部起网、放网作业甲板面积的前提下，根据渔捞作业流程，合理地布置甲板机械设备。特别是该船起网时使用吊杆上的动力滑车，受力点高，网具收起后堆放在尾部甲板的网台上，其重量可达 20～30t，所以必须考虑吊杆起网受力点高及网具重量对船的重心和纵向调整带来的影响。另外，围网船作业的特点是：在船的一舷围网，应特别注意收绞括纲和收绞网口时，对船向一舷倾斜的角度，不要出现因稳性不足造成海损事故。

（4）尽可能地减少在营运过程中纵倾的变化，这就需要合理地布置舱室，通常把冷藏渔舱布置在上甲板下面，从船尾制冷机舱前端壁一直向船首延伸，基本上保持冷藏渔舱纵向对称于船中。因为在船中渔获装载量的变化所引起的重心纵向位置的变化将是不大的。另外，冷藏渔舱设置在上甲板下面，也有利于码头卸货。同时，冷藏渔舱和制冷机舱布置在同一层甲板内，也便于冷藏渔舱制冷盘管的铺设和提高制冷效果。

（5）内胆式浓盐水速冻舱的布置，通常设置在下甲板下面，从船尾机舱前端壁一直向船首延伸等距离设置 6～7 个浓盐水速冻舱，具体设置多少个舱，应根据大型金枪鱼围网渔船的船长来确定，主要应满足围网船起网后渔获的速冻问题，我国现已投产的大型金枪鱼围网渔船垂线间长为 65m，设置 7 个浓盐水速冻舱，其中 6 个是等距离设置，而且在船中对称设置宽度为 1.5m 的管路隧道舱，将 6 个舱对称划分为 12 个舱，管路隧道舱前端的 1 个舱是横向设置对称于船的中线，共 13 个内胆舱，需要制作 13 个内胆，在制造中要保证左右内胆体积的对称性和水密性，安装内胆时，采用柳桉木制作木质肋骨和木质扶强材，而且必须根据舱内船体板架及内胆型线来制作，并保证岩棉、喷塑等绝热材的厚度。另外，内胆中的盐水存在自由面，其对稳性的影响应给予关注，但由于该舱设置在下甲板下面，即在设计水线以下，这样盐水存在自由面对稳性的影响将是很小的。如果空船重心过高，可在中部内胆下木肋骨的间隙中设置固定压载，尽可能地降低船的重心，这对提高围网作业时的稳性，确保安全捕捞作业是非常重要的。

下甲板下面舱室的布置示意图如图1.22所示。

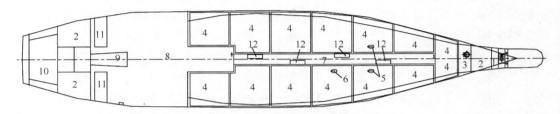

图1.22　下甲板下面舱室的布置示意图

1-侧推舱；2-燃油舱；3-声呐舱；4-浓盐水速冻舱；5-探鱼仪探头；6-水位计；7-管路隧道舱；8-机舱；
9-污油水舱；10-尾尖舱（压载水舱）；11-淡水舱；12-盐水循环泵

（6）驾驶室的位置，不仅应考虑航行的要求，还应考虑能易于清晰地观察渔捞作业的情形。为配合渔捞作业能安全地进行，通常驾驶室的位置设置在桥楼的前上方。

（7）为了配合大型金枪鱼围网渔船的围网作业，通常配置3~4个辅助小艇，其设置位置不仅考虑小艇收放入水方便，又不影响作业甲板面积，而且确保小艇牢固又不影响船舶稳性。我国已投产的大型金枪鱼围网渔船，在尾部设一滑坡，其上吊放1艘大马力主机的渔艇，便于带网头入水，渔捞作业甲板若在左舷收网作业，则可在右舷设置一艘小艇，在桥楼甲板上设置2艘小艇，这些小艇可采用小马力主机，用于围网作业时驱赶鱼群和拖带网船，防止发生网包围船的渔捞事故，配合围网作业。注意辅助小艇尾部必须设置保护装置，避免作业时出现缠网现象。对于大型先进围网船，还设有用于侦察鱼群的直升机及其停放平台。

（8）在渔捞甲板两舷，应有良好的排水措施。这意味着在风浪中航行，不仅上浪后能迅速排浪，而且在起网作业时由网具带到甲板上的海水也能迅速排出，避免由于甲板存水过多，给稳性带来不利的影响。

2. 远洋金枪鱼围网渔船总布置特征

远洋金枪鱼围网渔船的船型特点是采用球鼻艏、首侧推、双甲板、桥楼、双层底、尾机型的布置形式，其最大航速一般不低于16kn。远洋金枪鱼围网渔船总布置形式示意图如图1.23所示。

1）下甲板下面舱室的布置特征

由船尾依次布置尾尖舱（压载水舱）、机舱，机舱前部主甲板下面各舱为内胆式浓盐水速冻舱，其前为声呐舱、燃油深舱、首部侧推舱和首尖舱（压载水舱），双层底均为燃油舱、滑油舱与污水舱。本船设置侧推进装置的作用是，不仅可提高该船在围网作业时

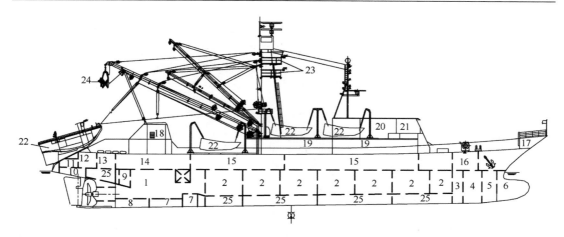

图 1.23 远洋金枪鱼围网渔船总布置形式示意图

1-机舱；2-盐水舱；3-声呐舱；4-燃油深舱；5-首侧推舱；6-首尖舱；7-滑油舱；8-污水舱；9-淡水舱；10-尾尖舱；11-压载水舱；
12-舵机舱；13-日用燃油柜；14-制冷机舱；15-冷藏渔舱；16-锚链舱；17-杂货舱；18-烟囱；19-船员生活区及住所；
20-船长室；21-驾驶室；22-小艇；23-瞭望台；24-起网机动力滑车；25-燃油舱

的灵敏性，更重要的是在围网作业时，可使船首一侧与网具之间保持一定的距离，避免由于风、浪、流的作用使船首被网缠住造成渔捞事故。另外，由于大型远洋金枪鱼围网渔船的自持力为 30d 左右，因此需带大量的燃油，双层底及尾部舵机舱下面两侧均设有油柜，在船首还设置深油舱，以储备燃油，目的是必须满足本船和辅助作业小艇的供油需求。为提高营运过程中的纵倾调整，可把压载水舱设在首尾尖舱的位置上。

2）上甲板下面舱室的布置特征

由船尾依次布置压载水舱（左右）、中部舵机舱、制冷机舱、冷藏渔舱、锚链舱、首尖舱等。制冷机舱不仅控制冷藏渔舱的制冷温度为−25℃，同时还控制浓盐水在内胆式浓盐水速冻舱中不结冰而达到速冻渔获的效果。所以制冷机舱要有足够舱室面积，满足各种所需制冷设备的布置。另外，冷藏渔舱布置必须考虑与内胆速冻渔获之间便于转运操作，其布置示意图如图 1.24 所示。在冷藏渔舱中部设置渔获处理间，把冷藏渔舱对称布置在左右两舷，并对称布置每个内胆式浓盐水速冻舱出鱼口和落鱼口，渔获处理间位于船体中部，并设置长传送带便于渔获转运处理。

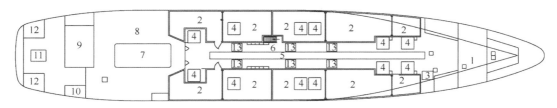

图 1.24 上甲板下面舱室的布置示意图

1-锚链舱；2-冷藏渔舱；3-污水处理装置；4-内胆舱出鱼口；5-渔获传送带；6-渔获处理间；7-机舱舱口；
8-制冷机舱；9-集控室；10-日用燃油柜；11-舵机；12-压载水舱；13-内胆舱落鱼口

3）桥楼内的布置特征

桥楼内主要布置船员生活区，这样有利于改善船员的居住条件，同时其船员生活区也较为集中。驾驶室在桥楼甲板的前上方，不仅可减少航行中的盲区，而且有利于观察渔捞作业的情形，便于围网作业的全面指挥。

3. 渔捞甲板的布置

对于远洋金枪鱼围网渔船，其渔捞甲板上配备一套完整的电动液压式围网设备，并分别设置在作业甲板上，力求操作方便，如图 1.25 所示。

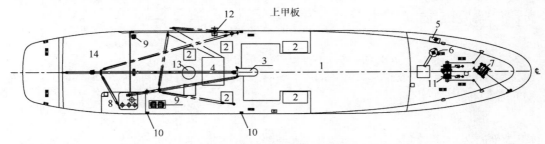

图 1.25 渔捞甲板布置示意图

1-生活区；2-卸鱼舱口；3-主桅；4-围网绞机；5-浮子纲绞机；6-吊车；7-三叉绞机；8-烟囱罩；9-网拖纲绞机；
10-转向导轮；11-锚机；12-底环括纲绞机；13-渔获收集口；14-网台

远洋金枪鱼围网渔船渔捞设备布置形式和作业流程的具体步骤如下。

（1）发现鱼群后，船长发出下网指令。

（2）辅助小艇全部下水，其中大马力的渔艇拖带网头对鱼群进行包围，在船的左舷形成包围圈，其他小艇协助驱赶鱼群和拖带网船防止在风、流的作用下产生网包围船的渔捞事故。

（3）由设置在船首的浮子纲绞机收下网头。

（4）利用尾部甲板上的网拖纲绞机将网拖纲收绞至后网头为止。

（5）采用船中甲板上的底环括纲绞机收绞括纲将网底封闭。

（6）采用主吊杆上的动力滑车收绞网衣，注意收绞网衣与送放底环速度应保持一致，逐步缩小包围圈，将渔获物聚集到取鱼部。

（7）采用船首浮子纲绞机将浮子纲进一步收缩缩小网口。

（8）采用旋转吊杆将缩小后的网口浮子纲吊起离开水面，防止渔获集中后重量增加，使浮子纲下沉渔获逃离。

（9）采用旋转吊杆上的吊渔获绞机，将渔获吊至渔获收集口，进入渔获处理间。

（10）渔获进行冲洗后，由传送带送至各内胆舱落鱼口或出鱼口，将渔获送入浓盐水速冻舱。

（11）通过内胆舱中的探鱼仪和水位计探头在驾驶室可观察到内胆中的水位及渔获速冻状况。

（12）速冻完毕，可利用抄网把渔获捞起转送到冷藏渔舱。

4. 内胆式浓盐水舱速冻系统的特点

内胆式浓盐水速冻舱是根据各舱内具体形状，采用耐低温钢板通过焊接制成的，并在顶部和底部留出冷盐水循环管口，内胆式浓盐水速冻舱口围板与上面甲板开口一定要对正，另外，要确保各内胆舱岩棉和喷塑等绝热层厚度控制为160～170mm，其目的就是保温，提高内胆舱的制冷效果。

内胆式浓盐水速冻舱的特点是：主要通过在制冷机舱内设置的4台盐水冷却器和管道舱内设置的4台盐水循环泵，由4台盐水循环泵将内胆舱中冷盐水从顶部管口吸出通过冷却器冷却后，由内胆底部管口泵入，形成冷盐水循环系统。内胆中冷盐水循环系统的冰点为–17℃左右，渔获冻结温度为–15℃，13个内胆舱冷却能力可达200t/24h。4台盐水循环泵可由转换蝶阀相互切换控制全船内胆舱冷盐水的循环及排出，在下个航次作业中，内胆舱内新鲜海水可通过海底阀箱及过滤器，由4台盐水循环泵泵入内胆舱。另外，内胆舱最大的一个特点是：可把内胆舱作为压载水舱，在往返渔场的航行中，起到船舶浮态的调整作用，在围网作业中可起到降低船舶重心的作用。这一特点对提高远洋金枪鱼围网渔船在海上渔捞作业时的安全是至关重要的。

1.5 本 章 小 结

本章主要介绍了运输船舶和渔业船舶的分类方法，详细介绍了常见运输船舶如客船、杂货船、集装箱船、油船、散货船和滚装船的外形特征及结构特点，以及渔业生产船如拖网渔船、围网渔船、远洋金枪鱼延绳钓渔船和远洋金枪鱼围网渔船的布置特征。

习 题

1. 单项选择题

（1）1974年《国际海上人命安全公约》规定，凡载客超过_____人的船舶均视为客船。

A. 6　　　　　B. 12　　　　　C. 20　　　　　D. 38

（2）_____主要装运各种成捆、成包、成箱和桶装的杂货。

A. 客船　　　B. 杂货船　　　C. 集装箱船　　　D. 滚装船

（3）_____货舱一般分为上下两层或多层，舱口附近通常设有起货设备，对货物种类与码头条件的适应性较强，是装卸效率不高的船舶。

A. 滚装船　　　B. 集装箱船　　　C. 杂货船　　　D. 油船

（4）_____是专门装运谷物、煤炭、矿砂等大宗散货的船舶。

A. 客船　　　　　　　　B. 散货船

C. 集装箱船　　　　　　D. 滚装船

（5）散货舱设置上边舱的主要目的是_____。

A. 保证装满货舱　　　　　　　　　B. 增强总纵强度

C. 便于清理货舱　　　　　　　　　D. 增加压载水舱

（6）对于集装箱船说法错误的是_____。

A. 单层甲板、货舱开口宽大　　　　B. 主机功率大、航速高

C. 舷墙较高　　　　　　　　　　　D. 方形系数 C_b 较小

（7）为保证集装箱船的舱体强度，其主船体货舱结构中采用了_____。

A. 双层壳，抗扭箱或等效结构　　　B. 多层甲板

C. 多道纵向舱壁　　　　　　　　　D. 圆形舱口

（8）标准集装箱用 TEU 表示，它代表的意义是_____。

A. 40ft 集装箱　　　　　　　　　　B. 20ft 集装箱

C. 40t 集装箱　　　　　　　　　　D. 20t 集装箱

（9）滚装船的特点是_____。

A. 舱内支柱少　　　　　　　　　　B. 纵通甲板

C. 舱容利用率低，抗沉性差　　　　D. A＋B＋C

（10）_____多为单层甲板，首楼和尾楼之间没有人行步桥，利用管路进行装卸，舱口较小，货舱内没有纵向舱壁。

A. 油船　　　　B. 客船　　　　C. 杂货船　　　　D. 液化气船

（11）为了减小自由液面对船舶稳性的影响，对于船长大于 90m 的油船，规范要求_____。

A. 在货油舱内设置一道横向连续的舱壁

B. 在货油舱内设置两道横向连续的舱壁

C. 在货油舱内设置一道纵向连续的舱壁

D. 在货油舱内设置两道纵向连续的舱壁

（12）新建油船设置专用压载水舱的缺点是_____。

A. 增加对货油舱内结构的腐蚀　　　B. 船体强度有所下降

C. 船体重量及造价有所增加　　　　D. 易造成海洋污染

（13）油船船型属于_____的船。

A. 方形系数较大　　　　　　　　　B. 方形系数较小

C. 中横剖面系数较小　　　　　　　D. 棱形系数小

（14）油船设置纵向舱壁的主要目的是_____。

A. 提高船舶总纵强度　　　　　　　B. 减少自由波面对稳性的影响

C. 提高船舶的抗沉能力　　　　　　D. A＋B

（15）现要求建造中型以上油船设置双层船壳的主要目的是_____。

A. 增加船体强度　　B. 增加压载水舱　　C. 防止严重污染　　D. A＋B＋C

（16）_____指用于从事商业性捕捞鱼类、海豹、海象或其他水生生物资源的船。

A. 科考船　　　B. 渔业冷藏船　　C. 渔业生产船　　D. 渔业运输船

（17）利用拖曳网具捕捞中、下层鱼类或甲壳类的渔船统称_____。

A. 拖网渔船　　B. 刺网渔船　　C. 钓渔船　　　　D. 围网渔船

2. 判断题

（对的打"√"，错的打"×"）

（1）油船设置多道纵舱壁和大型肋骨框架的目的是提高船舶的总纵强度。　　（　　）

（2）客船必须具有足够强度、良好的稳性、抗沉性和适航性。　　（　　）

（3）滚装船货舱内支柱极少，甲板为纵通甲板。　　（　　）

（4）目前要求建造中的中型以上油船设置双层船壳的主要目的是防止严重污染。

（　　）

（5）集装箱船的特点为多层甲板，起货设备为重吊。　　（　　）

（6）滚装船装卸货物采用"带轮"方式，装卸速度快，货舱利用率低，适合短途运输。

（　　）

（7）挖泥船、起重船、打桩船、救捞船、破冰船等都属于工程船。　　（　　）

（8）液化气体船是专门散装运输液态石油气和天然气的船。　　（　　）

（9）围网渔船主要围捕游动敏捷的中上层集群性鱼类。　　（　　）

（10）流网渔船是主要用于捕捞中上层鱼类的船舶。　　（　　）

3. 简答题

（1）简述运输船舶的分类方法。

（2）简述客船、杂货船的外形特征。

（3）简述散货船、集装箱船的结构和外形特点。

（4）简述滚装船的结构和外形特点。

（5）简述油船的外形与结构特点。

（6）渔业船舶是如何定义的，有哪些类型？

第 2 章　船体结构的一般知识

知识目标

（1）了解船舶的主要组成部分。
（2）掌握船体结构主要受力及船体强度概念、船体要具有的三种基本强度。
（3）了解船体结构用钢材种类，掌握船体构件连接形式。
（4）了解船体结构采用板架结构的原因，掌握船体结构的三种骨架形式。

能力目标

（1）能分析船体总纵弯曲产生的原因及受力较大的部位。
（2）能根据船体结构受力情况，确定船体结构采用的形式。
（3）能根据组成船体的板架结构形式判断船体的结构形式。

本章介绍船体结构相关的基础知识和船体结构的三种骨架形式。

2.1　对船体结构的基本要求

船体结构是指由板材和骨材组成的船体结构物的统称，主要研究组成船体的外板和骨架形式、特点及其结构的刚度与强度。不论何种类型的船舶，其船体结构都有共性之处，如有外板、甲板、船底结构、舷侧结构、舱壁结构、首尾结构及上层建筑等。对于不同类型的船舶，由于用途不同，结构差异构成了船体结构的特性，但无论何种类型的船舶都应满足以下要求。

（1）安全性。船体结构应保证船舶在外力作用下具有一定的强度、刚度与稳定性，不能因为强度或刚度不足或失稳而引起船体结构损坏，船体的变形量不能超过允许的范围，同时保证船体结构具有良好的防振性能，在各种激振力的作用下，不产生过大的振动变形。

（2）适用性和舒适性。船体的结构形式应满足船舶的使用要求和居住空间舒适性的要求。

（3）整体性。船舶是一个复杂的水上建筑物，各种机器、设备、仪表等系统与船体结构及布置有着密切的联系，因此船体结构必须与船舶性能、轮机、设备及系统等相互协调，确保船舶在各个方面都具有良好的性能。

（4）工艺性。船体结构形式与连接形式的选择应便于施工，以提高劳动生产率，合理制订船体建造的方案，采用先进的工艺措施，降低船舶的建造成本。

（5）经济性。在考虑了必要的结构强度、构件的腐蚀余量和维修等方面后，应力求减少结构重量，选用恰当材料，使船舶具有更好的经济性能。

2.2　船舶的主要组成部分

船体的外形和内部结构都是比较复杂的，各种不同用途的船舶，其结构也不相同。但是除少数特殊类型船舶外，大多数船舶的船体基本结构是相类似的。一般来说，船体大致可分为主船体和上层建筑两部分。

2.2.1　主船体

主船体是船体结构的主要部分，是由船底、舷侧、上甲板围成的水密的空心结构。其内部空间又由水平布置的下甲板、沿船宽方向垂直布置的横舱壁和沿船长方向垂直布置的纵舱壁分隔成许多舱室。

主船体的外形从侧面看近似一个倒放的梯形，梯形上部是甲板，下部是船底。主船体的形状一般是流线型，中间宽，两端逐渐缩小。首部与尾部的形状相比较，首部较瘦削，尾部较丰满；位于首部最前端的舱室称为首尖舱，位于尾部最后端的舱室称为尾尖舱，首尖舱、尾尖舱通常作为淡水舱或压载水舱。

为了合理地安排和充分地利用船体的内部空间，并改善船舶航行性能，船体内部用甲板分成几层，而且在每层又用一些竖向布置的舱壁把每层空间分隔成若干不同用途的舱室，如机舱、货舱、淡水舱和居住舱等。

图 2.1 为某杂货船的部分示意图。

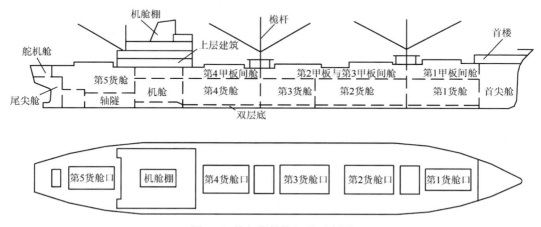

图 2.1　某杂货船的部分示意图

2.2.2　上层建筑

上甲板以上的各种围壁结构统称为上层建筑。位于首部的上层建筑称为首楼，位于尾部的上层建筑称为尾楼，位于船中部的上层称为桥楼，所以早期的船舶也称为三岛式船。现在的大型船舶一般取消了桥楼。

大中型船舶的上层建筑通常具有多层甲板，其中最高一层甲板通常布置罗经等导航仪器，称为罗经甲板。驾驶室所在的一层甲板称为驾驶甲板。布置救生艇的一层甲板称为艇甲板，旅客和船员居住的甲板一般称为起居甲板。只在船长某一部分或某一舱室或某两个舱室内设置的甲板称为平台甲板。在主船体中，上甲板的位置最高，距离船体梁中性面最远，所以上甲板对强度的要求较高而且是水密的，以保证内部舱室的使用和船舶的安全。

船体各部分结构通常由钢板和由型钢做成的装在钢板某一面的骨架组成，船体的结构既要适应船舶的使用要求，还要满足强度要求，因此不同类型的船舶其船体结构也有所不同。具体的骨架形式将在后面章节中进行具体介绍。

船体结构形式与船体受力情况有很大关系，本章以船体受力及结构强度为出发点，介绍船体结构的基本形式。

2.3　船体受力与总纵弯曲

2.3.1　作用在船体上力的分类

船舶在其建造、维修、营运或停泊过程中会受到各种外力的作用。这些外力常常会使船体结构产生变形或损坏，少数船舶甚至发生断裂，造成严重的海损事故。研究船体结构的目的就是使船体在这些外力作用下，不发生较大的变形、破损和断裂，并且降低建造成本，提高船舶营运的安全性、经济性。

作用在船体上的力可以分为以下几种。

（1）船体本身重量对船体产生的力：船体、机器及设备的重量对船体产生的力是不变的。

（2）船舶装载的重量对船体产生的力：货物、燃油、水、人员及行李的重量等对船体产生的力是变化的。

（3）水压力：水压力的大小与水深有关，吃水越深压力越大。作用在船体上向上的水压力称为浮力，浮力的大小取决于船体的形状和吃水深度。此外还有波浪产生的冲击力等。

（4）其他力：机器和螺旋桨运转时产生的振动力、进坞或搁浅时受到墩木或海礁的反作用力、起网时吊杆柱或救生艇架等处的集中力及在冰区航行时受到冰块的挤压力和撞击力等。

2.3.2　船体的总纵弯曲

船体的总纵弯曲是指作用在船体上的重力、浮力、波浪水动力和惯性力等引起的船体绕水平横轴的弯曲，由船体在静水中的总纵弯曲和船体在波浪中的总纵弯曲叠加而成。

1）船体在静水中的总纵弯曲

一艘漂浮于静止水面的船，作用于船上的重力和浮力大小相等、方向相反，且重心 G 和浮心 B 在同一条铅垂线上，如图 2.2（a）所示。假设船舶从船长方向上被分割成若干分段，分段可上下自由移动，由于重力与浮力在整个船长方向的分布是不均匀的，在每个分段上重力与浮力并不相等。因为船体重量沿船长的分布是由船体本身的结构、设备布置和装载情况决定的，而浮力的大小和沿船长的分布是由船体吃水部分的体积和形状决定的，重力大的一段有下移的趋势，浮力大的一段有上移的趋势，如图 2.2（b）所示。

　　由于船舶装载情况及船体吃水部分形状总是变化的，而船体是一个整体，不可能发生如图 2.2（b）所示的相对移动，因而船体各段重力和浮力的不平衡也总是存在的，在船体结构内部就会产生内应力，如图 2.3 所示，重力与浮力在船体的不同部位不相等，载荷曲线表示在船体内部产生的内应力。这种内应力使船体发生弯曲变形，船体的这种弯曲变形称为总纵弯曲。

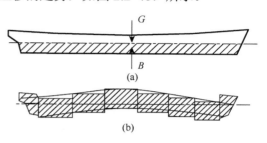

图 2.2　船体静水中的受力

　　当船体出现弯曲变形时，在船体内产生弯曲力矩，弯曲力矩的最大值一般在船体的中部，向首尾部逐渐减小，如图 2.4 所示。

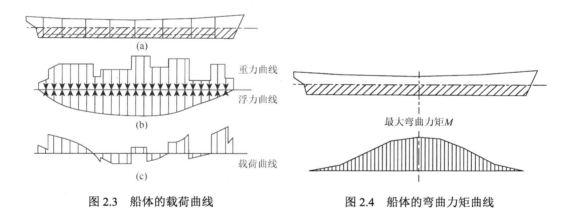

图 2.3　船体的载荷曲线　　　　　　　图 2.4　船体的弯曲力矩曲线

　　2）船体在波浪中的总纵弯曲

　　在波浪作用下，船体内产生的弯曲力矩会较静水时大。特别是在波长等于船长时，船体的弯曲变形最为严重。当波峰位于船中时，船体将产生严重的中拱弯曲，如图 2.5（a）所示；当波谷位于船中时，船体将产生严重的中垂弯曲，如图 2.5（b）所示。

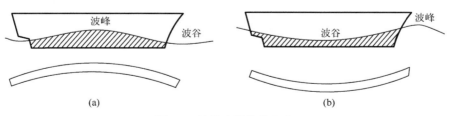

图 2.5　波浪中的总纵弯曲

　　由于船在航行中与波浪的相对位置是在不断变化的，船处于中拱与中垂状态的交替变化中，因而船体的甲板和船底板承受着交变应力的作用。

　　3）船体发生总纵弯曲时的受力特点

　　船体可看作一个空心梁，简称船体梁。总纵弯曲时船体梁上产生的弯曲力矩如图 2.4 所示。

　　船体总纵弯曲时的受力特点是通常上甲板和底部受拉压应力最大。在同一横剖面离中性轴越远，其受力越大，即上甲板和船底比下甲板受力大，舷侧外板中靠近上甲板和底部的列板要比其他舷侧外板受力大，中横剖面上弯曲正应力分布如图 2.6 所示。

　　船长方向，船中部受力大，并向首尾逐渐减小到零。总纵弯曲涉及整个船体，对船体的强度影响最大，如果船体的强度不能承受总纵弯曲所产生的作用力，则可能发生过大的变形甚至出现断裂。所以总纵弯曲是分析船体结构受力，决定船体结构形式和构件尺寸的一个主要因素。

2.3.3　作用在船体上的横向载荷

　　船体在静水或波浪中，它的各部分结构还受到局部的水压力和货物等横向载荷，会使甲板、内底板、外板等产生局部变形。图 2.7 为作用在船体上的横向载荷分布。

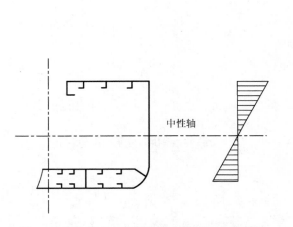

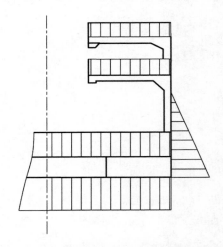

图 2.6　弯曲正应力在船体梁中横剖面上的分布　　　　图 2.7　作用在船体上的横向载荷分布

2.4　船体强度概念

　　由于船体受以上各种外力的作用，如果船体结构的强度和刚度不足，就有可能使船体总体或局部的结构发生断裂或不允许的变形。船体结构必须具有足够的强度和刚度，以抵抗这些外力。船体结构应具备以下几种强度。

2.4.1　船体的总纵强度

船体结构抵抗纵向弯曲不使整体结构遭受破坏或产生不允许变形的能力称为总纵强度。

船舶在下水、进坞和航行过程中都会产生总纵弯曲。

船舶在波浪中航行时产生的总纵弯曲较静水时大，尤其是波峰与波谷交替变动时，船体产生的弯曲也是中拱与中垂交替出现的。交变的总纵弯曲可能使船体断裂或产生纵向永久变形。

因此船体产生总纵弯曲时在船中部的上甲板和船底部受到的拉压应力最大。根据总纵弯曲的受力特点，船中部的上甲板和船底部应该有较高的总纵强度。

船体结构中承受总纵弯曲的构件主要有甲板、外壳板、纵舱壁和组成连续纵向骨架的龙骨、纵桁和纵骨等，参与抵抗总纵弯曲的沿纵向布置的构件称为纵向强力构件，如甲板、船底板、纵舱壁及纵向骨架等。而组成横向骨架的肋板、肋骨和横梁不直接参与总纵弯曲，但横向构件支撑纵向骨架并保证了船体不产生较大变形，从而也间接地保证了船体的总纵强度。

船体中部在波浪中产生的总纵弯曲力矩较静水时的大，因此远洋船舶的总纵强度要求较高。

2.4.2　船体的横向强度

横向强度是指横向构件（如肋骨框架和横舱壁等）抵抗横向载荷的能力。船舶在使用过程中会受到横向载荷的作用。

船体在静水或波浪中除了产生总纵弯曲，其结构在局部的水压力和货物等横向载荷作用下，也会产生局部的横向弯曲变形，如图 2.8 所示。船体抵抗横向变形的能力称为横向强度。保证横向强度的构件有横舱壁、肋骨、横梁、肋板、外板、甲板等。在一般装载下，船舶极少有因横向强度不足而发生横向结构断裂的情况。但在船舶进坞时，容易发生横向变形，这时横舱壁的作用很重要。

2.4.3　船体的扭转强度

当船斜置于波浪上时，在船体前后部位，在左舷与右舷产生的浮力不对称于中纵剖面，则会形成一个扭转力矩作用于船体，使船体产生扭转变形。同时船舶在装载货物时，若在船体前后部左右舱室装载不对称即对角装载，船体也会产生扭转变形，如图 2.9 所示。

船体抵抗扭转变形的能力称为扭转强度。对于甲板上开口不大的船舶，扭转变形一般都很小，可以忽略不计。而对甲板有长大舱口的船（如全集装箱船）有必要做扭转强度计算，船舶在建造和进坞修理过程中，如果垫墩不当也可能引起船体的扭转变形。

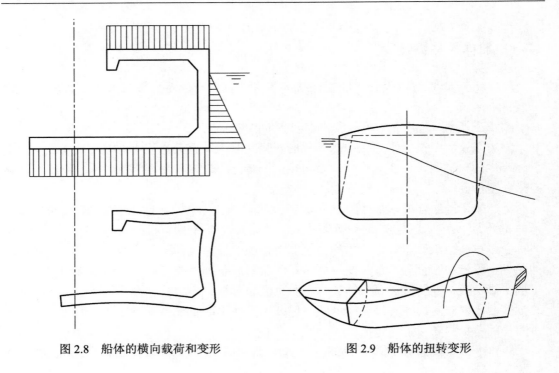

图 2.8　船体的横向载荷和变形　　　　　　　图 2.9　船体的扭转变形

2.4.4　船体的局部强度

船体在外力或一些偶然的集中外力（如碰撞、搁浅等）作用下，除了发生上述的涉及整个构件的变形或破坏，还有仅涉及个别结构的变形或破坏。如进坞维修时龙骨墩处的凹陷，主机、锚机、网机等集中载荷区的变形，舱口角隅处应力集中区的裂缝等。这些变形或裂缝虽然只涉及个别构件，但有时也会导致全船的破坏，如裂缝的蔓延就可能造成全船的断裂事故。船体某一部分结构抵抗这种局部变形或破坏的能力称为局部强度。通常采用局部加强的手段（如腹板、肘板、短梁等）来保证局部强度。

除了局部强度，船体上的板和骨架还必须保证有足够的刚度，使其变形不超过允许的范围。对于平面受压薄板，应保证其平面的稳定性，不使其产生皱褶而降低其局部强度。加大构件的尺寸可以提高船体的局部强度，但不能盲目地加大构件尺寸，否则会带来严重的后果（重量增加、应力集中等）。同时，船体结构并不单纯地由局部强度一个因素决定，还要考虑使用要求、工艺性、经济性等多种因素。

2.5　船体结构用材料

钢质船船体结构主要使用碳钢和低合金高强度钢进行制造。上述两种钢材也称为一般强度船体结构钢和高强度船体结构钢。

《钢质海船入级与建造规范》（2018）对船体结构用钢材的等级和类型都有详细的规定。正确地选择船体结构钢材是保证船体强度的前提条件。

2.5.1 钢材的等级

船体结构用钢材按其化学成分和性能分为两大类，共 10 个等级。

1）一般强度船体结构钢

一般强度船体结构钢又称碳素钢，按其性能自低向高排列，有 A、B、D、E 四种等级。A 级为沸腾钢，B 级为镇静钢，D 级和 E 级为全镇静细晶粒钢。A 级沸腾钢是利用钢水的沸腾翻滚来脱氧，钢的晶粒粗、强度低，成本也低；B 级镇静钢是在钢水中加入一定量的微量元素，如锰铁、硅铁和铝锭等，冷却时表面不沸腾，得到的钢材晶粒细、气泡少、强度好，这种钢液铸锭时能平静地充满锭模并冷却凝固，故称为镇静钢；D 级全镇静细晶粒钢，加了足够多的铝，脱氧后含铝量在 0.015%以上，使钢锭降温速度变慢而得到较细的晶粒结构；E 级全镇静细晶粒钢，含锰量高于 D 级，含碳量低于 D 级。目前，这类钢材强度较差，在中小型船舶中被广泛采用。

2）高强度船体结构钢

高强度船体结构钢又称船用低合金钢，是在碳钢内加了少量的锰、铌、钒、铝和硅等合金元素，使其各项机械性能、焊接性、耐腐蚀性和耐磨性等均比碳钢好，但经济指标与碳钢相近。高强度船体结构钢的等级是以其最小屈服应力值来划分的，按其强度和缺口冲击韧性分为 6 个等级，即分成 A_{32}、D_{32}、E_{32}、A_{36}、D_{36}、E_{36} 级，其中的 "32" 和 "36" 分别表示其最小屈服应力值应大于 $3.14×10^7 N/mm^2$ 和 $3.53×10^7 N/mm^2$。高强度船体结构钢的强度高于船用碳素钢，并且具有良好的可焊性和耐腐蚀性。

由于高强度船体结构钢强度高，可以减小构件尺寸，减轻船体结构重量，降低造船成本，目前主要应用于大型远洋船舶。此外，还有不锈钢和耐低温钢等类型，前者用于散装液体化学品船的货舱结构，后者用于冷冻式液化气船的货舱结构。

2.5.2 钢材的类型

为适应船体各部分结构的不同需要，把钢材轧制成各种厚度的钢板、各种尺寸的型钢、钢管、圆钢和半圆钢等。船体结构中常用的板材和型材如图 2.10 所示。

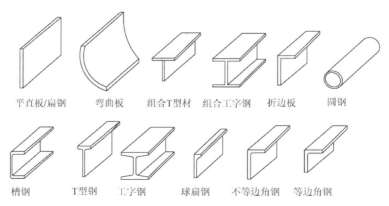

平直板/扁钢　弯曲板　组合T型材　组合工字钢　折边板　圆钢

槽钢　T型钢　工字钢　球扁钢　不等边角钢　等边角钢

图 2.10 船体结构中常用的板材和型材

（1）钢板。钢板与型钢是船体结构用的主要钢材，是保证船体形状、水密性和强度的构件。钢板的尺寸一般是以三个数字相乘来表示的，即厚度×宽度×长度，单位为 mm。钢板厚度一般为 6～40mm，宽度为 1200～3000mm，长度为 6000～14000mm。厚度小于等于 4mm 的钢板称为薄钢板，常用船用钢板的厚度一般都在 25mm 以下。

用于船体的钢板形状主要为平直板、弯曲板和折边板，大量使用在外板、甲板、舱壁板及组合 T 型材构件上。平直板和弯曲板主要用于船壳板、甲板板和分舱隔板等。

（2）型钢及组合型材。型钢一般由轧钢厂滚轧成型；型钢是标准件，按其剖面形状分，常用的有扁钢、球扁钢、角钢和槽钢等，主要用于船体骨架以支撑船壳板等。型钢是构成肋骨、横梁、纵骨、扶强材、纵桁等构件的原始构件，同时在船体结构中纵横交错地形成骨架。钢材和骨架组合构成板架，整个船体就是由船底、舷侧、甲板和舱壁等板架及首尾结构所组成的水密空心结构。

组合型材是由造船厂用钢板条组合焊接而成的，常用作船体结构较大的骨架，常用的有组合 T 型材、组合角钢等，主要用作船体骨架，以加强结构。还可以用钢板加工肘板，用以连接船体各部分结构。

（3）铸钢。铸钢是用钢水在砂模中浇铸成型的钢件。对于有些形状复杂、尺寸较大的零件，往往受到锻压设备的限制，难以用锻压方法成型，采用铸钢制造。船体艏柱、艉柱、系缆桩、尾轴管、锚和导缆孔等常采用铸钢件。

（4）锻钢。锻钢是红热钢坯经过反复锤炼而成型的钢件。锻钢件的机械性能如强度和韧性优于铸钢件，但受加工工艺的限制，不适于制作结构复杂的构件。形状简单的轴、舵杆等多采用锻钢件。

2.6　铝合金材料在船舶上应用简介

2.6.1　铝合金材料特性

铝合金应用于造船业已有近百年的历史，随着国内外造船业的发展，船舶轻量化越来越被重视，减轻船体自重、提高船速、寻求代替钢铁部件的铝合金材料，已成了铝加工工业和造船业面临的重要课题。1891 年瑞士用铝建造了第一艘小船，让铝和铝合金在船舶工程领域获得了应用。随着时代发展，铝合金在船舶建造领域的应用越来越广泛，并成为造船工业很有发展前景的材料。20 世纪 40 年代开发的 Al-Mg 系合金具有可焊接耐腐蚀的优点，而在 20 世纪 60 年代，高镁铝合金的出现，解决了铝合金剥落腐蚀、晶间腐蚀和应力腐蚀等问题，这也使得铝合金在造船领域获得了更大的应用。后来出现的 Al-Mg-Si 系合金又使得铝合金拥有了更高的屈服强度和良好的耐海水腐蚀能力。

用铝合金造船有许多优点，因而铝材在船舶上的应用发展得很快，造船业为铝材提供了广阔的应用市场。

铝合金具有以下特性。

（1）比重小、比强度高。纯铝的比重只有 2.72g/cm^3，其合金的比重（2.5～2.88g/cm^3）

也很小，采用各种强化手段后，铝合金可以达到与低合金高强钢相近的强度，因此强度要比一般高强钢高得多。

（2）有优良的物理、化学性能。铝的导电性好，仅次于银、铜和金，室温时的导电率约为铜的 64%。铝资源丰富，成本较低。铝及铝合金有相当好的抗大气腐蚀能力，其磁化率极低，接近于非铁磁性材料。

（3）加工性能良好。铝及铝合金（退火状态）的塑性很好，可以冷成型，易于进行切割、冲压、冷弯、成型和切削等各种形式的加工，适合船体的流线型加工。可挤压出大型宽幅薄壁型材，减少焊缝数，使船体结构合理化与轻量化。超高强铝合金成型后经热处理，可达到很高的强度。铸造铝合金的铸造性能与切削性能都很好。

（4）焊接性能好。铝合金容易进行焊接。

（5）绿色环保。铝合金抗腐蚀性能好，能减少涂油等维修费用，可延长使用年限（通常在 20 年以上）；铝的回收性好，铝废料容易回收，可以循环使用。

（6）其他性能。铝的弹性模量小，吸收冲击应力的能力大，有较大的安全性；无低温脆性，最适合做低温设备；铝属于非磁性材料，导航系统不受影响；全铝材船可以避免水雷攻击，适合做扫雷艇。

由于上述优点，铝及铝合金在船舶工程、航空及宇航工业、一般机械和轻工业中都有广泛的用途。

2.6.2　铝合金的分类

铝中加入合金元素（Si、Cu、Mg、Zn、Mn 等）后，就形成了铝合金，除了保留纯铝的低密度、良好的导电性和导热性等优点，通过合金化和其他工艺方法，可获得较高的强度，并保持良好的加工性能。许多铝合金不仅可通过冷变形提高强度，而且可用热处理来大幅度地改善性能。

根据化学成分的不同，常用铸造铝合金可分为 Al-Si 系、Al-Cu 系、Al-Mg 系、Al-Zn 系四大类，见表 2.1。

表 2.1　常用铸造铝合金牌号及用途表

类别	牌号	代号	用途
Al-Si 系	ZAlSi7Mg	ZL101	形状复杂的零件，如飞机、仪器零件等
	ZAlSi12	ZL102	仪表、抽水机壳体等外型复杂件
	ZAlSi9Mg	ZL104	形状复杂，工作温度为 200℃ 以下的零件
	ZAlSi5Cu1Mg	ZL105	形状复杂，工作温度为 250℃ 以下的零件，如风冷发动机气缸头、机匣、油泵壳体等
	ZAlSi7Cu4	ZL107	强度和硬度较高的零件
	ZAlSi12Cu1Mg1Ni1	ZL109	较高温度下工作的零件，如活塞等
	ZAlSi5Cu6Mg	ZL110	活塞及高温下工作的零件

类别	牌号	代号	用途
Al-Cu 系	ZAlCu5Mn	ZL201	砂型铸造工作温度为 175～300℃的零件，如内燃机气缸头、活塞等
	ZAlCu10	ZL202	高温下工作不受冲击的零件
		ZL203	中等载荷、形状比较简单的零件
Al-Mg 系	ZAlMg10	ZL301	大气或海水中工作的零件，承受冲击载荷、外形不太复杂的零件，如舰船配件、氨用泵体等
		ZL302	
	ZAlMg5Si1	ZL303	
Al-Zn 系	ZAlZn11Si7	ZL401	结构形状复杂的零件，如汽车、飞机、仪器仪表零件，也可制造日用品
	ZAlZn6Mg	ZL402	

其中 Al-Mg 系，Al-Zn 系防锈铝具有良好的耐蚀性，Al-Mg 系更好些，目前铝合金艇的主船体采用的就是 Al-Mg 系防锈铝。

2.6.3　船用铝合金

中国船级社（China Classification Society，CCS）《材料与焊接规范》（2018）针对船用铝合金进行了专门的规定。规范适用于船体结构、上层建筑和其他海上设施建造用厚度为 3～50mm 的铝合金板材和型材，并且不适用于工作温度低于–100℃的结构，常用的船用铝合金的牌号及化学成分见表 2.2。

表 2.2　常用的船用铝合金的牌号及化学成分　　　　　　（单位：%）

牌号	Si	Fe	Cu	Mn	Mg	Cr	Zn	Ti	Al	其他元素	
										每种	总量
5A01	Si + Al≤0.4		≤0.10	0.30～0.70	6.0～7.0	0.10～0.20	≤0.20	≤0.15	余量	≤0.05	≤0.15
5454	≤0.25	≤0.40	≤0.10	0.50～1.00	2.4～3.0	0.05～0.20	≤0.25	≤0.20	余量	≤0.05	≤0.15
5083	≤0.40	≤0.40	≤0.10	0.40～1.00	4.0～4.9	0.05～0.25	≤0.25	≤0.15	余量	≤0.05	≤0.15
5383	≤0.25	≤0.25	≤0.20	0.70～1.00	4.0～5.2	≤0.25	≤0.40	≤0.15	余量	≤0.05	≤0.15
5059	≤0.45	≤0.50	≤0.25	0.60～1.20	5.0～6.0	≤0.25	0.40～0.90	≤0.20	余量	≤0.05	≤0.15
5086	≤0.40	≤0.50	≤0.10	0.20～0.70	3.4～4.5	0.05～0.25	≤0.25	≤0.15	余量	≤0.05	≤0.15
5456	≤0.25	≤0.40	≤0.10	0.50～1.00	4.7～5.5	0.05～0.20	≤0.25	≤0.20	余量	≤0.05	≤0.15
5754	≤0.40	≤0.40	≤0.10	≤0.50	2.6～3.6	≤0.30	≤0.20	≤0.15	余量	≤0.05	≤0.15
6005A	0.05～0.90	≤0.35	≤0.30	≤0.50	0.4～0.7	≤0.30	≤0.20	≤0.10	余量	≤0.05	≤0.15
6061	0.40～0.80	≤0.70	0.15～0.40	≤0.15	0.8～1.2	0.04～0.35	≤0.25	≤0.15	余量	≤0.05	≤0.15
6082	0.70～1.30	≤0.50	≤0.10	0.40～1.00	0.6～1.2	≤0.25	≤0.20	≤0.10	余量	≤0.05	≤0.15

2.6.4　铝合金在船舶上的应用

铝合金用于船舶材料具有如下优势。

（1）与钢铁材料相比，铝合金具有密度小、比强度高、比模量高的优点，可减轻船体重量，增加载重量，可携带更多的武器和燃料，节省燃料消耗。

（2）耐腐蚀性能好，减少涂料维修费用，使用年限长。

（3）易加工成型，适合船体流线化，可挤压出大型宽幅薄壁型材，减少焊缝数量，使船体结构合理化和轻量化。

（4）焊接性能好，容易进行焊接。

（5）船体报废后，铝废料容易回收，可循环使用。

（6）铝合金无低温脆性，也可用作低温下的结构材料。

（7）由于铝合金的非磁性，导航系统不受影响，全铝舰船可以避免水雷的攻击，适合做扫雷艇。

由于铝合金的诸多优点，在舰船领域得到了广泛的应用。舰船用铝合金与其他结构铝合金比较，具有优良的耐蚀性和良好的可焊性，在美国、日本、俄罗斯、英国等许多国家已成为海军舰船的主要结构材料之一。

舰船用铝合金主要用于高端游艇、工作艇、高速船、扫雷艇、大型水面舰船上层建筑及升降平台等，甚至有部分渔船也使用铝合金进行建造。铝合金在船体结构上的应用见表 2.3。

表 2.3　铝合金在船体结构上的应用

结构及部位	铝合金牌号	结构类型
船体板	5083/5086/5456/5052	板材、型材
龙骨板	5083	板材
肋骨	5083/6061	型材、板材
肋板、舱壁板	5083	板材
甲板	5052/5083/5086/5456/5454	板材
操舵室	5083/6061/5052	板材、型材
舷窗	5083/6061/6063	板材、型材
舷梯	5052/5083/6061/6063	型材
桅杆	5052/5083/6061/6063	板材、管材、型材

铝合金作为轻质金属在船舶与海洋工程领域有着越来越广泛的应用，但也由于其价格相对于钢制材料更高，加工工艺难度更大，因此在应用上还远不如钢材广泛。但随着人们对铝合金性能的不断研究，业界逐渐开发出新的适用于船舶与海洋工程领域的铝合金，铝合金在船舶与海洋工程领域也将有越来越广泛的应用前景。

2.7　船体构件的连接形式

　　早期的钢质海船用铆接方法建造，现代钢质船舶修造的基本方法是焊接。船体结构中板与板、型材与型材、板与型材之间连接都采用焊接形式，有对接、搭接、角接、T 型连接及肘板连接等连接形式。图 2.11 为船体结构中板的连接形式，图 2.11（a）为对接，多用于多块钢板相互拼接时的端接缝和边接缝，主要应用于船体外板、甲板板和舱壁等；图 2.11（b）为搭接，是一块钢板或构件搭贴在另一块钢板上，将它们焊接在一起，主要应用于薄板的连接；图 2.11（c）为角接，用于相互交叉构件的连接，主要应用于构件与板材之间、交叉的板材之间或构件之间的连接，通常采用单面连续焊、双面连续焊、交错间断焊；图 2.11（d）为加强腹板连接，主要应用于局部加强及开口处的加强等。其中常见的船体构件的连接方法是对接和角接。一般外板之间、甲板板之间均可采用对接，外板与内底板、平台及甲板之间采用角接。

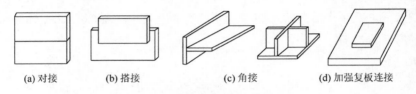

(a) 对接　　　　　　(b) 搭接　　　　　　(c) 角接　　　　　(d) 加强复板连接

图 2.11　船体结构中板的连接形式

2.8　船体板架结构

2.8.1　板架结构

　　由板和纵横交错的构件组成的钢结构称为板架结构。

　　如图 2.12 所示，一块钢板在没有受到外力时是平坦的，当外力作用在钢板上时，钢板就发生了弯曲或挠曲变形，如果在钢板上沿水平方向装焊了几根型钢形成板架后，则沿作用力方向的弯曲或挠曲变形就会显著减少，若在与板垂直方向上再装焊几根 T 型材，那么钢板的挠曲或弯曲变形就会变得更小。

　　船体构件通常沿船长和船宽方向布置，沿船长方向布置的构件称为纵向构件，沿船宽方向布置的构件称为横向构件。这些纵横交错的构件就组成了船体的骨架。

　　通常把数量多、尺寸小的构件称为骨材，数量少、尺寸大的构件称为桁材，骨材和桁材统称为骨架。形成板架结构骨架的型材主要有扁钢、球扁钢、等边角钢、不等边角钢、槽钢、圆钢和管等。

　　因此钢板和骨架的组合，能大大提高结构承受外力的能力，即提高了结构的强度，并使钢板的厚度减小到最低限度。这样，既节省了钢材，又减轻了结构的重量，提高了船舶的装载量。因此，船体上的钢板都离不开骨架。纵横骨架不仅加强了板的坚固性，使板不易破损和变形，同时还将船体各部分结构紧密地连接起来，互相支持，互相传递外界的作用力。

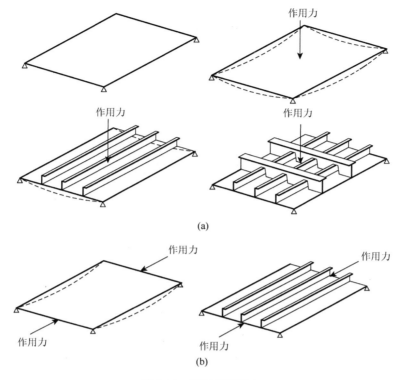

图 2.12　板与板架受力

船体如果仅由钢板制造而没有里面的骨架,则船体承受较大的外界作用力是不大可能的。否则,为了满足强度要求,就得把钢板的厚度大大增加。这样不仅成本极高,而且不容易制造,制造出来的船舶也不能满足使用上的要求。但是,如果采用了板架结构,情况就完全不一样了。无论是主船体还是上层建筑均采用这种板架结构。

2.8.2　船体板架结构的骨架形式

船体板架结构通常是由板和纵横交叉的骨材与桁材组成的,骨材和桁材可增强板对外力的抵抗能力。其中截面尺寸较小的骨材数目多,间距小;截面尺寸较大的桁材数目少而间距大。根据较小骨材布置的方向,板架结构可分为纵骨架式、横骨架式和混合骨架式三种类型。

1) 纵骨架式

纵骨架式结构是数目多而间距小的骨材沿船长方向布置,数量少、尺度大的桁材沿船宽方向布置的一种骨架结构形式。从外观看,骨材和桁材形成的板格长边沿船长方向,短边沿船宽方向。纵向构件作为主要构件排列较密、横向桁材尺度较大、排列较稀疏的一种结构形式。纵骨架式板架结构如图 2.13 所示。

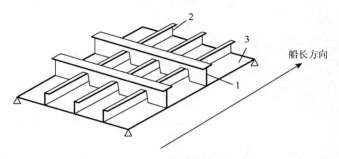

图 2.13　纵骨架式板架结构

1-桁材；2-骨材；3-板

其优点是多数骨材纵向布置，提高了船梁的纵向抗弯能力，增加了船体的总纵强度。并且由于纵向骨材布置较密，可以提高板对总纵弯曲压缩力作用时的稳定性。因而相应地可以减小板的厚度，减轻结构重量。缺点是施工比较麻烦。

2）横骨架式

横骨架式结构是数目多而间距小的骨材沿船宽方向布置，数量少尺度大的桁材沿船长方向布置的一种骨架结构形式。即板格长边沿船宽方向，短边沿船长方向，横向构件作为主要构件尺度小分布较密、纵向构件尺度大、分布较稀疏的一种结构形式。横骨架式板架结构如图 2.14 所示。

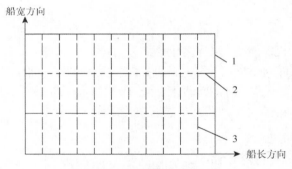

图 2.14　横骨架式板架结构

1-板材；2-桁材；3-骨材

其优点是多数骨材横向布置，横向强度较好，施工比较方便，建造成本低。缺点是在同样受力情况下，外板和甲板的厚度比纵骨架式的大，结构重量较大。

3）混合骨架式

混合骨架式结构，纵横方向的骨材尺度相差不多，间距接近，兼具有横骨架式和纵骨架式的优点，除了在特殊场合，一般很少用到。

船体结构可以看成由外板、甲板板、舱壁及型钢纵横交叉做成的骨架组成的长箱形结构。整个船的主体可分为若干板架结构，如甲板板架、舷侧板架、船底板架和舱壁板架等，如图 2.15 所示。各个板架相互连接，相互支持，使整个主船体构成坚固的空心水密建筑物。

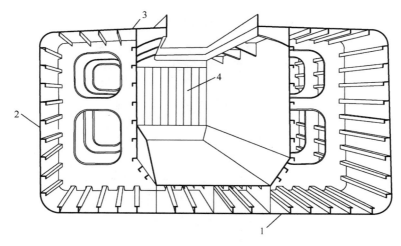

图 2.15　组成主船体的板架结构

1-船底板架；2-舷侧板架；3-甲板板架；4-舱壁板架

2.9　船体结构的形式

根据强度和使用要求，船体结构可采用纵骨架式板架和横骨架式板架的单一或组合形式。因此，船体结构的形式分为三种。

2.9.1　单一横骨架式船体结构

上甲板、船底和舷侧均为横骨架式板架结构的船体结构形式，称为单一横骨架式船体结构。

如果船体各部分都是由横骨架式板架结构组成的就称其为横骨架式船体结构，是钢质船舶最早采用的结构形式。

单一横骨架式船体结构的优点是多数骨架横向布置，横向强度较好，施工比较方便，建造成本低。缺点是在同样受力情况下，外板和甲板的厚度比单一纵骨架式船体结构的厚，结构重量较大。

对总纵强度要求不高的一些小型船舶和内河船多为单一横骨架式船体结构。

2.9.2　单一纵骨架式船体结构

如果船体各部分都是由纵骨架式板架组成的，就称其为单一纵骨架式船体结构。大型船舶由于长度较大，对船体总纵强度要求较高，宜采用纵骨架式船体结构。

单一纵骨架式船体结构的优点是纵向骨架布置较密，骨架参与船梁的有效面积大，从而提高了船梁的抗弯能力，增加了船体的总纵强度，同时提高了板材对总纵弯曲压缩应力的稳定性。因而相应地可以减小板材的厚度，减轻结构重量。

但是纵骨架式船体结构船舶纵向构件多，在船体建造中分段合拢时纵向接头多，增加了装配、焊接的工作量。在船体型线变化较大的部位，单一纵骨架式船体结构往往需要火工加工成型，增加了加工的工作量。此外，为了加强和支撑纵向构件，横向构件的尺度比较大，使两横向构件之间的空间得不到利用（除非是装载液货），减小了舱容的有效容积。

对总纵强度要求较高的军舰、大型油船及其他大型远洋货船等采用纵骨架式船体结构。对于受力较大，结构强度和重量要求严格的军用小艇，尽管尺度很小，仍采用纵骨架式。

2.9.3　混合骨架式船体结构

根据强度和使用的要求，充分地利用纵骨架式、横骨架式的优点，在船体的船侧及首尖舱、尾尖舱部分采用横骨架式，强力甲板和船底采用纵骨架式的一种船体结构形式称为混合骨架式船体结构。杂货船、散货船等大中型船采用混合骨架式船体结构。

2.10　本 章 小 结

船体是各种板架结构的组合体。本章介绍了对船体结构的基本要求，船体承受哪些外力作用及船体强度的概念。本章详细论述了船体产生总纵弯曲的原因及船体结构应具有的四种强度。船舶的主要材料是钢材，介绍了船用钢材的类型、等级、船体构件及板材的连接形式。铝合金材料在船舶上的应用也越来越多，简单介绍了铝合金材料的特性、分类及在船上的应用。详细说明了船体采用板架结构的原因、船体板架的三种形式和船体结构的三种形式。

习 题

1. 单项选择题

（1）当船舶弯曲时，受力最大的船体部位是_____。

　　A. 船体首部　　　　B. 船体尾部　　　　C. 船体中部　　　　D. 上层建筑

（2）在波浪状态下，当波峰在船中时，会使船体发生_____。

　　A. 中拱弯曲　　　　B. 扭转变形　　　　C. 中垂弯曲　　　　D. 拉伸变形

（3）板架结构由板和纵横交叉的骨材与桁架组成，安装间隔小，使用数量多的称为_____。

　　A. 板材　　　　　　B. 骨材　　　　　　C. 型材　　　　　　D. 桁材

（4）横骨架式船舶的特点是_____。

　　A. 横向构件间距大，尺寸大　　　　　B. 船舶自重相对减轻

　　C. 货舱容积损失少　　　　　　　　　D. 结构复杂，舱容利用率低

（5）某船船底结构中段纵骨较多，而其舷例结构中肋骨排列较密，该船的结构属于_____。

　　A. 横骨架式　　　　　　　　　　　　B. 纵骨架式

　　C. 混合骨架式　　　　　　　　　　　D. 综合骨架式

（6）纵骨架式船舶的特点是_____。

A. 横向构件间距小，尺寸大　　　　B. 船舶自重相对减轻

C. 货舱容积损失少　　　　　　　　D. 结构简单，容易建造

（7）混合骨架式船体结构的船的舷侧板架为_____。

A. 纵骨架式　　　　　　　　　　　B. 混合骨架式

C. 横骨架式　　　　　　　　　　　D. 纵骨架式、横骨架式各占一部分

（8）下列对船体混合骨架式结构描述正确的是_____。

A. 船舶中段船底、甲板结构采用纵骨架式；舷侧结构、首尾端采用横骨架式

B. 船舶中段船底、甲板结构采用横骨架式；舷侧结构、首尾端采用纵骨架式

C. 船舶中段采用纵骨架式；首尾端采用横骨架式

D. 船舶中段采用横骨架式；首尾端采用纵骨架式

（9）纵骨架式船体的骨架排列为纵向骨架_____。

A. 大而密　　　B. 大而疏　　　C. 小而疏　　　D. 小而密

（10）船体的纵向强度大，甲板和船体外板可以做得薄一些，船体重量轻，但舱容利用率较低的船体骨架属于_____。

A. 横骨架式　　　　　　　　　　　B. 纵骨架式

C. 纵横混合骨架式　　　　　　　　D. 自由骨架式

（11）因布置大型肋骨框架而导致舱容利用率低，船舶自重相对减轻的船体结构属于_____。

A. 横骨架式　　B. 纵骨架式　　C. 纵横骨架式　　D. 混合骨架式

（12）杂货船一般属于_____结构。

A. 纵骨架式　　B. 混合骨架式　　C. 横骨架式　　D. A＋C

（13）大型远洋油船应采用_____船体结构。

A. 单一纵骨架式　　　　　　　　　B. 单一横骨架式

C. 混合骨架式　　　　　　　　　　D. 各种形式

（14）内河船属于_____结构。

A. 纵骨架式　　　　　　　　　　　B. 混合骨架式

C. 横骨架式　　　　　　　　　　　D. 综合骨架式

2. 填空题

（1）作用在船体上的力主要有_____、横向载荷和其他局部力。

（2）在波浪状态下，当波峰在船中时会使船体发生_____弯曲，此时船体的甲板受拉伸，底部受压缩。

（3）船体结构必须具有足够的_____和刚度以抵抗外力的作用而不至发生破坏。

（4）船体结构应具备的三种强度是_____、船体的横向强度、船体的局部强度。

（5）组成主船体的板架结构有甲板板架、_____、_____和舱壁板架。

（6）船体结构中的板有_____、弯曲板和折边板。

（7）船体结构中的骨材通常采用扁钢、角钢和_____等轧制型钢。

（8）肘板是两个或两个以上相交构件的连接件，肘板的形状大多是类似_____。

（9）钢制船体结构焊接的连接形式有_____、搭接、角接等。

（10）船体结构的形式有横骨架式、_____、混合骨架式。

3. 判断题

（对的打"√"，错的打"×"）

（1）在波浪中，船体产生的总纵弯曲力矩比静水大。（　　）

（2）焊接船体外板之间的连接采用搭接形式。（　　）

（3）球扁钢是轧钢厂轧制的型材。（　　）

（4）横骨架式船体结构常用于沿海中小型船舶。（　　）

（5）大型油船多用横骨架式结构。（　　）

（6）船体发生中拱弯曲时，甲板受压缩，船底受拉伸。（　　）

（7）船体纵骨架式结构纵向构件排列密尺度小。（　　）

（8）横骨架式结构总纵强度高，结构质量小。（　　）

（9）横骨架式船体结构货舱容积损失少。（　　）

（10）船舶在海上航行，当遇到波浪的波长等于船长时，船体的弯曲最为严重。

（　　）

4. 简答题

（1）船体受到哪些外力作用？会产生哪些变形？应具备哪几种强度？

（2）静水中船体为什么会弯曲？

（3）用于船舶建造的钢材类型有哪些，分别用于船上的哪些结构中？

（4）为什么船体结构采用板架结构？

（5）纵骨架式结构的优缺点是什么？

（6）船体结构形式有哪几种？分别适用于哪类船舶？

第3章　外板和甲板板

📖 知识目标

（1）了解外板的作用及作用在外板上的力，掌握船体外板不同位置处的列板名称。

（2）掌握船体外板厚度分布的规律及布置方法。

（3）了解边接缝及端接缝的概念、边接缝及端接缝的位置及接缝位置与肋位位置的关系。

（4）掌握甲板板排列布置及厚度分布规律。

（5）掌握外板局部及甲板开口处的加强方法。

📖 能力目标

（1）能根据外板不同部位的受力情况确定外板的厚度分布。

（2）能根据不同类型甲板及甲板板不同部位的受力情况确定其厚度分布。

（3）能判断边接缝及端接缝的位置是否正确。

（4）能正确判断外板及甲板板的排列是否合理。

（5）能正确判断甲板开口处的加强方法是否合理。

　　本章主要介绍外板和甲板板的形状、作用、受力、排列布置、厚度分布与甲板开口处加强方法。

3.1　外　　板

3.1.1　外板的作用及受力

1. 外板的作用

　　外板是构成船体底部、舭部及舷侧的外壳板。外板与甲板板组成水密的壳体结构，保证船体水密性，使舰船具有漂浮及运载能力。外板作为船体梁的组成部分，参与船体的总纵强度，与船底及舷侧骨架一起承受并传递各种横向载荷，共同保证船体的各种强度和刚度，是船体结构基本组成部分之一。

2. 作用在外板上的力

外板承受如下力的作用。

（1）总纵弯曲应力：船底板是船体梁的下翼板，舷侧外板是船体梁的腹板，承受总纵弯曲应力作用。

（2）横向载荷：外板直接承受舷外水压力及舱内液体压力，这些横向载荷使船体产生局部变形。

（3）动力载荷：外板在首部承受较大的波浪冲击力，在尾部承受螺旋桨工作时的水动压力。对于航行中的船舶，外板还可能受到冰块与漂浮物的撞击和挤压力的作用。

（4）偶然性载荷：如碰撞、搁浅等意外载荷的作用。

3.1.2　外板的组成及各列板的名称

船体外板的表面是具有纵向和横向双向曲度的光滑表面，如图 3.1 所示，由于板材尺度的限制，船体外板由许多块钢板拼合焊接而成。通常钢板的长边沿船长方向布置，主要是考虑沿船长方向曲率的变化比船体沿肋骨围长方向的曲率变化小，便于钢板加工成型。

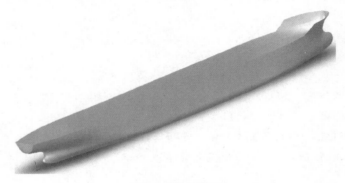

图 3.1　船体曲面

采用钢板逐块短边焊接而成的纵向连续长条板称为列板。同一列板上各张钢板之间的接缝称为端接缝或横缝。沿钢板长边的纵向接缝称为边接缝。列板与接缝如图 3.2 所示。若干个列板组成船体外板。

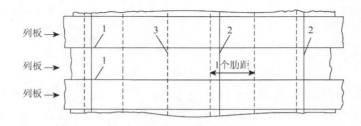

图 3.2　列板与接缝

1-边接缝；2-端接缝；3-肋骨

各列板由于位置不同各有不同的名称，图 3.3 表明了船体外板的组成及各列板名称。

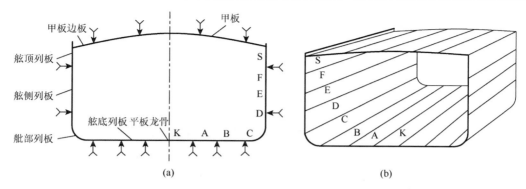

图 3.3　船体外板的组成及各列板的名称

位于船底的各列板统称为船底板，其中位于船体中线的一列船底板称为平板龙骨，此列板是唯一板材称为骨材的构件。由船底过渡到舷侧的转圆部分称为舭部，该处的列板称为舭部列板。舭部列板以上的外板称为舷侧外板，其中与上甲板连接的舷侧外板称为舷顶列板，也称为 S 列板。

生产图纸中，一般称平板龙骨为 K 列板，相邻列板为 A 列板，接下来是 B 列板，以此类推，直至舷顶列板为 S 列板，但 I、O、Q 不用于列板编号。

3.1.3　外板的厚度沿船长的分布

船体外板位置不同，受力也不同，对于外板厚度的选择，首先保证总纵弯曲和横向载荷的作用，对其他载荷的作用，主要考虑首部和尾部的适当加强。

不同部位的各列外板，在保证强度的前提下减轻重量，因此外板厚度分布沿船长方向也不同。外板厚度根据受力大小，再加上营运过程中腐蚀程度不同，因此沿船长和肋骨围长方向取不同的板材厚度，即在受力大的部位取厚些，在受力小的部位取薄些。

当船舶发生总纵弯曲时，弯曲力矩的最大值通常在船中 $0.4L$（L 表示船长）区域内，在首尾两端弯曲力矩逐渐减小而趋于零。

一般情况下，在船中 $0.4L$（L 表示船长）区域内，外板厚度较大并保持不变。离首尾端 $0.075L$ 区域内的外板较薄，处于两者之间的过渡区域，其板厚可逐渐减薄，首尾考虑局部强度需适当增厚。

对于平板龙骨，因考虑船舶进坞或搁浅时的局部强度及锈蚀、磨损等因素，其宽度和厚度从首至尾保持不变。平板龙骨比其他船底板厚度增加 20%～40%。此外，在船首底部波浪拍击区，底板要适当加厚。外板厚度沿船长方向的变化范围及趋势如图 3.4 所示。

舷顶列板因其处在离船体中性轴较远的位置，受的弯曲应力较大，因此其厚度比其他舷侧板约厚 30%。为了避免应力集中造成破坏，要求舷顶列板的上缘应平整，且应避免在船中部 $0.5L$ 范围内焊接其他装置。

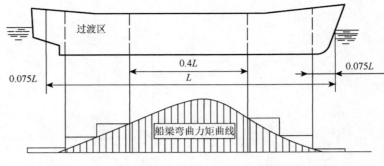

图 3.4　外板厚度沿船长方向的变化范围及趋势

水线附近的列板，由于它接近船体中性轴，局部弯曲和总弯曲应力均不大，但由于这个地方极易锈蚀，且易碰损和磨损，故其厚度应有较大的裕度。

3.1.4　外板厚度沿肋骨围长方向的变化

通常把船体看成空心梁结构，平板龙骨和舷顶列板的位置在船体梁的最下端与最上端，受到较大的总纵弯曲应力，平板龙骨还承受船舶建造时龙骨墩或坞墩的反力与磨损，舷顶列板与上甲板相连接，又起着舷侧与甲板之间力的传递作用，因此平板龙骨和舷顶列板要比其他外板厚些。其余从船底列板向上的各个列板，随着水压力减小而逐渐减薄。

3.1.5　外板边接缝的布置及并板

平板龙骨和舷顶列板的宽度由船舶建造规范或强度计算决定，舯部列板的边接缝由工艺性决定。布置边接缝线时的要求如下所示。

（1）考虑甲板、平台、纵桁、纵骨和内底边板等纵向构件的布置。外板的边接缝与纵向构件的角焊缝应避免重合或形成过小的交角，否则会影响焊接的质量。若纵向构件与外板边接缝的交角小于 30°，则应将接缝形式改为阶梯形。

图 3.5（a）表示纵向构件与外板边接缝的交角 α 过小，应将外板边接缝改为图 3.5（b）的阶梯形并板的形式。此外，当外板边接缝与纵向构件平行时，其间距 l 应大于 50mm，如图 3.5（c）所示。

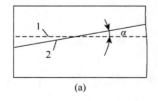
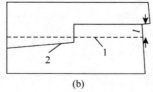
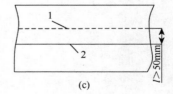

(a)　　　　　　　　　　　(b)　　　　　　　　　　　(c)

图 3.5　外板边接缝布置

1-纵向构件；2-外板边接缝

（2）外板的排列需充分地利用钢板的规格，尽可能地减少钢板的剪裁。在线型平缓的船中或大型船上，采用较宽的钢板。而在型线曲率较大的首尾端或小型舰船上，通常采用宽度较小的钢板，以便于加工和装配。但是对于型线曲率较大的首尾端或小型舰船，若采用宽度较大的钢板，会造成加工与装配的困难。

（3）外板的排列力求整齐美观，在水线以上部分的舷侧外板，其边接缝线与甲板边线或折角线平行，并保持相同的宽度延伸至船的两端。

（4）在首尾端，由于肋骨围长减小，外板板列的数目也要相应地减少，把原有的两列板形成一列板，称为并板结构，如图 3.6 所示。并板不宜设在平板龙骨、舭部列板和舷顶列板上，通常布置在满载水线以下的其他外板上。

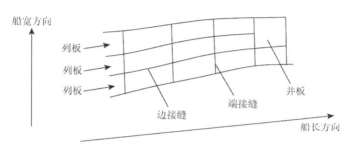

图 3.6　并板结构

并板的形式一般有以下两种。

（1）双并板：两相邻列板的端接缝同时中断，并成一列板，即用加宽的一列板代替相邻的两列板，如图 3.7（a）所示。

（2）齿形并板：两相邻列板的端接缝不同时中断，并板处形成阶梯形接缝，如图 3.7（b）所示。

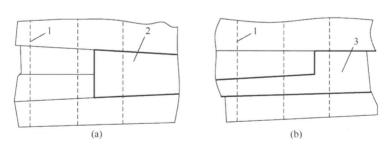

图 3.7　并板的形式
1-横向构件；2-双并板；3-齿形并板

3.1.6　外板端接缝的布置

船舶总纵弯曲时，外板的端接缝恰好位于横断面上，因此端接缝比边接缝的质量要求更高。布置外板端接缝的要求如下所示。

（1）应考虑到建造工艺上船体分段的布置情况，同时又要充分地利用钢板的长度。各列板的端接缝应尽可能地布置于同一横剖面上，以减少装备和焊接的工作量，有利于采用垂直自动焊接，并且容易控制焊接变形。

（2）外板的端接缝应布置在 1/4 或 3/4 肋距处，因板在该处局部弯曲应力最小。且端接缝应避开横向构件的角焊缝及大开口角隅部位。

（3）外板各列钢板的长度在船中部分可取长些，而在首尾端则取短些，因为船中部的船体一般被划分为平面分段，分段较长；而首尾端船体被划分为立体分段，分段较短。此外，船中线型平缓，可充分地采用长的钢板；首尾端线型较复杂，采用较短的钢板便于加工。

3.1.7　外板的局部加强

对于一些受力较大、应力集中，或者易于磨损、碰损的部位的外板予以局部加强，加强的区域大致如下所示。

1）尾端螺旋桨区域

螺旋桨运转时，会产生液体的附加动力载荷和振动，因此尾端螺旋桨区域与舵柱连接的外板、轴毂处的包板及舵轴托架支撑固定处的外板都需要加强，其厚度不得小于船中部的外板厚度。

2）首端锚孔区域

起锚与落锚时，锚与外板会发生碰撞与摩擦，因此锚链筒处的外板及其下方一块板，必须加厚或用腹板。有些船上设置锚穴，在锚穴处的外板需加厚。

3）外板开口区域

外板开口削弱了船体的强度，产生应力集中。这些开口如海底阀、渔探仪换能器开口处及网板架安装处等，都应予以加强。舷门、舷窗等需用厚板或腹板加强；各个管系排水口，围绕开口应加焊腹板加强。开口角隅处必须有足够大的圆角，半径不得小于开口宽度的 1/10，除了用加厚板或腹板加强，还可以在开口附近增设小型骨材加强。加强的具体要求在船舶建造规范中都有详细说明。

此外，对于航行冰区的船舶，其外板厚度在冰带区部分也需做必要的加强。

3.1.8　外板的布置方式

船体外板通常在肋骨型线图和外板展开图上进行布置，图 3.8 为某船首外板局部展开图厚度分布。在外板展开图上具体地表示了外板的边接缝、端接缝、分段接缝及纵横构件的位置。图 3.8 中细实线及斜栅线分别表示板缝线和分段接缝线。在确定外板的边接缝时，外板的接缝线是根据船体分段的划分、外板的厚度、板材的规格及工艺与结构上的要求布置的。

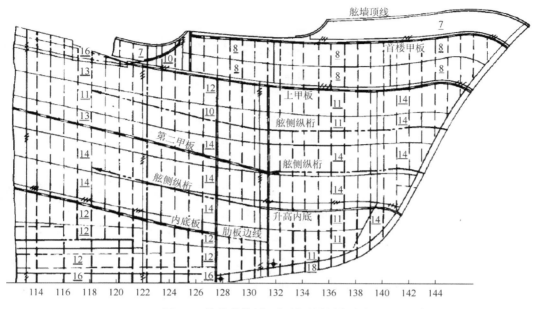

图 3.8　某船首外板局部展开图厚度分布

单位：mm

3.2　甲　板　板

3.2.1　主甲板的形状

　　为了减少上浪和迅速排出积水，船舶的上甲板沿纵向和横向都做成曲线或折线的形状，且首尾窄中部宽，船长方向中部低于首尾端，船宽方向中线面高于两舷，如图 3.9 所示。

　　上甲板边线沿纵向向首尾端升高，甲板边线纵向的弯曲称为舷弧，舷弧一般从船中向两端翘起，首部的称为首舷弧，尾部的称为尾舷弧，一般来说，首舷弧的高度 a 是尾舷弧高度 b 的两倍（图 3.10（a））。上甲板沿横向的拱度称为梁拱（图 3.10（b）），梁拱高度 c 通常为甲板宽度的 1/50 左右。非露天的甲板和平台，则可做成平直的结构。

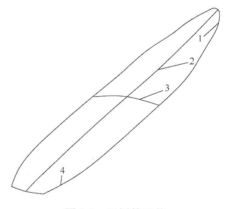

图 3.9　甲板的形状

1-首舷弧；2-脊弧；3-梁拱；4-尾舷弧

3.2.2　甲板板的受力

　　甲板板受以下力的作用。

　　（1）总纵弯曲：上甲板是船体梁的上翼板，承受总纵弯曲应力作用。

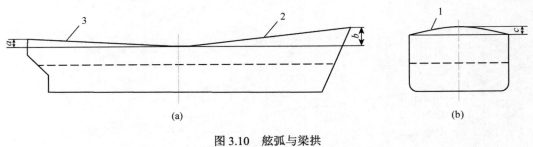

图 3.10　舷弧与梁拱

1-梁拱；2-首舷弧；3-尾舷弧

（2）横向载荷：上甲板承受上浪水压力或甲板货物等的载荷；下甲板和平台等非露天甲板的载荷则视甲板的使用情况而定。

（3）局部载荷：甲板机械等位置产生的局部载荷。

3.2.3　甲板板的布置

甲板板由许多钢板焊接而成，钢板的长边通常沿船长方向布置。沿甲板边缘与舷侧邻接的一列甲板板称为甲板边板。

甲板由许多块钢板拼合焊接而成。钢板的长边通常沿船长方向布置，且平行于甲板中线。

与舷侧邻接的一列甲板称为甲板边板。甲板边板因需保持一定的宽度，故沿舷边呈折线形状。

在首尾端，由于甲板宽度减小，甲板列板的数目也要相应地减少，也可以将钢板沿横向布置。此外，在大开口之间也可将钢板沿横向布置，如图 3.11 所示。

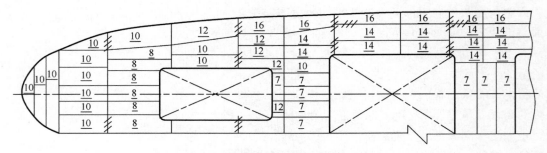

图 3.11　甲板板的布置及厚度分布

单位：mm

甲板布置时，应注意甲板板的端接缝不宜设置于大开口的四角，因为该处是应力集中区域，板缝与舱口横端至少应相距 500mm。此外，甲板板排列时也应注意甲板上下构件的位置，避免使甲板板缝与这些构件的焊缝相重合或太接近，一般要求两者的间距大于50mm。

3.2.4　甲板板的厚度分布

在各层甲板中，上甲板在保证船体总纵强度中的作用最大，故比下甲板厚。

与外板类似，上甲板参与船体总纵弯曲时，沿船长方向中部受力最大，故在船中 0.4L（L 为船长，下同）区域内的甲板板应厚些，且保持厚度相同，在首尾两端则逐渐减薄。

沿船宽方向，甲板边板首尾连续，参与船体的总纵弯曲，且考虑经常积水易受腐蚀，是上甲板中最厚的一列板。在舱口之间的甲板板，由于被舱口切断，不参与船体的总纵弯曲，主要承受局部载荷作用，这些位置处的甲板厚度可以减小。

为了保持甲板边板与舷顶列板之间结构连接的合理性，这两列板的厚度相差不能过大。

如果在露天甲板上铺设木铺板（如渔船），而且这些木铺板又能与钢甲板牢固地连接在一起，则钢甲板的厚度可减薄 1mm。木铺板的厚度一般取 40～60mm，每条木铺板应在横梁处用螺柱固定于钢甲板上。

3.2.5　甲板开口处的加强

为了让人员、机器及装载物等出入船舱，在甲板上通常设有各种大小不同的开口，如机舱口、货舱口、人孔和梯口等，甲板上的人孔开口，应做成圆形或长轴沿船长方向布置的椭圆形，以缓和应力集中程度。

甲板上的开口破坏了甲板结构的连续性，船舶总纵弯曲时，在开口角隅处将产生应力集中现象，因此，在船中 0.5L 区域内是船体的主要受力区域，故对此区域内的开口应予以加强或补偿。

矩形大开口的长边通常沿船长方向布置，大开口的角隅应做成圆形、椭圆形或抛物线形，圆形角隅的半径不得小于开口宽度的 1/10，同时，在开口角隅处的甲板板要用加厚板或腹板给予加强，圆形角隅处的甲板板要用较甲板板加厚 5mm 的板或腹板给予加强，常用的加厚板形式如图 3.12（a）和（b）所示。椭圆形或抛物线形角隅可不必采用加厚板，但需符合图 3.12（c）规定的要求。为了对甲板大开口的削弱进行补偿，有的船沿舱口两侧设置长条形的加厚板，如图 3.12（d）所示。对强力甲板舱口线以外的圆形开口，可采用图 3.12（e）所示的套环形式加强开口边缘。

3.2.6　甲板间断处的结构

上甲板以下的各层甲板若在机舱、货舱等处被切断，由于结构连续性被破坏，在甲板突变的地方可能产生应力集中。为了防止结构破坏，在甲板间断处舷侧应增设舷侧纵桁，且在过渡处用尺寸较大的延伸肘板连接，如图 3.13 所示。

对于平台甲板的末端，同样采用尺寸较大的弧形肘板逐渐延伸过渡，弧形肘板的长边应延伸几个肋距。

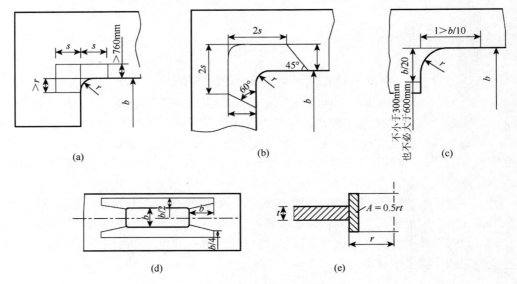

图 3.12　甲板开口处的加强

s-肋距；r-角隅半径；b-舱口宽度；t-板材厚度

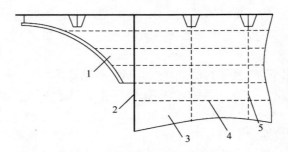

图 3.13　平台甲板末端处的结构

1-延伸肘板；2-横舱壁；3-平台甲板；4-纵骨；5-横梁

3.2.7　舷边连接

舷边是指甲板边板与舷顶列板的连接部位。目前常用的舷边连接形式有如下两种。

1）舷边直角连接

舷边直角连接如图 3.14（a）所示，这种舷边连接形式的特点是施工简便，但舷边应力较大。当舷顶列板与甲板边板直接焊接时，舷顶列板的上缘应平整，必须严格保证焊接质量。在船中及上层建筑端部，高出甲板边板的舷顶列板上不准许开流水孔。目前此种形式多用于中小型船舶和一些有加强措施的船舶，如杂货船等。

2）舷边圆弧舷板连接

舷边圆弧舷板连接如图 3.14（b）所示，弧形的舷板使舷顶列板和甲板边板构成了一个整体。圆弧舷板的厚度至少应等于甲板边板厚度，圆弧半径不得小于板厚的 15 倍。

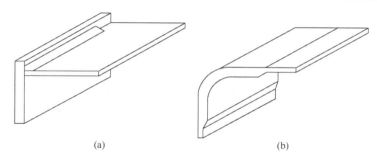

图 3.14　舷边连接形式

　　舷边圆弧舷板连接形式的特点是能使甲板和舷侧应力顺利过渡，结构刚度较大，舷边不易变形。但甲板有效面积减小，甲板排水易弄脏舷侧板。此外，由于型线的变化，舷边圆弧舷板只适用于船体中段，向首尾端逐渐过渡仍需采用舷边直角连接，施工较麻烦。舷边圆弧舷板目前多见于大型船舶的船中部位，如大型油船中部等。

3.3　本 章 小 结

　　外板和甲板板是船体箱形结构的最主要组成部分之一，外板围成船体的外壳，而甲板板则封闭船体的上部。本章主要介绍了船体外板和甲板板的作用、受力情况、外板布置、甲板布置形式及厚度分布，简单介绍了外板开口及局部加强的方法，详细介绍了甲板开口的加强方法。

习 题

1. 单项选择题

（1）船壳板不包括_____。

　　A. 平板龙骨　　　　　　　　　　　B. 甲板板

　　C. 船底列板　　　　　　　　　　　D. 舷侧列板

（2）外板的长边与长边拼接称为_____。

　　A. 端接缝　　　　　　　　　　　　B. 边接缝

　　C. 横向接缝　　　　　　　　　　　D. 竖向接缝

（3）多块钢板依次_____后的长条板称为列板。

　　A. 边接　　　　B. 对接　　　　C. 角接　　　　D. 端接

（4）平板龙骨又称为_____。

　　A. B 列板　　　B. A 列板　　　C. C 列板　　　D. K 列板

（5）外板边接缝在水线以上布置_____。

　　A. 应和甲板边线或折角线平行　　　B. 向首尾间距变窄

　　C. 应采用并板　　　　　　　　　　D. 应与内部纵向构件平行

（6）主船体的外板于_____范围内最厚。

A. 船首　　　　　　　　　　　　B. 船尾

C. 船中 40%船长　　　　　　　　D. 船中 75%船长

（7）平板龙骨是船底结构中的强力构件，所以它应在船长范围内_____。

A. 宽度不变　　　　　　　　　　B. 宽度与厚度均不变

C. 厚度不变　　　　　　　　　　D. 宽度与厚度随位置不同而不同

（8）主船体内的甲板主要有_____。

A. 首楼甲板及平台甲板　　　　　B. 尾楼甲板及驾驶甲板

C. 上甲板、下甲板及平台甲板　　D. 驾驶甲板和起居甲板

（9）甲板板的排列通常是板的长边_____。

A. 沿横向布置　　　　　　　　　B. 沿纵向布置

C. 舱口间沿纵向布置　　　　　　D. 首尾处沿纵向布置

（10）甲板板的端接缝线与舱口横端错开至少_____。

A. 50mm　　　　　B. 100mm　　　　　C. 400mm　　　　　D. 500mm

2. 判断题

（对的打"√"，错的打"×"）

（1）平板龙骨是位于船底中线上的一列板。　　　　　　　　　　　　　（　　　）

（2）外板端接缝通常布置在 1/4 或 3/4 肋距处。　　　　　　　　　　　（　　　）

（3）外板的边接缝与纵向构件的角焊缝应避免重合或形成小于 30°的角。（　　　）

（4）外板开口处的结构一般不需要进行加强。　　　　　　　　　　　　（　　　）

（5）在水线以上部分的舷侧外板，其边接缝线与甲板边线或折角线平行。（　　　）

（6）露天甲板形状通常为纵向有舷弧横向有梁拱的曲面。　　　　　　　（　　　）

（7）甲板板的端接缝应避开大开口的四角。　　　　　　　　　　　　　（　　　）

（8）位于舱口间的甲板板，厚度可小一些。　　　　　　　　　　　　　（　　　）

（9）甲板板排列时板缝可与甲板下构件的焊缝重合。　　　　　　　　　（　　　）

（10）上甲板上位于船体中部的甲板板最厚。　　　　　　　　　　　　（　　　）

3. 简答题

（1）外板由哪些列板组成？分别用什么代号表示？

（2）外板的厚度沿船长方向如何变化？

（3）外板边接缝和端接缝布置有什么要求？

（4）并板有哪两种形式？并板通常设在什么位置？

（5）甲板板的厚度是怎样分布的？

（6）甲板开口及间断处为什么要采取加强措施？

（7）甲板舷边连接形式有哪几种？分别用于什么船型？

第4章　船底结构

（1）了解船底结构作用及船底结构受力情况。

（2）掌握四种底部结构的结构形式、构件组成、构件的名称、所用型材、构件布置方式及相互连接形式。

（3）了解油船、散货船底结构特点。

（4）了解基座结构、轴隧结构及舭龙骨结构基本形式及作用。

📖 **能力目标**

（1）能依据船舶类型及尺度确定船底结构的形式。

（2）能根据船底结构形式，确定各种底部结构构件的组成、所用型材、布置情况及相互连接形式。

（3）能根据给定船型判断船底结构是否合理。

（4）能简单叙述油船、散货船与集装箱船的船底结构特点。

（5）能简单叙述基座结构、轴隧结构及舭龙骨结构的基本形式。

船底结构是船体骨架的重要组成部分,本章在介绍船底结构作用、受力的基础上,详细叙述船底结构的四种基本形式,并简要介绍主机基座结构、轴隧结构和舭龙骨结构。

4.1　概　　述

4.1.1　船底结构形式

船底位于船体的最下部,是构成主船体的重要组成部分,是保证船体总纵强度和局部强度（包括横向强度）的重要板架结构。

船底可分为单层底结构和双层底结构。

单层底结构只有一层船底板,结构简单,施工方便,但抗沉性差。单层底结构大多用于小型舰艇、渔船、内河船及小型民用船舶。

尺度较大的船舶,在船体中部的底部铺设内底板,形成双层底结构。双层底结构的船舶,当船底在触礁和搁浅等意外情况下遭到破损时,内底板仍可保证主船体的水密性,以保证船舶的安全，提高船舶的生命力。双层底结构还可以增加船体的总纵强度和船底的局部强度。双层底舱的空间可装载燃油、润滑油和淡水，或用作压载水舱。

海船从首尖舱舱壁到尾尖舱舱壁间都采用双层底结构，小型船艇和内河船仅在机舱等局部区域采用双层底结构。

船底结构按骨架形式又分为横骨架式和纵骨架式。所以船底结构有四种形式，即横骨架式单层底结构、纵骨架式单层底结构、横骨架式双层底结构、纵骨架式双层底结构。小型船舶多采用横骨架式单层底结构，大型船舶多采用纵骨架式双层底结构。

4.1.2　船底结构的主要作用

船底结构的主要作用有以下几方面。

（1）与船底板共同组成船底板架结构，用来装载货物和安装船底机械。

（2）作为船底板及内底板支架，保证其强度与稳定性。

（3）船底结构中的纵向构件参加船体的总纵弯曲。

（4）船底的横向构件与肋骨、横梁组成横向框架结构，保证船体的横向强度，通过支柱、桁架等与甲板结构形成立体结构，实现内力的互相传递。

（5）双层底结构可提高船舶的抗沉性，增强船底部的刚度与抗弯能力。

4.1.3　作用在船底结构上的力

作用在船底上的力主要有以下几种。

（1）总纵弯曲应力：船底结构相当于船体梁的下翼板，在船体总纵弯曲时，船底骨架的纵向构件和外板承受较大的拉伸应力与压缩应力。

（2）水压力：船底板架位于吃水最深的位置，承受较大的水压力。水压力向上的分力就是船舶在水中受到的浮力，浮力的大小与船舶的吃水和波浪高度有关，因此船底结构受到的水压力就相当于整条船的重量。此外还受到液体舱内液体的压力。

（3）局部横向载荷：货物和机器设备的重力及船舶进坞时龙骨墩的支反力等。

（4）动力载荷：机舱区域底部承受机器的振动载荷；首部区域航行时受到波浪的冲击载荷；在冰区航行时受到冰块的挤压载荷等；尾部承受螺旋桨旋转产生的水动力载荷等。

（5）偶然载荷：船舶搁浅或航行于浅水航道时，船底可能与河床摩擦产生的撞击力等；货物突然下坠或抓斗装卸散装货物的冲击力等。

4.2　横骨架式单层底结构

横骨架式单层底结构由船底板、肋板、内龙骨（包括中内龙骨和旁内龙骨）和舭肘板组成，是船底结构中最简单的一种结构形式，基本结构形式如图4.1所示。这种结构适用于拖船、渔船和一些小型船舶。

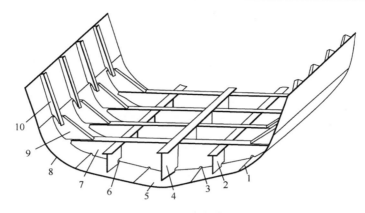

图 4.1 横骨架式单层底基本结构形式

1-焊缝；2-旁内龙骨；3-流水孔；4-中内龙骨；5-平板龙骨；6-焊缝切口；7-肋板；8-舭部列板；9-舭肘板；10-肋骨

横骨架式单层底结构的主要构件是肋板和内龙骨。肋板承受船底的局部载荷并由它传递给舭侧，内龙骨作为肋板的支点支撑肋板，同时也将一部分载荷传递给横船壁。下面分别介绍各骨架的形式。

4.2.1 肋板

肋板是设在船底部每一个肋位处的横向构件，采用钢板焊接 T 型材或钢板折边型材，但在机舱内不允许用折边型材。

实肋板承受船底的局部载荷，并将底部载荷传递给舭侧。

横骨架式单层船底结构应在每个肋位处设置实肋板，肋板间距不小于 500mm。实肋板在中纵剖面处与中内龙骨的高度相等，舭部升高的船舶，肋板高度随舭部升高逐渐减小，在距中纵剖面 1/4 船宽处的高度应不小于中内龙骨高度的 3/4。

机舱及首尾尖舱应在每一个肋位上设置实肋板，其余舱底位置应至少每隔一个肋位设置一个实肋板。实肋板在中线面处间断，并与中内龙骨焊接。

肋板的两端用舭肘板与舭侧的肋骨连接。舭肘板的高度由基线算起为中横剖面处肋板高度的两倍，宽度由肋骨内缘算起等于中线面处的肋板高度，厚度与肋板相同，如图 4.2 所示。

为了疏通舱底的积水，靠近内龙骨的肋板下缘开有半圆形（半径为 30～75mm）或长圆形的流水孔，也可扩大焊缝切口作为流水孔。

4.2.2 内龙骨

内龙骨分为中内龙骨和旁内龙骨。内龙骨作为肋板的支点支撑肋板，同时也将一部分载荷传给横舱壁。

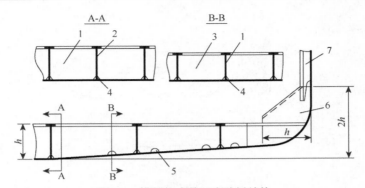

图 4.2　横骨架式单层底肋板结构

1-中内龙骨；2-肋板；3-旁内龙骨；4-焊缝切口；5-流水孔；6-舭肘板；7-肋骨

1）中内龙骨

中内龙骨是位于船体中线面上的纵向连续构件，用钢板条焊接成 T 型材。它承受总纵强度、船底局部强度及墩木的支反力等，并将一部分载荷传递给横舱壁。此外它还起着联系肋板，防止其倾倒的作用。中内龙骨的高度 h 与肋板相同，但其面板面积至少为肋板面板面积的 1.5 倍。

中内龙骨应连续贯穿全船，并尽可能延伸至艏艉柱，一般为连续不间断的纵向构件。中内龙骨与横舱壁相交时，可以断开。如果中内龙骨在横舱壁处断开，一般采用升高腹板、加宽面板或加肘板的形式与横舱壁加强连接。

图 4.3（a）表示中内龙骨在靠近舱壁的一个肋距内腹板高度 h 逐渐升高为原高度的 1.5 倍；图 4.3（b）表示用肘板将中内龙骨与横舱壁连接，肘板高度与宽度等于中内龙骨的高度，肘板的厚度与中内龙骨腹板厚度相同；图 4.3（c）表示将中内龙骨面板的宽度 b 在一个肋距内逐渐增加为原面板宽度的 2 倍。

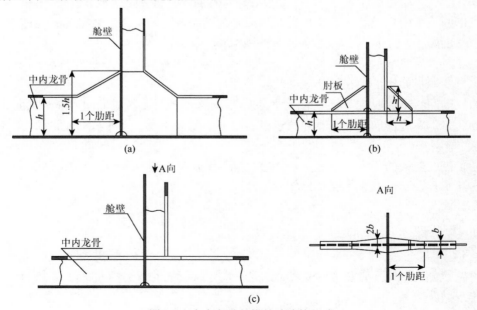

图 4.3　中内龙骨与横舱壁连接形式

除了采用肘板形式连接时，中内龙骨的面板可不与舱壁焊接，其他情况中内龙骨的面板及腹板均应与舱壁焊接。

在机舱内，如果单机船的基座纵桁在整个机舱长度内是贯通的，并且在两端舱壁的背面均设有过渡的肘板时，机舱内的中内龙骨可以省略。但在中内龙骨中断处的机舱内，应设置长度不小于 2 个肋距的肘板作为中内龙骨的过渡，如图 4.4 所示。在船中 0.75L 区域内，中内龙骨的腹板上不应开减轻孔。

对尾机型船，此种基座纵桁应尽可能地向尾部延伸，且其端部应由强肋骨或实肋板支持。如艉部线型过于尖瘦，在尾尖舱舱壁后设过渡肘板有困难时，可另行考虑。

2）旁内龙骨

旁内龙骨也是船底部的纵向构件，应尽可能地均匀设置在中内龙骨两侧，并向首尾延伸。旁内龙骨采用焊接 T 型材或折边型材，腹板应垂直于基面安装。为了便于装配和焊接，腹板的四角均切去一小角。

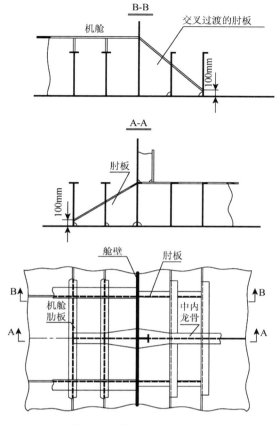

图 4.4 过渡肘板连接形式

当船宽大于 3.5m 时，应在中内龙骨两侧各设一根旁内龙骨。旁内龙骨应均匀设置，在肋板处间断，并向首尾延伸。当船宽大于 9m 小于 16m 时，应在中内龙骨两侧至少各设两道旁内龙骨。

旁内龙骨的高度和其腹板的厚度应与该处实肋板相同，其面板剖面积应不小于中内龙骨面板剖面积的 50%。在机舱内，旁内龙骨腹板的厚度应不小于中内龙骨腹板的厚度。

旁内龙骨与舱壁的连接和中内龙骨相同，但在肋板处断开。

4.2.3 肘板与艉肘板

1. 肘板

肘板用于构件之间在节点处相互连接的板，可以加强结构节点强度和刚度，是船体结构中数量最多的一种构件。肘板的不同位置有不同的名称，如艉肘板、梁肘板等。

肘板的作用是增加连接节点的刚度和强度，保证相交结构的连续性，同时可以传递各种力，减小连接处的应力集中和改善接头的工艺性，其连接形式如图 4.5 所示。

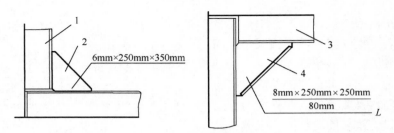

图 4.5　肘板的作用

1-肋骨；2-无折边肘板；3-横梁；4-L 型肘板

　　肘板是由板材加工成的构件，常见的形式有三种。图 4.6（a）为无折边肘板，图 4.6（b）为折边肘板，图 4.6（c）为 T 型肘板。

图 4.6　舭肘板的三种常见形式

(a) 无折边肘板　　(b) 折边肘板　　(c) T型肘板

2. 舭肘板

　　舭肘板是位于船舶舭部用于连接肋骨下端与肋板的构件。舭肘板与肋板的连接形式如图 4.7 所示。

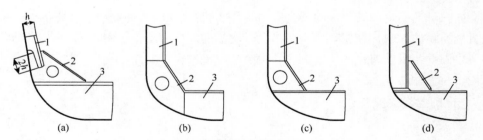

图 4.7　舭肘板与肋板的连接形式

1-肋骨；2-舭肘板；3-肋板

　　为了便于装配，舭肘板与肋骨的连接常用搭接的形式，如图 4.8 所示。舭肘板的高度由船底算起为中纵剖面处肋板高度的 2 倍。舭肘板长度由肋骨内缘算起等于中纵剖面处肋板高度，厚度与肋板相同。舭肘板应有面板或折边。当为折边时，其折边宽度应不大于 10 倍肘板厚度，但不小于 50mm。

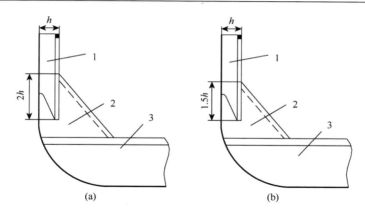

图 4.8　舭肘板与肋骨的连接形式

1-肋骨；2-舭肘板；3-肋板

由于船体外形或其他原因不能设置舭肘板时，肋板应向船侧升高到舭肘板所需的高度。当舭肘板或肋板与肋骨搭接时，其搭接长度应不小于下列规定。

（1）当肋骨高度 h 等于或小于 100mm 时，搭接长度应不小于 $2h$，如图 4.8（a）所示。

（2）当肋骨高度 h 大于 100mm 时，搭接长度应不小于 $1.5h$ 且不小于 200mm，如图 4.8（b）所示。

4.3　纵骨架式单层底结构

纵骨架式单层底结构由船底板、内龙骨、肋板和数量较多的船底纵骨等组成，如图 4.9 所示。

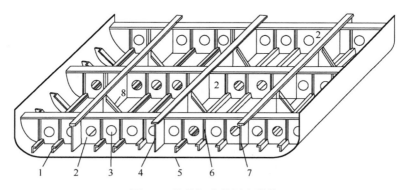

图 4.9　纵骨架式单层底结构

1-船底纵骨；2-肋板；3-减轻孔；4-中内龙骨；5-船底板；6-加强筋；7-旁内龙骨；8-防倾肘板

与横骨架式单层底结构相比较，纵骨架式单层底结构的特点是增加了密集设置的纵骨，所以不必在每个肋位上设置肋板，通常是每隔 3～4 个肋位设置一个肋板，肋板间距通常大于 1.0m。

　　内龙骨包括中内龙骨和旁内龙骨，其结构、布置和作用与横骨架式单层底结构中相应的构件相同。但内龙骨的高度通常大于肋板高度，高出的部分需加设防倾肋板。为了保证纵向构件的连续性，把所有内龙骨都做成连续贯通的，肋板则是间断的，焊接在内龙骨之间，如图4.9所示。

　　船底纵骨是纵骨架式单层底结构中的主要纵向构件，它们是保证船体总纵强度的重要构件。所以纵骨架式船底结构纵向强度好、结构重量轻，但建造工艺较复杂，常用于小型舰艇、吨位较小的油船和长度大于65m的远洋渔船，有些内河中大型船舶也采用纵骨架式单层底结构以获得较好的总纵强度。

　　船底纵骨平行于中内龙骨，纵向密集设置，球头朝向船中，但靠近中内龙骨的一列纵骨球头朝向舷侧。舰艇上纵骨腹板垂直于外板安装，间距一般为0.3～0.6m。船底纵骨的作用是支持外板并提高船底纵向强度。

　　船底纵骨与肋板有两种连接形式：一种是在肋板上开切口让纵骨穿过，仅在纵骨腹板的一面与肋板焊接，优点是容易装配；另一种是肋板上的切口与纵骨形状相同，把纵骨插进去，周围全部焊接，优点是连接可靠，但装配麻烦，仅用于军船上。

　　纵骨与横舱壁的连接一般是纵骨间断，与舱壁板焊接，两端用肘板加强，如图4.10所示。

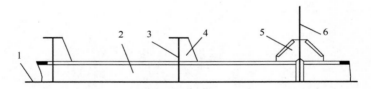

图4.10　纵骨穿过横舱壁时的连接形式

1-船底板；2-纵骨；3-肋板；4-肘板；5-肘板；6-横舱壁

　　图4.11为某小型舰艇的纵骨架式单层底结构，它由中内龙骨、旁内龙骨、肋板和数量较多的纵骨组成。为了保证纵骨的连续性，所有纵向构件是连续贯通的，肋板是间断的，焊接在龙骨之间，内龙骨的高度通常大于肋板高度，高出部分加防倾肘板进行加强。

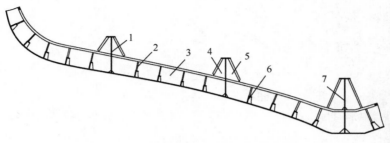

图4.11　某小型舰艇纵骨架式单层底结构

1-旁内龙骨；2-加强筋；3-肋板；4-防倾肘板；5-防倾肘板；6-船底纵骨；7-中内龙骨

4.4　横骨架式双层底结构

横骨架式双层底结构由外底板、内底板、底纵桁（包括中底桁和底旁桁）和各种形式的肋板等组成，如图 4.12 所示。

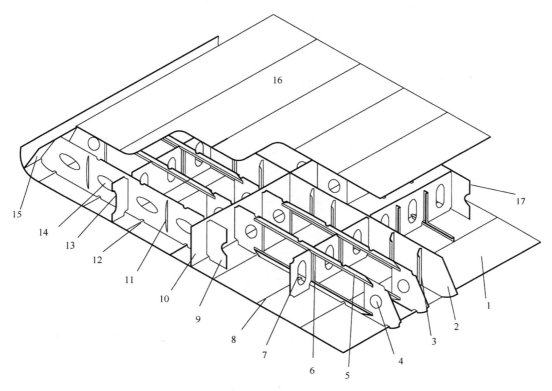

图 4.12　横骨架式双层底结构

1-船底板；2-水密肋板；3-加强筋；4-减轻孔；5-框架肋板；6-扶强材；7-人孔；8-船底边接缝；9-轻型肋板；10-中底桁；11-加强筋；12-流水孔；13-旁底桁；14-减轻孔；15-内底边板；16-内底板；17-主肋板

4.4.1　内底板与内底边板

1. 内底板的作用及受力

内底板是双层底上的水密铺板。内底板、内底边板与船底板形成水密的空间。

双层底有如下作用。

（1）可以提高船舶的抗沉性。

（2）可以提高船体结构的总强度和局部强度，特别是提高底部板架的强度和刚度，减小外底板的板架弯曲应力。

（3）双层底底部空间可储存油和水，可降低舰艇的重心，提高船舶的稳性。

（4）双层底满足油船防污染的要求。

内底板主要承受机械设备的重力，油和水舱的液体压力，板架弯曲的拉应力及总纵弯曲的拉压应力等。

当船体外底板破损时，还要承受海水压力；在遇到水下爆炸时，与外底板一起承受爆炸冲击波的作用等。

内底板与内底边板构成双层底的内层结构，内底一般从尾尖舱舱壁到防撞舱壁。

2. 内底板的布置及厚度分布

内底板一般是水平布置的，与基线平行，也是由多块钢板焊接而成的，钢板的长边沿船长方向布置。除了边缘一列板，其余板的排列都尽可能与船体中线面平行，这样便于内底板的加工、装配和焊接，如图4.13所示。

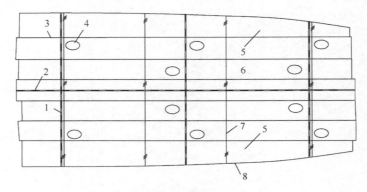

图4.13　内底板的布置

1-水密肋板；2-中底桁；3-边接缝；4-人孔；5-内底边板；6-内底板；7-分段焊缝；8-外板

内底板的厚度分布情况与外底板相似，即中部较厚，两端稍薄一些，内底板的中央一列板与中桁材相接，受力较大，其厚度也大一些。此外，内底板的厚度应考虑到锈蚀和磨损裕度。机炉舱及装载燃油的底舱容易锈蚀，它们的内底板应加厚。货舱口下的内底板容易磨损，应该厚些，当采用抓斗装卸货物时更应加厚。船端部内底板的厚度较中部减小 1/10。

为了便于人员出入双层底，在内底板上开有圆形或长圆形的人孔。通常每个舱至少开两个人孔，呈对角线布置。为了保证内底板的水密性，人孔上需装置水密的人孔盖。

3. 内底边板

内底边板是指与外板相连的那列内底板，处于舭部位置。

内底边板由于处于船底结构与舷侧结构相交处，并且与肋骨相连接，因此它的受力较复杂，且内底边板处容易积水，腐蚀较严重，所以内底边板的厚度比内底板厚一些。

内底边板的结构有 4 种类型：下倾式、上倾式、水平式和折曲式，如图4.14所示。

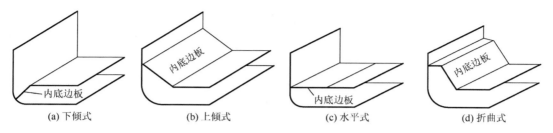

图 4.14 内底边板的类型

图 4.14（a）为下倾式内底边板，内底边板向下倾斜，与舭部列板所形成的沟槽可作为舭部污水井，这种结构形式提高了舭部强度，但施工比较麻烦，并且舭部经常积水容易造成内底边板和舭部列板的局部腐蚀，多用于渔船的舭部结构。图 4.14（b）为上倾式内底边板，内底边板向上倾斜，这种结构对于装卸散装货物比较方便，避免货物聚集在舭部，多用于散货船上，缺点是施工建造比较复杂，损失一部分有效舱容。图 4.14（c）为水平式内底边板，内底边板水平延伸至舷侧外板，舱底平坦，施工方便，并且有利于安全，为防止内底板上积聚污水，需另外装置用于收集和排出舱底水的污水井。图 4.14（d）为折曲式内底边板，每舷侧内底边板由两列板组成，与内底板相撞的一列倾斜，其倾斜度在中部较大，首尾部变得平缓。与舭部列板相接的一列板水平布置。折曲式内底边板适用于航行在多礁石浅水航道的船舶，如长江上游的客货船，优点是安全性好，缺点是占用货舱容积，结构复杂，施工不便。

内底边板应有足够的宽度，下倾式内底边板的宽度不小于中底桁高度的 4/5，水平式内底边板至少比舭肘板的宽度加大 50mm。

4.4.2 底纵桁

底纵桁分为中底桁和旁底桁。

1）中底桁

中底桁是位于双层底中线面处的纵向连续构件，其作用相当于单层底结构的中内龙骨，由钢板制成，内底板相当于骨架的面板，它承受总纵弯曲、坞墩支反力及其他外力，是双层底结构中的重要构件。

中底桁材的高度等于双层底的高度，为便于施工和检修，其高度在任何情况下不得小于 700mm。中底桁应尽量向艏艉柱延伸，除在首尾端区域可以间断外，其他区域都应连续。在船中 0.75L 区域内需保持水密，不允许开孔，如图 4.15 所示。

2）旁底桁

旁底桁是位于中底桁两侧对称布置的纵向构件，其作用相当于单层底结构

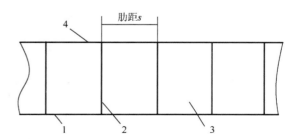

图 4.15 横骨架式双层底中底桁结构

1-船底板；2-肋板；3-中底桁；4-内底板

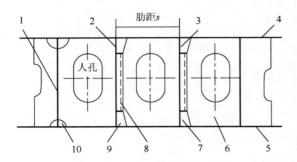

图 4.16　横骨架式双层底旁底桁结构

1-主肋板；2-框架肋板；3-内底横骨；4-内底板；
5-船底板；6-旁底桁；7-船底肋骨；8-扶强材；
9-切口；10-焊缝切口

的旁内龙骨，也由扁钢制成，与船底板和内底板连接。船宽大于 10m 的船舶，中底桁两侧至少各设一道旁底桁，在宽度方向尽可能地均匀设置。旁底桁的厚度较中底桁薄。

旁底桁间断于主肋板，它的四个角开有焊缝切口，上下缘开有内底横骨和船底肋骨穿过的切口（与框架肋板相交时）。旁底桁上还开有人孔或减轻孔，长圆形人孔的长轴一般是垂直布置的，开孔不小于 320mm×450mm，应能使人体通过，如图 4.16 所示。

4.4.3　肋板形式

肋板是位于船底肋位上的横向构件。横骨架式双层底肋板通常有四种形式：主肋板、水密肋板、框架肋板和轻型肋板。框架肋板现在常用轻型肋板代替。

1. 主肋板

主肋板又称实肋板，由钢板制作，是开有人孔、减轻孔、流水孔、透气孔和通焊孔的非水密肋板，结构如图 4.17 所示，肋板的高度与内底的高度一致。

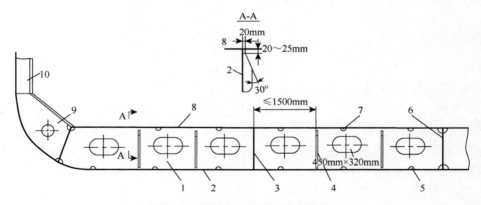

图 4.17　横骨架双层底主肋板结构

1-主肋板；2-外底板；3-旁底桁；4-加强筋；5-流水孔；6-中底桁；7-透气孔；8-内底板；9-舭肘板；10-肋骨

主肋板上开有人孔，同时起着减轻孔的作用，以减轻结构重量。各肋板开孔位置在船长方向应尽量按直线排列。人孔的高度应不大于双层底高度的一半，否则应给予加强。圆形人孔的最小直径为 450mm，长圆孔最小尺寸为 450mm×320mm。不作为人孔用的减轻孔尺寸可以减小。在主肋板下缘开有半圆形或半长圆形流水孔。在上缘还应开透气孔，让空气流通，以免形成气垫而影响灌水和灌油。

为了保证主肋板的刚度，在两个人孔之间用垂直加强筋加强，加强筋用扁钢制成，其间距不小于 1.5m。考虑到便于装配，加强筋端部与内外底板之间可留 20～35mm 间隙，并把端部削斜。

主肋板有两种布置形式：一种是在每个肋位上都设置主肋板，这种形式横向强度好，但结构重量大，常用于机舱区域；另一种是每隔 2～4 个肋距设置主肋板，主肋板间距不超过 4 个肋距（通常不大于 3.2m），其余肋位上设置框架肋板或轻型肋板。这种形式的结构重量较轻，但强度差些，施工也较麻烦，在受力较大的肋位上必须设置主肋板，由于框架肋板减轻重量并不多，而花费工时却较大，现在趋向于采用轻型肋板代替框架肋板，或全部采用主肋板的布置形式。

2. 水密肋板

通常在水密横舱壁下都设有水密肋板，其位置根据分舱要求确定。

水密肋板由没有任何开孔而且在规定压力下不透水的钢板制成，它与水密的中底桁一起将双层底分隔成若干互不相通的各种水密舱室。它可能在单面受到局部液体压力，因此水密肋板厚度比主肋板厚 1～2mm，垂直加强筋应设置得密一些，其间距不大于 900mm，当水密肋板高度大于 900mm 时，应设置垂直加强筋，加强筋可以采用扁钢或折边角钢，当加强筋采用折边角钢时上下端部削斜。

水密肋板的结构和加强筋端部形式如图 4.18 所示。

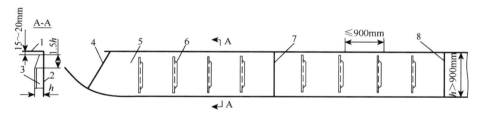

图 4.18　水密肋板的结构和加强筋端部形式

1-内底板；2-水密肋板；3-加强筋；4-内底边板；5-水密肋板；6-加强筋；7-旁底桁；8-中底桁

3. 框架肋板

框架肋板也称为组合肋板，是由内底横骨、船底肋骨和肘板等组成的框架结构，如图 4.19 所示。框架肋板的内底横骨和船底肋骨由不等边角钢制成，内底横骨的剖面模数为船底肋骨剖面模数的 85%，并用肘板与中底桁和内底边板连接，肘板的宽度不小于中底桁高度的 3/4，并要求折边。在旁底桁一侧设置与内底横骨尺寸相同的扶强材，它同时起着内底横骨和船底肋骨中间支撑的作用。

组合肋板设置在未装实肋板和水密肋板的肋位上，但在机舱区和水密横舱壁下，以及在舱壁扶强材趾端和支柱下都不能设置组合肋板。因为这些区域受力较大，而组合肋板承载能力比实肋板差。

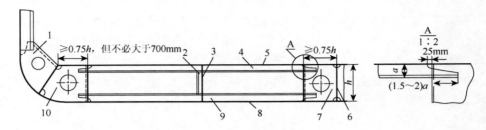

图 4.19　框架肋板结构

1-舭肘板；2-扶强材；3-旁底桁；4-内底横骨；5-内底板；6-中底桁；7-肘板；8-船底板；9-船底肋骨；10-肘板

采用组合肋板的目的是节省钢材，减轻结构重量，但是与实肋板相比，组合肋板的加工、装配、焊接和校正变形的工作量大大增加，且框架肋板减轻的重量不多，经济性并不好，为了简化工艺，目前已较少采用。

4. 轻型肋板

横骨架式双层底在不设置主肋板和水密肋板的肋位上，可设置轻型肋板代替框架肋板。轻型肋板的厚度与主肋板相同，但允许有较大的减轻孔，减轻孔的长度和宽度分别可达 1.2 倍中底桁的高度和中底桁高度的 60%。但其长度边缘距中底桁和内底边板的距离不小于中底桁高度的 50%。与框架肋板相比，轻型肋板施工方便，可以代替框架肋板。轻型肋板结构如图 4.20 所示。

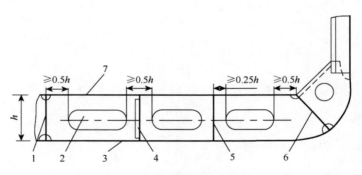

图 4.20　轻型肋板结构

1-中底桁；2-减轻孔；3-船底板；4-加强筋；5-旁底桁；6-内底边板；7-内底板

4.4.4　双层底端部的过渡结构

民用船舶的首尾尖舱通常是单层底结构，所以双层结构的内底在防撞舱壁和尾尖舱处终止。

双层底内底结构结束时应以逐渐交替变窄的方式过渡到单层底，通常将它转变为中内龙骨和旁内龙骨上面的锯齿状的舌形面板，舌形面板的延伸长度应不小于双层底高度的 2 倍或不小于 3 个肋距，内底边板也向单层底延伸，其宽度可逐渐减小，这样可以减小在双层底与单层底连接处横剖面形状突变产生的应力集中。双层底过渡至单层底结构如图 4.21 所示。

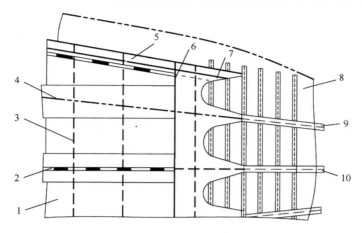

图 4.21　双层底过渡至单层底结构

1-内底板；2-中底桁；3-肋板；4-旁底桁；5-内底边板；6-横舱壁；7-舌形面板；8-船底板；9-旁内龙骨；10-中内龙骨

在过渡区域，当船底纵桁的高度和内龙骨高度不同时，应将较大的桁材从某一高度逐渐过渡到另一高度。

4.5　纵骨架式双层底结构

纵骨架式双层底结构由外底板、内底板、内外底纵骨、肋板和底纵桁等组成。纵骨架式双层底结构具有较多的纵向连续构件，能承受较大的纵向弯曲力矩，内外底板有密集的纵骨支持，增加了板的刚度和稳定性，提高了底部的纵向强度。因此纵骨架式的内外底板可以比横骨架式薄，这样可以减轻结构重量，广泛应用到各种大、中型杂货船、散装货船和客船上，军用舰船也普遍采用此种骨架式。

图 4.22 为杂货船纵骨架式双层底结构。下面分别介绍其骨架的各构件。

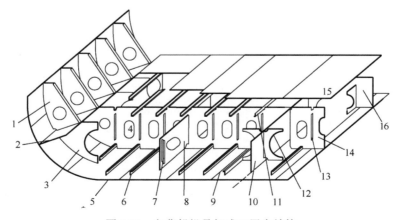

图 4.22　杂货船纵骨架式双层底结构

1-舭肘板；2-内底边板；3-肘板；4-人孔；5-外底板；6-船底纵骨；7-加强筋；8-旁底桁；9-边接缝；10-中底桁；11-内底纵骨；12-防倾肘板；13-加强筋；14-实肋板；15-内底板；16-水密肋板

4.5.1　肋板

纵骨架式双层底的肋板有主肋板和水密肋板两种形式，一般不采用其他形式的肋板，水密肋板的结构和布置与横骨架式双层底的结构相同，主肋板的结构如图 4.23 所示。

通常货舱内每隔 3～4 档肋距设置一主肋板，机舱内和首部 0.2L（船长）范围内每隔 2 档肋距设置主肋板。在受力较大处，如主机座、锅炉座、推力轴承座下的每个肋位处均应设置主肋板，横舱壁与支柱下应设置主肋板。在肋板上每个安装纵骨位置处设垂直加强筋，肋板上人孔的长轴垂直布置，便于人的通行，如图 4.23（a）所示。

图 4.23（b）为肋板间结构，在不设置主肋板的每个肋位上需设置紧靠内底边板的内侧肘板，以支持该肋位上的舣肋板。

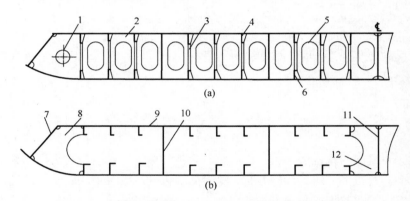

图 4.23　纵骨架式双层底结构上的主肋板结构与肋板间结构

1-减轻孔；2-主肋板；3-加强筋；4-内底纵骨；5-人孔；6-船底纵骨；7-内底边板；8-肘板；
9-内底板；10-旁底桁；11-中底桁；12-肘板

主肋板、水密肋板与纵骨的连接形式详见 4.5.2 节中的叙述。

4.5.2　纵骨

1. 纵骨

在纵骨架式双层底结构中，纵骨分为内底纵骨和船底纵骨，其中位于船底板上的纵骨称为船底纵骨，位于内底板上的纵骨称为内底纵骨。纵骨沿船长方向与中底桁平行布置，内底纵骨与外底纵骨上下对应。与纵骨架式单层底结构一样，它们是保证船体总纵强度的重要构件。

纵骨由型钢制成，最常用的是球扁钢。大型船舶也可采用 T 型材。由于船底纵骨比内底纵骨离船体中性面远，总纵弯曲时受力大，同时受到的水压力也较大，因此船底纵骨的尺寸一般较内底纵骨大。内底纵骨的剖面模数为船底纵骨的 85%。

2. 纵骨的安装布置

纵骨沿船长方向和中底桁平行，并在船宽方向均匀设置，纵骨间距为 600～900mm，最大间距不得大于 1.0m。

如果纵骨是球扁钢和角钢型材，习惯上将纵骨型材的凸缘朝向中线面，这样对纵骨的加工和安装比较方便，但是邻近中底桁的那根纵骨应背向中线面，以便于安装中底桁两侧的肘板，如图 4.24 所示。民用船舶纵骨腹板通常垂直于基平面安装，内外底纵骨上下对应布置。

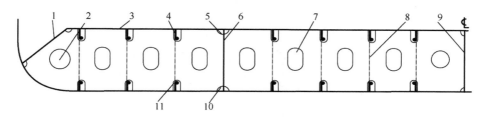

图 4.24　纵骨架式双层底结构上纵骨的布置

1-内底边板；2-减轻孔；3-内底板；4-内底纵骨；5-透气孔；6-旁底桁；7-人孔；8-加强筋；
9-中底桁；10-排水孔；11-外底纵骨

靠近首尾端随着船宽减小，纵骨的数目也相应减少，但不允许较多的纵骨在同一肋位上间断，应该用逐渐过渡的形式来减少纵骨的数目。

3. 纵骨与横向构件的连接

船底纵骨和内底纵骨的主要作用是与内底板、船底板和中桁材、旁桁材一起承受船体总纵弯曲，保证船体的总纵强度。同时纵骨还支持和加强船底板与内底板，保证板材在总纵弯曲和承受水压力及其他载荷时的稳定性，因此要求纵骨沿船长方向连续。为了使纵骨连续贯通，当纵骨与实肋板相交时，一般是纵骨连续，实肋板上开切口让纵骨通过，如图 4.25 所示。

纵骨与非水密肋板连接的节点形式有两种：第一种是在肋板上开切口让纵骨穿过，采用腹板焊接型切口型式，骨材腹板的一侧与肋板焊接，切口形式代号为 CW-1，开口的大小与形状与所用的骨材相关，开口的尺寸在相关的标准中有具体的规定。图 4.26（a）为内底纵骨穿过肋板时的节点形式；第二种是在承受较大载荷的切口处，采用具有非水密补板型切口的节点形式，它是在腹板焊接型切口的基础上加上非水密补板的连接形式，图 4.26（b）中切口形式代号为 CN-2，图 4.22（c）中切口形式代号为 CN-9。

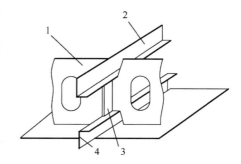

图 4.25　纵骨与实肋板的连接

1-实肋板；2-内底纵骨；3-加强筋；4-外底纵骨

当纵骨与水密肋板相交时，连接形式也有两种。

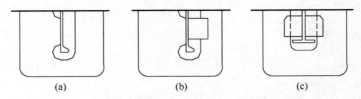

图 4.26　纵骨穿过肋板时非水密节点连接形式

　　第一种连接形式是纵骨切断,用肘板与水密肋板连接,再用肘板将纵骨与水密肋板相连接,如图 4.27 所示,图 4.27 (a) 是节点的三维示意图,图 4.27 (b) 是节点的平面图形。这种连接形式增加了几块肘板,使得结构重量增加,但是保证了水密肋板的水密性和连续性,安装纵骨也比较方便,是常用的方法。

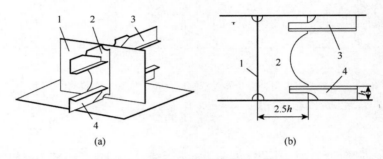

图 4.27　纵骨与水密肋板的连接形式
1-水密肋板；2-肘板；3-船底纵骨；4-内底纵骨

　　第二种连接形式是纵骨穿过水密肋板,在水密肋板上开切口,让纵骨通过,然后用补板将切口补上,这种连接形式使结构的重量较轻,但工艺较麻烦,民用船舶很少采用,其节点连接形式如图 4.28 所示。

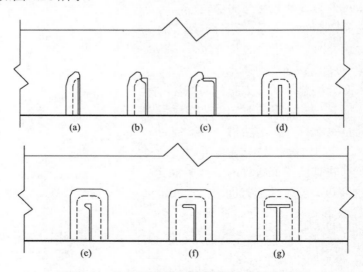

图 4.28　纵骨穿过水密肋板时的节点连接形式

　　图 4.28 为部分船舶标准中规定的不同型式纵骨穿过水密肋板时切口与补板的型式。图 4.28（a）为纵骨与开口焊接的形式，代号为 CT-1，图 4.28（b）代号为 CT-2，图 4.28（c）代号为 CT-3，图 4.28（d）代号为 CT-4，图 4.28（e）代号为 CT-5，图 4.28（f）代号为 CT-6，图 4.28（g）代号为 CT-9，这些切口节点形式也适用于其他部分骨材穿过板材的节点结构。

　　采用的较多的是第一种连接形式，但当船长大于 200m 时，必须采用纵骨通过水密肋板的结构形式。

4.5.3　底纵桁

　　纵骨架式双层底的底纵桁也分为中底桁和旁底桁。

1. 中底桁

　　中底桁是位于中线面处的水密纵向连续构件，是保证船体纵向强度的重要构件之一。对中底桁的要求与横骨架式双层底上的中底桁一致。由于纵骨架式的双层底上的肋板间距比横骨架式的大，所以在两肋板之间的中底桁的跨距较大，其两侧应设置一对通达邻近纵骨的肘板来加强它的刚度，肘板间距一般不大于 1.20m，肘板厚度与肋板相同。水密的中底桁在肘板与肋板之间还应设垂直的加强筋。

2. 旁底桁

　　旁底桁通常是非水密的纵向构件，对称地布置在中底桁的两侧，它垂直于基平面安装并在肋板处间断。旁底桁的布置应考虑在船长方向保持延续，船中区域旁底桁平行于中线面布置，靠近首尾区域随着船宽减小，旁底桁改为折线布置，并逐渐减少旁底桁的数目，旁底桁的折点应放在横舱壁或主肋板处，如图 4.29 所示。一起中断的旁底桁数目不应多于两道。旁底桁中断时在舱壁或肋板的另一侧还应装置延伸肘板，延伸长度不小于两档肋距。

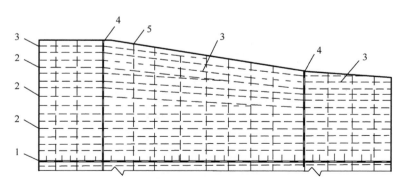

图 4.29　底纵桁与纵骨的布置图

1-中底桁；2-旁底桁；3-纵骨；4-水密肋板；5-肋板

纵骨架式双层底内的底纵桁，其间距比横骨架式底纵桁的间距大些，船宽大于 12m 而不超过 20m 的船舶，中底桁两侧允许各设一道旁底桁，而船宽大于 20m 的船舶，两侧至少应各设两道旁底桁，在船首 0.2L 区域，考虑到波浪的砰击，旁底桁的间距应不大于 4 个纵骨间距。

4.5.4　箱形中底桁

箱形中底桁也称为箱形龙骨，是中桁材的一种结构形式，是设置在双层底中线面处，沿船长方向的一条水密的箱形通道。它通常从防撞舱壁通向机舱前端壁，用于集中布置各种管路，避免管子穿过货舱而妨碍装货，故又称管隧。机舱前端壁开有水密装置的人孔，便于人员进入箱形中底桁检查，此外，箱形中底桁应设通向露天甲板的应急出口。

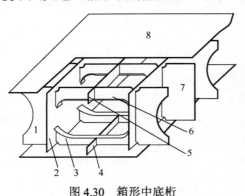

图 4.30　箱形中底桁

1-防倾肘板；2-水密中底桁；3-船底横骨；4-船底纵骨；
5-内底纵骨；6-内底横骨；7-实肋板；8-内底板

箱形中底桁是由两道水密的侧板（底纵桁）、内外底板、骨材等组成的，如图 4.30 所示。侧板的厚度与水密肋板相同，两侧板的距离不大于 2m。为了补偿横向强度，箱形中底桁区域的船底板和内底板应增厚。横骨架式结构箱形中底桁的每个肋位上应设环形框架或船底横骨和内底横骨，横骨的跨度中央设间断的纵向骨材。纵骨架式结构箱形中底桁在每档主肋板处设置环形框架和内、外底横骨。与侧板连接的横骨端部其腹板高度应增大。

箱形中底桁端部与中底桁的衔接处，至少有 3 个肋距的相互交叉过渡区以保证结构的纵向连接。

箱形中底桁有两种结构形式，如图 4.31 所示。图 4.31（a）为一侧板位于中线面上，另一侧板偏向一舷，采用环形框架的形式；图 4.31（b）为对称于中线面的箱形中底桁，采用内、外底横骨的形式。

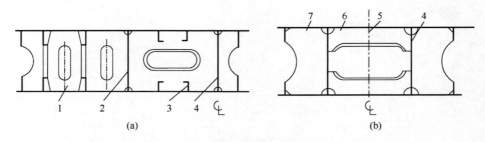

(a)　　　　　　　　　　　　　　　　　(b)

图 4.31　箱形中底桁的结构形式

1-肋板；2-位于船中线面上的水密中底桁；3-船底纵骨；4-水密中底桁；5-中线面；6-内底横骨；7-防倾肘板

在尾尖舱和首尖舱内船底通常是横骨架式单层底结构，在这里不宜设置箱形中桁材，而设置间断的中桁材，在箱形中桁材的延伸线上应用肘板过渡。

4.5.5 双层底舭肘板结构

纵骨架式和横骨架式双层底的舭肘板有着相似之处。舭肘板应在每个肋位上设置，其厚度与主肋板相同。在舭肘板上可开圆形减轻孔，但孔缘周围的板宽不得小于舭肘板宽度的 1/3。舭肘板的高度不小于内底板至最下层甲板之间高度的 1/10，是肋骨板腹高度的 2.2 倍。舭肘板的宽度和高度相同。舭肘板的自由边缘有面板或折边。

图 4.32 为双层底舭肘板的结构形式，其中，图 4.32（a）为横骨架水平内底边板，在舭肘板趾端下面的肋板上设置垂直加强筋，以增强舭肘板趾端的支撑刚度。图 4.32（b）为纵骨架式水平内底边板，强肋骨腹板下端做成圆弧代替舭肘板，其趾端终止在内底纵骨上。图 4.32（c）为倾斜式内底边板，在型深较大的船上，为了加大舭肘板与内底板的连接宽度，其面板做成上面小下面大的梯形形式，如图 4.32（d）所示。

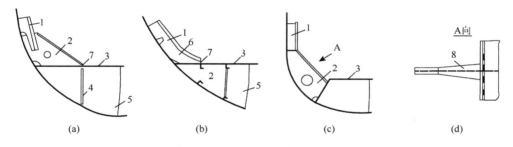

(a)　　　　　　　(b)　　　　　　　(c)　　　　　　　(d)

图 4.32　双层底舭肘板的结构形式

1-主肋骨；2-舭肘板；3-内底板；4-加强筋；5-肋板；6-强肋骨；7-趾端；8-舭肘板面板

4.6　散货船、油船和集装箱船船底结构特点

4.6.1 散货船船底结构特点

根据 SOLAS 公约要求，散货船指主要用于运输散装干货的船舶，散货船除了少量矿砂专用船，多为通用型。散货船的船底一般为纵骨架式双层底结构，其结构特点如下所示。

（1）散货船船底广泛地采用箱形中底桁结构。

（2）散货船船底靠近舷侧设有顶边舱、底边舱。

底边舱由斜顶板、旁底桁及舭部外板围成。底边舱的内底板向上倾斜，散货能自然地向中央倾注，便于卸货和清理，且有利于改善航行性能。船宽大于 20m 采用纵骨架式双层底时，肋板间距不大于 3.6m，底纵桁间距不大于 5m。底边舱的旁底桁通常是做成水密的，另外，底边舱在货舱水密横舱壁肋位处应尽可能地设置水密隔壁，否则应设置制荡舱壁，以缓和底边舱内液体的冲荡。

　　图 4.33 为 25000t 散货船船底结构，底边舱内无纵骨，横向设置有开孔板，板上设置有加强筋。图 4.33（a）为主肋板位置处结构，图 4.33（b）为肋板间结构。

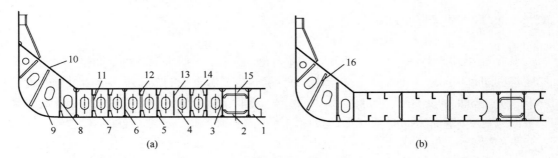

图 4.33　25000t 散货船船底结构

1-肘板；2-箱形中底桁；3-底纵桁；4-实肋板；5-船底纵骨；6-旁底桁；7-外底板；8-加强筋；9-底边舱；10-底边舱斜顶板；11-加强筋；12-内底纵骨；13-间断旁底桁；14-内底板；15-横骨；16-加强筋

　　图 4.34（a）为底边舱内设置纵骨的底边舱结构，货舱区域底边舱的斜板应为纵骨架式，底边舱的底部和舷侧一般也为纵骨架式，在主肋板平面上有环形框架结构，纵骨穿过框架腹板并有加强筋加强。底边舱内在肋板位置处应做成环形框架或用开有减轻孔的板代替环形框架，纵骨应连续穿过框架并与腹板焊接。每隔一根纵骨用小肘板与框架腹板焊接，小肘板应伸至框架面板。底边舱在靠近首尾端终止处应考虑结构的连续过渡。

　　有的散货船可兼运矿砂，底部结构采用旁底桁而不设内底纵骨，将船做成全底桁结构，如图 4.34（b）所示。

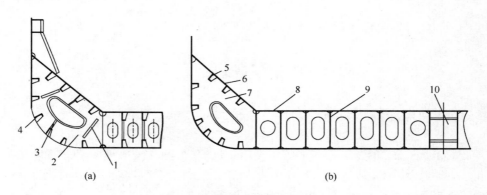

图 4.34　散货船船底结构形式

1-斜加强筋；2-底边舱；3-加强筋；4-底边舱外底纵骨；5-底边舱斜顶板纵骨；6-斜顶板；7-环形框架；8-内底板；9-旁底桁；10-箱形中底桁

　　图 4.35 为自卸式散货船船底结构，货舱底部呈 W 形，下面尖顶部位有卸货用的开口。底边舱内设置有纵骨，在主肋板平面上设置横向开孔板，开孔周围边缘附近有扁钢加强，纵骨穿过横向开孔板，用非水密衬板连接，纵骨处的开孔板上有加强筋加强。

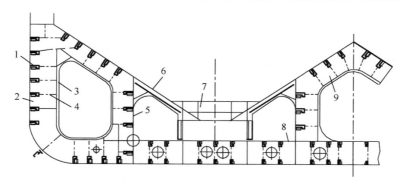

图 4.35　自卸式散货船船底结构

1-纵骨；2-横向开孔板；3-围绕扁钢；4-加强筋；5-水密旁底桁；6-斜顶板；7-货物出口；8-内底板；9-横框架

4.6.2　油船船底结构特点

早期油船的货油舱底部为单层底结构，有纵骨架式和横骨架式两种形式，一般多采用纵骨架式。目前根据国际有关防污染规定的要求，载重量超过 600t 的油船，底部应采用纵骨架式双层底结构。与干货船不同的是，根据船的大小，油船货油舱内通常设置 1～3 道纵舱壁，将船宽方向分隔成 2～4 个货油舱。

大中型油船货油舱底部都采用纵骨架式双层底结构，货油舱以外可采用横骨架式或纵骨架式结构。货油舱双层底应保持完整性，在货油舱的内底上不应开设人孔，也不应从机舱出入，进入双层底的出入口应通至露天甲板。

油船的双层底结构与杂货船纵骨架式双层底结构基本相同，由实肋板、中底桁及左右各 1～2 道旁底桁及内外底纵骨等组成。但由于舷侧采用双层壳结构，底部靠舷侧处通常设置成底边舱结构。油船的底边舱与散货船底边舱也基本相似，但其斜板与舷侧内壳板相连，且斜板尺度也比散货船小，底边舱上设有平台，底边舱斜板下必须设置旁底桁，如图 4.36 所示。

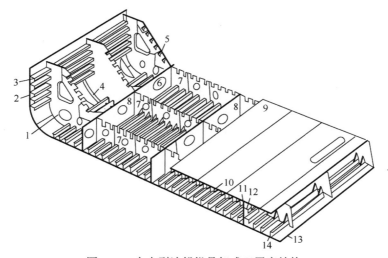

图 4.36　大中型油船纵骨架式双层底结构

1-开孔横隔板；2-舷侧外板；3-舷侧纵骨；4-舭肘板；5-斜板纵骨；6-人孔；7-实肋板；8-旁底桁；9-内底板；
10-内底纵骨；11-中底桁；12-水平加强筋；13-船底外板；14-船底纵骨

4.6.3　集装箱船船底结构特点

集装箱船船底应采用纵骨架式双层底结构，其构件组成和结构形式与杂货船基本相同。但由于装载集装箱，内底板处应设有集装箱箱角，在集装箱的四角座点处应予以局部加强。旁桁材要布置在集装箱的座点下。在横舱壁下、舱长的中点及距横舱壁 1/4 舱长处都应设实肋板。

4.7　主机基座、轴隧和舭龙骨结构

4.7.1　主机基座结构

船舶上装有主机、锅炉、各类辅机及其他机械装置和设备，要使各类装置能正常地运转，就需要把它们牢固地固定在一定的位置上，船上用来固定机械装置的底座结构称为基座。

船舶的机械装置分布在机舱内、甲板上和其他许多地方，各类基座的数目可达几十个到几百个，基座的大小和形式视机械装置的类型而有所不同。其中主机基座的类型分为内燃机、蒸汽机、汽轮机和燃气轮机。

机座结构与船体结构上的构架要可靠地连接在一起。机械装置和设备安装到基座上，用螺栓固定，以保证各种机械和设备正常使用。

1）单层底上的主机基座结构

主机基座的结构与主机的类型和功率有关，但是它们的基本构件都相同，即由垂直方向布置的基座纵桁腹板、水平方向布置的纵桁面板、横隔板及加强肘板组成。

在单层底的船上，主机可以直接安装在升高的底部结构上，即用船底纵桁来代替基座纵桁，结构如图 4.37 所示。

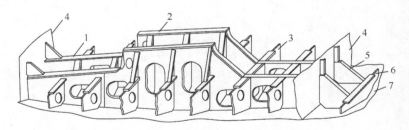

图 4.37　单层底上的柴油机主机基座结构

1-机座纵桁；2-主机机座；3-升高肋板；4-横舱壁；5-延伸肘板；6-肋板；7-船底板

2）双层底上的主机座结构

在双层底上，主机基座是一个独立的结构，它安装在内底板上，图 4.38 为双层底上的柴油机主机基座结构，两道基座纵桁对称于船体中心线布置，承受整个主机的载荷。纵桁

之间装有横隔板,纵桁两旁装有肘板,横隔板和肘板应装在每档肋位的位置上。横隔板和肘板可以保证基座纵桁的稳定。为了加强面板的刚度,在面板下面加小肘板加强,小肘板的数量根据螺栓的位置和安装数量确定。

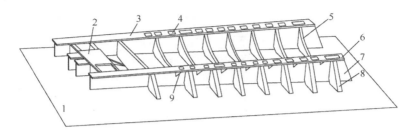

图 4.38　双层底上的柴油机主机基座结构

1-内底板;2-推力轴承基座;3-机座纵桁;4-垫块;5-横隔板;6-纵桁面板;7-纵桁腹板;8-加强肘板;9-小肘板

纵桁面板上的垫块用来调整主机曲轴中心线和螺旋桨轴中心线的位置,因为主机对基座有较高的位置精度要求。

基座纵桁下应有旁底桁支撑加强,如图 4.39(a)所示,如不能做到加旁底桁,需在相同位置加装半高旁底桁,如图 4.39(b)所示。

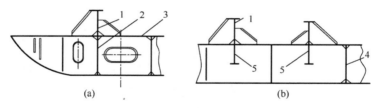

图 4.39　基座纵桁下的旁底桁和半高旁底桁

1-基座纵桁;2-旁底桁;3-内底板;4-中底桁;5-半高旁底桁

4.7.2　轴隧结构

当主机不完全位于尾尖舱时,需要设置机舱和尾室之间的水密通道,这个水密通道称为轴隧。其作用是保护尾轴,便于工作人员对轴系进行检查和维修。

从机舱至轴的尾端,尾轴用法兰盘连接,中间设置若干轴承座支撑尾轴。尾轴通到末端的尾室,尾室的空间比轴隧的宽敞,里面可以存放备用的中间轴。尾室靠近尾尖舱壁处设有应急通道,可以直通露天甲板,轴隧布置图如图 4.40 所示。

轴隧有拱形顶板结构和平顶板结构两种形式,图 4.41(a)为拱形顶板结构,图 4.41(b)为平顶板结构。轴隧结构构件包括侧壁板、顶板和扶强材。轴隧板壁的厚度与水密的相同,考虑到装卸货物时可能的磨损,轴隧顶板厚度应增加 2mm,扶强材的要求也与水密舱壁相同。若轴隧顶部装有支柱,则应根据支柱荷重的大小,对该处的轴隧结构进行局部加强。

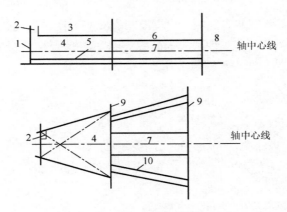

图 4.40　轴隧布置图

1-尾尖舱壁；2-应急通道；3-轴隧平台；4-轴隧尾室；5-双层底；6-第 4 货舱；7-轴隧；8-机舱；9-舱壁；10-内底边板

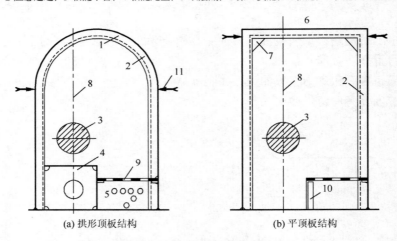

(a) 拱形顶板结构　　　　　　　　　　(b) 平顶板结构

图 4.41　轴隧结构的两种形式

1-拱形厚顶板；2-焊接扶强材；3-推进器轴；4-轴承基座；5-管系；6-平顶厚板；7-肘板；
8-船体中线面；9-格子板；10-支柱；11-焊缝位置

单桨船的轴隧偏向左舷，左舷的空间可供人员通行。双桨船对称于船体中线面，设左右两个轴隧，两轴隧间还设有通道。

4.7.3　舭龙骨结构

舭龙骨是减轻船舶横摇的一种简易装置，又称为防摇龙骨，防摇作用的大小与舭龙骨的安装位置、形状和尺寸有关，舭龙骨对船舶减轻摇摆起很大作用。

为了减少船舶行进时舭龙骨的阻力，设置时要沿着船体流线的方向进行。

舭龙骨沿船长方向设置在船中附近的舭部外侧的长板上，长度为 1/4～1/3 船长，宽度视船的大小和用途确定。小型舭龙骨的宽度只有 0.2m，大型的宽度可达 1.2m。在横剖面方向，舭龙骨近似垂直于舭部列板，装在船体的半宽线与基线的交点至船的重心的斜直线上，其外缘不能超过船底基线和舷侧线所围成的区域，以免靠离码头时碰损，如图 4.42 所示。

　　由于舭龙骨远离船体梁的中性轴，受到很大的总纵弯曲应力，为了避免在舭龙骨损坏的情况下影响到船体的主要结构，即舭龙骨与舭部列板的连接应保证舭龙骨损伤时不至于损及舭部列板。舭龙骨由两个构件组成：一是和船体直接连接的过渡构件，过渡构件通常是一条扁钢；另一构件是一组合构件（如一件板条和圆钢的组合构件等）或者球扁钢，焊接在过渡构件上。由于与船体直接焊接的扁钢其焊缝强度比另一块构件强，这样当舭龙骨撞坏时不会直接影响船体的主要构件外板。因此在结构上必须采取措施使舭龙骨不参与总

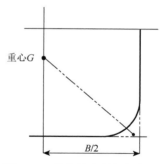

图 4.42　舭龙骨在舭部的位置

纵弯曲，同时为了避免舭龙骨损坏时影响船体的主要结构，通常采用间断地开口的长条形扁钢，开孔的齿形部分与船体间断焊接，如图 4.43 所示。

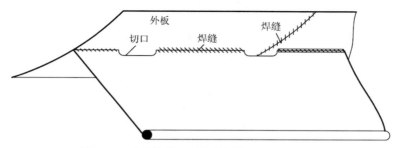

图 4.43　过渡构件切口与外板焊缝的错开形式

　　根据《全国船舶标准化技术委员会专业标准-船体结构　舭龙骨》（CB*3186.1—1983），舭龙骨结构有 A、B、C 三种类型，图 4.44（a）为 A 型舭龙骨结构，图 4.44（b）为 B 型舭龙骨结构，图 4.44（c）为 C 型舭龙骨结构。宽度小于 600mm 的舭龙骨可采用单层板结构，超过 600m 的可采用双层板结构，如图 4.44（d）所示。

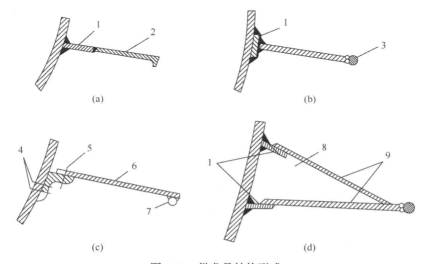

图 4.44　舭龙骨结构形式

1-扁钢；2-球扁钢；3-圆钢；4-双行铆钉；5-单行铆钉；6-单层板；7-半圆钢；8-横向板；9-双层板

舭龙骨末端不能突然中断，宽度应逐渐减小并消失，且在端点处的船体内应有适当的内部构件支持，如图 4.45 所示。

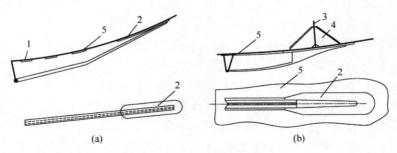

(a)　　　　　　　　　　　　(b)

图 4.45　舭龙骨端部结构

1-切口；2-腹板；3-刚度构架；4-肘板；5-外板

4.8　本　章　小　结

船底位于船体的最下部，是构成船舶的一个重要组成部分。本章主要介绍了船底四种结构形式的特点与应用场合，以及不同形式船底骨架的形式、骨架的作用、布置及纵横骨架相交时的节点形式，尤其是纵向构件与横舱壁相交时的连接形式及加强方法。本章详细叙述了双层底结构中内底板的布置方法，横骨架式双层底肋板的四种形式，纵骨架式双层结构中特殊的箱形中底桁结构。本章简单介绍了位于船底上的主机座与轴隧结构，以及位于船体外板舭部的舭龙骨结构。本章对散货船、油船和集装箱船的船底特点也做了简略介绍。

习　　题

1. 单项选择题

（1）横骨架式单层底结构形式简单，施工方便，横向强度大，但抗沉性差，可应用于_____。

　　　A. 大型油船　　　　B. 远洋客舱　　　　C. 渔船和内河船　　　D. 矿砂船

（2）_____单层底结构在每个肋位上都设置有肋板。

　　　A. 自由骨架式　　　B. 横骨架式　　　　C. 纵骨架式　　　　　D. 混合骨架式

（3）纵骨架式单层底的船底板比横骨架式单层底的船底板可以薄一些，因为_____。

　　　A. 横骨架单层底结构的纵向构件大，就要将船底板的厚度增大一些

　　　B. 纵骨架式单层底纵向构件密集，总纵强度有保证，所以可以适当地减小船底板的厚度

　　　C. 横骨架式单层底结构的横向构件多，就要将船底板的厚度增大一些

　　　D. 纵骨架式单层底横向构件少、尺度大，所以可以适当地减小船底板的厚度

（4）连接船底板和内底板的横向构件是_____。

　　A. 肋骨　　　　　　　B. 桁材　　　　　　C. 肋板　　　　　　D. 横梁

（5）船舶双层底的作用是_____。

　　A. 增强船体总纵强度和船底局部强度

　　B. 可做油水舱，并可调整船舶吃水差

　　C. 增加船舶抗沉能力和承载能力

　　D. A＋B＋C

（6）中桁材是双层底结构的纵向构件，在船中_____船长范围内不允许开口。

　　A. 40%　　　　　　　B. 60%　　　　　　C. 75%　　　　　　D. 80%

（7）舭肘板用以连接_____，使舷侧的肋骨与船底的肋板很好地连接在一起。

　　A. 肋骨和底板　　　　　　　　　　B. 肋骨和内底板

　　C. 肋骨和肋板　　　　　　　　　　D. 舷侧外板与肋板

（8）船底纵骨一般由尺寸较小的不等边角钢或球扁钢制成，设置在_____船底结构中。

　　A. 横骨架式　　　　B. 纵骨架式　　　　C. 舷侧　　　　D. A 或 B

（9）舭肘板的主要作用是_____。

　　A. 加强船体舭部强度，保证纵向强度

　　B. 加强船体舭部强度，保证横向强度

　　C. 保证船体总纵强度，减轻纵摇

　　D. 保证船体总纵强度，减轻横摇

（10）船底纵骨主要作用是_____。

　　A. 抵抗舷外水压力　　　　　　　　B. 抵抗局部外力

　　C. 抵抗总纵弯曲力　　　　　　　　D. 抵抗货物的压力

（11）内外底纵骨采用不对称型材时，其布置通常是_____。

　　A. 型材折边朝船体中线面　　　　　B. 型材折边背向中线面

　　C. 型材折边无方向要求　　　　　　D. 内外底纵骨折边方向相反

（12）上倾式内底边板，通常在_____上采用，以利于装卸作业。

　　A. 散货船　　　　　B. 油船　　　　　C. 集装箱船　　　　D. 滚装船

（13）主机基座的结构主要包括_____。

　　A. 基座纵桁、横隔板和肘板等　　　 B. 垫块、肘板和底座等

　　C. 板做成的底座和垫块等　　　　　 D. 支架和肘板等

（14）船体安装舭龙骨的主要作用是_____。

　　A. 增加舭部强度　　　　　　　　　B. 降低稳性高度

　　C. 减轻船舶横摇　　　　　　　　　D. 减轻船舶纵摇

（15）按规范规定，集装箱船的船体基本结构形式应为_____。

　　A. 双层底

　　B. 双层舷侧

　　C. 双层舷侧的顶部应设置有效的抗扭箱结构

　　D. A＋B＋C

2. 填空题

（1）横骨架式单层底结构中，_____是设置在每个肋位处的横向构件，它在中内龙骨处间断。

（2）横骨架式双层底肋板有水密肋板、_____、框架肋板和轻型肋板四种形式。

（3）舭肘板是连接肋骨下端与_____的构件，用来加强连接点的强度。

（4）_____是双层底中线面处设置的，沿船长方向的一条水密的箱形通道。

（5）中内龙骨是位于船体_____上的纵向连接构件。

（6）_____是布置在外板舭部减轻船舶横摇的一种简易装置，又称为防摇龙骨。

（7）内底边板的结构有下倾式、上倾式、水平式和_____四种类型。

（8）_____单层底结构，结构简单，建造方便，适用于小型船舶。

（9）纵骨架式单层底结构包括肋骨、内龙骨和_____。

（10）实肋板是连接内底板和船底板_____的横向构件。

3. 判断题

（对的打"√"，错的打"×"）

（1）内龙骨与底纵桁分别用于单层底和双层底的纵向强构件。　　　　（　　）

（2）船底纵骨遇肋板时保持连续。　　　　　　　　　　　　　　　　（　　）

（3）水密肋板和实肋板是单层底结构中的横向构件。　　　　　　　　（　　）

（4）轴隧主要用于货舱区管路系统穿过。　　　　　　　　　　　　　（　　）

（5）船底纵骨外船底外板的厚度相比于无纵骨时厚度增加。　　　　　（　　）

（6）舭龙骨与船底外板要直接牢固焊在一起，以防损坏。　　　　　　（　　）

（7）集装箱船底部通常采用纵骨架式双层底结构。　　　　　　　　　（　　）

（8）舭龙骨应安装在船体中部的舭侧外板上。　　　　　　　　　　　（　　）

（9）货油舱双层底上不能开孔。　　　　　　　　　　　　　　　　　（　　）

（10）轴隧的作用是保护尾轴，便于工作人员对轴系进行检查和维修。（　　）

4. 简答题

（1）船底结构有哪几种形式？双层底有什么用途？

（2）横骨架式单层底结构，当中内龙骨在肋板处中断时，结构如何加强？

（3）横骨架式单层底结构主要由哪些构件组成？各构件设置位置及所用型材类型有哪些？

（4）纵骨架式单层底结构主要由哪些构件组成？采用型材类型有哪些？

（5）横骨架式双层底结构主要由哪些构件组成？肋板有哪几种形式？

（6）纵骨架式双层底结构主要由哪些构件组成？内、外底纵骨是如何安装布置的？

（7）箱形中底桁设置在什么位置？有什么作用？结构布置形式有哪两种？

（8）简述双壳油船底部结构特点。

（9）舭龙骨有什么用途，其结构形式如何？

5. 读图题

（1）写出习题图 4.1 所示的单层底横骨架式船底结构图中序号所指部位名称。

（2）写出习题图 4.2 所示的箱形中底桁结构图中序号所指部位名称。

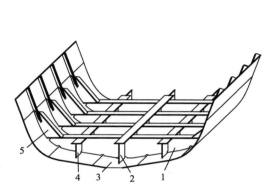

习题图 4.1　单层底横骨架式船底结构图

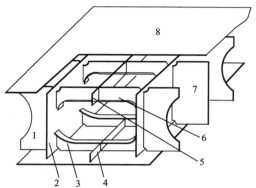

习题图 4.2　箱形中底桁结构图

第5章 舷侧结构

📖 知识目标

（1）了解并掌握舷侧结构形式、作用及受力情况。

（2）掌握纵、横骨架式舷侧结构组成、结构形式、各构件布置、所用型材及相互连接形式。

（3）掌握不同舷侧结构形式主要构件的作用。

（4）掌握双层舷侧结构的特点及应用场合。

（5）了解油船、散货船和集装箱船舷侧结构特点。

（6）了解舷墙与护舷材结构及作用。

📖 能力目标

（1）能根据给定船型判断舷侧结构形式及结构组成、构件名称、所用型材、布置方式及相互连接形式。

（2）知道组成舷侧结构不同构件的特点及作用。

（3）知道不同类型船舶的舷侧结构形式。

（4）能正确描述油船、散货船和集装箱船舷侧结构特点。

（5）能简单叙述舷墙及护舷材结构形式及作用。

本章在介绍舷侧结构形式、作用和受力的基础上，主要讲述横骨架式舷侧结构和纵骨架式舷侧结构形式及散货船、油船和集装箱船舷侧结构特点，简单介绍舷墙与护舷材结构形式及作用。

5.1　概　　述

5.1.1　舷侧结构形式

舷侧结构指从艏部肘板到上甲板间的船体舷侧板架结构，舷侧结构位于船体的两侧，分单层舷侧、双层舷侧和多层舷侧结构，按骨架形式可分为纵骨架式和横骨架式。

单层舷侧只有一层舷侧外板，一般船舶多采用此种形式；双层舷侧除了舷侧外板，还有一层内壳纵壁，形成船舶的边舱。边舱能提高船舶的总纵强度、抗扭转强度和船舶的抗沉性。这种形式用于甲板大开口的船（如集装箱船和分节驳）及现代大型油船等，油船双层舷侧可防止海损时泄漏造成海洋污染。此外，大型军舰的机炉舱等重要舱位也有做成双层或多层舷侧结构。

5.1.2　舷侧结构受力

作用在舷侧结构上的外力有以下几种。

（1）舷外水压力包括静水压力加上波浪压力。静水压力呈三角形分布，静水中水压力高度为吃水深度，当在波浪中航行时，静水压力应计算至波浪表面高度。船舶在海洋中出现横摇和纵摇等各种运动使舷侧不同部位承受不同的波浪载荷。

（2）船体甲板以上的上层建筑及甲板设备和货物产生的重力，以及舱内货物的横向压力或液体压力。

（3）总纵弯曲时的正应力与剪应力。舷侧结构相当于船体梁的腹板，舷侧外板的上部和下部将分别与上甲板和船底一起产生变形。中拱时舷顶列板受拉力作用，中垂时舷顶列板受压力作用。船体总纵弯曲时，船中 $0.4L$ 船长范围内所受的弯曲力矩最大，因此这部分外板受的外力也比首尾部分大。总纵弯曲时受的剪应力主要由舷侧外板承担。

（4）局部载荷作用力，如冰块撞击力或挤压力、机舱内机器工作时的振动力、靠泊时的撞击力、液货或散货在船体横摇时的动压力等。

5.1.3　舷侧结构的作用

（1）舷侧结构位于船体的两侧，与船底和甲板构成水密的壳体，使船舶具有漂浮能力。

（2）舷侧骨架与外板共同承受航行时的水压力、波浪冲击力和冰块的撞击力等。

（3）舷侧结构参与船舶的总纵弯曲，保证船舶的总纵强度。

（4）舷侧肋骨与甲板横梁、船底肋板组成横向框架结构。

（5）舷侧结构连接甲板与船底，互相传递它们之间所受的力，并相互支持。

舷侧结构主要承受水的压力和波浪冲击力作用，是保证船体横向强度和侧壁水密性的重要结构。舷侧必须与船底及甲板牢固地连接，以便相互支持，相互传递作用力，共同保证结构的强度和刚度。

5.2　横骨架式舷侧结构

横骨架式舷侧结构由舷侧外板、肋骨、强肋骨与舷侧纵桁等构件组成，主要优点是制造方便，横向强度好，舱容利用率高，适用于内河船、渔船和一般货船。

5.2.1　舷侧结构形式

根据肋骨形式与布置方式不同，横骨架式舷侧结构可分为以下三种形式。

　　1）单一肋骨舷侧结构形式

　　在货舱区域的舷侧全部采用尺寸相同的主肋骨结构，如图 5.1 所示。肋骨间距为 500～900mm，最大不超过 1.0m。这种结构形式可以避免高腹板的舷侧构件占去过多的舱容，通常用于杂货船和散货船货舱区域的舷侧结构。

　　2）由强肋骨、舷侧纵桁和主肋骨组成舷侧结构形式

　　这是一种除了装置主肋骨，还每隔 3～5 档肋距加装强肋骨，在肋骨跨距之间设置舷侧纵桁的结构形式。这种结构形式主要用于舷侧需要加强的部位，如海船的机舱区域、长江船和内河船的舷侧，结构形式如图 5.2 所示。

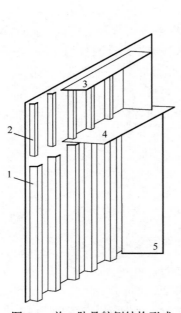 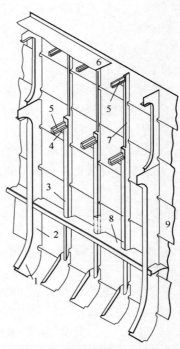

图 5.1　单一肋骨舷侧结构形式　　　　　　图 5.2　交替肋骨制舷侧结构形式

1-甲板间肋骨；2-上甲板；3-横舱壁；　　　1-舭肘板；2-强肋骨；3-主肋骨；4-梁肘板；5-横梁；
4-主肋骨；5-下甲板　　　　　　　　　　　6-主甲板；7-甲板间肋骨；8-舷侧纵桁；9-舷侧外板

　　3）双层舷侧结构形式

　　对于具有宽大货舱口的船舶，如集装箱船与分节驳，为了补偿大开口对总纵强度的削弱，采用双层舷侧结构形式。如图 5.3 所示的分节驳船双层舷侧结构，它较单层舷侧结构增加了内壳纵舱壁及其骨架。此外，目前大型散货船舷侧也采用双层结构，大型油船由于防污染的要求，也采用双层舷侧结构。

　　舷侧外板的形式、布置及厚度分布已在第 3 章做过介绍，本章主要介绍舷侧结构的骨架形式。

5.2.2　舷侧骨架

　　横骨架式舷侧骨架主要有普通肋骨（包括主肋骨和甲板间肋骨）、强肋骨和舷侧纵桁。

1. 普通肋骨

普通肋骨是横骨架式舷侧结构中的横向构件，简称肋骨。

肋骨的作用是支撑舷侧外板，保证舷侧的强度和刚度。肋骨与甲板上的横梁及底部的肋板、梁肘板和舭肘板连接成坚固的横向框架，保证船体的横向强度，以及在船舶摇摆和横倾时不致产生横向变形。

肋骨通常用不等边角钢、球扁钢制成，强肋骨则多为焊接 T 型材，肋骨、横梁和肋板分别用梁肘板和舭肘板连成坚固的横向框架，以保证船体的横向强度和刚度。

肋骨根据其所处的位置和截面尺寸不同可分为底舱肋骨、尖舱肋骨、甲板间肋骨、中间肋骨、斜肋骨、主肋骨和强肋骨等。为了局部加强，如

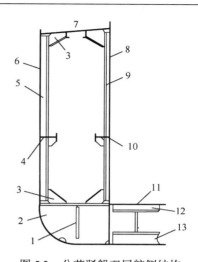

图 5.3　分节驳船双层舷侧结构

1-加强筋；2-肋板；3-肘板；4-舷侧纵桁；
5-主肋骨；6-舷侧外板；7-甲板；8-内壳纵舱壁；
9-扶强材；10-水平桁；11-内底板；
12-内底横骨；13-外底横骨

冰区的加强，在每一肋距中间增设的肋骨称为中间肋骨。不与船体横剖面平行而作扇形布置的肋骨称为斜肋骨，主要布置在船尾端。

图 5.4 为某杂货船货舱和机舱的横骨架式舷侧结构。图 5.4（a）与（b）表示货舱区域的舷侧结构，图 5.4（c）与（d）表示机舱区域的舷侧结构。

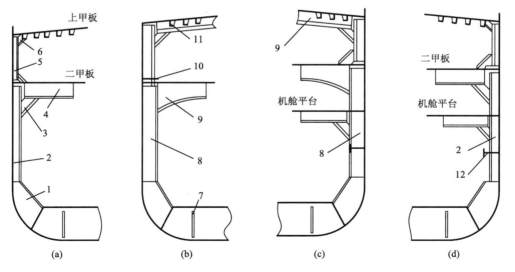

图 5.4　某杂货船货舱和机舱的横骨架式舷侧结构

1-舭肘板；2-主肋骨；3-梁肘板；4-横梁；5-甲板间肋骨；6-梁肘板；7-加强筋；8-强肋骨；
9-强横梁；10-补板；11-甲板纵骨；12-舷侧纵桁

多层甲板船上的肋骨有主肋骨和甲板间肋骨。

1）主肋骨

主肋骨是指下甲板以下的船舱肋骨，如图 5.1 所示。它是横骨架式舷侧结构的主要构件，通常由不等边角钢制成，大型船舶的主肋骨也有采用焊接 T 型材的。肋骨型钢腹板垂直于中线面，型钢凸缘一般都朝向船中横剖面。肋骨间距为 500～900mm，最大不超过 1.0m。

主肋骨与舭肘板的连接形式如图 5.5 所示。图 5.5（a）为肋骨端部削斜，并与舭肘板搭接，此种方式只用于老式船舶；图 5.5（b）为舭肘板开切口而肋骨不削斜，这种搭接目前最为常用；图 5.5（c）为肋骨与舭肘板对接连接，当肋骨腹板高度 h 大于 200mm 时采用。

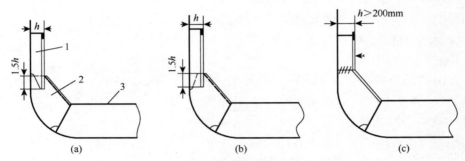

图 5.5　主肋骨与舭肘板的连接形式

1-主肋骨；2-舭肘板；3-内底板

2）甲板间肋骨

甲板间肋骨是指两层甲板之间的肋骨，由不等边角钢制成。由于舷侧上部水压力比下部小，甲板间肋骨的剖面尺寸比主肋骨小。

甲板间肋骨与主肋骨在下甲板处的连接形式如图 5.6 所示。图 5.6（a）为甲板间肋骨与主肋骨都在甲板处间断，肋骨端部与甲板板留有装配间隙，并用肘板连接；图 5.6（b）

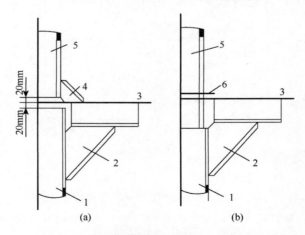

图 5.6　甲板间肋骨与主肋骨的连接形式

1-主肋骨；2-梁肘板；3-甲板；4-肘板；5-甲板间肋骨；6-补板

为甲板上开切口让甲板间肋骨伸入船舱,与主肋骨对接,用补板封补切口。这种连接形式施工较麻烦,但省掉了肘板,增大了舱容,更便于理货。

3）中间肋骨

中间肋骨是指在冰区航行的船舶上位于水线附近两肋骨中间设置的短肋骨。其作用是增强舷侧外板,以抵抗浮冰的撞击和冰块的挤压。

2. 强肋骨

强肋骨是由尺寸较大的组合 T 型材制成的舷侧横向构件,如图 5.2 所示。在横骨架式舷侧结构中每隔几个肋位设一强肋骨,强肋骨间距最大不超过 5 个肋位,尾尖舱处最大间距不超过 4 个肋位。

强肋骨通常与甲板的强横梁及底部的主肋板组成高腹板的横向框架,机舱区域内腹板高度应不小于相邻肋骨高度的 2.5 倍。

强肋骨用于局部加强,支持舷侧纵桁,保证舷侧的横向强度。

3. 舷侧纵桁

舷侧纵桁是舷侧结构中沿船长方向设置的纵向构件,作用是支持主肋骨并将一部分载荷传递给强肋骨和横舱壁。

舷侧纵桁通常由组合 T 型材或折边板制成,腹板高度与强肋骨腹板高度相同。

舷侧纵桁与强肋骨、主肋骨及横舱壁的连接形式:遇强肋骨时,舷侧纵桁间断,强肋骨连续;遇主肋骨时,腹板上开切口让主肋骨穿过;遇横舱壁时,连接形式与船底部内龙骨相同。

此外,还有许多肘板将舷侧肋骨、强肋骨与横梁、强横梁连接起来,用舭肘板把舷侧肋骨与底部构件连接起来。

5.2.3　横骨架式机舱舷侧结构要求

机舱舷侧为横骨架式时,必须设置舷侧纵桁。当主肋骨的跨距为 3～5m 时,应设置一道舷侧纵桁;当主肋骨的跨距大于 5m 而小于 8m 时,应设置两道舷侧纵桁。舷侧纵桁之间及舷侧纵桁与甲板或肋骨上缘的距离一般不得大于 3m。舷侧纵桁腹板的高度、厚度与强肋骨要求相同,但面板面积可较强肋骨面板面积小 50%,面板与强肋骨面板焊接。舷侧纵桁应采用肘板或其他等强度的构件与横舱壁连接,肘板的厚度与纵桁腹板相同,肘板的长度和宽度与纵桁腹板高度相同。

5.3　纵骨架式舷侧结构

纵骨架式舷侧结构由舷侧外板、舷侧纵骨、强肋骨、舷侧纵桁等构件组成,如图 5.7 所示,其优点是其骨架形式与船底和甲板一致,有利于保证船体总纵强度和外板的稳定性,常用于军舰、油船、大型散货船和一些矿砂船。

采用纵骨架式舷侧结构可以使外板的厚度减薄，从而减小结构重量。

5.3.1　舷侧结构形式

纵骨架式舷侧结构有两种形式。

1）纵骨和强肋骨的结构形式

这种结构形式只设舷侧纵骨，没有舷侧纵桁，主要用于中小型舰艇、单壳油船等，如 5.8（a）所示。

2）纵骨、舷侧纵桁和强肋骨的结构形式

这种结构舷侧有强肋骨和舷侧纵桁，主要用于中小型舰艇机舱的舷侧区域及大型船舶的舷侧，如图 5.8（b）所示。

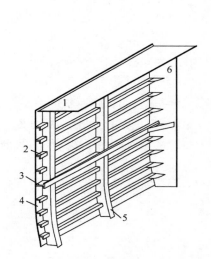

图 5.7　纵骨和强肋骨的结构形式

1-甲板；2-舷侧纵骨；3-舷侧纵桁；4-舷侧外板；
5-强肋骨；6-横舱壁

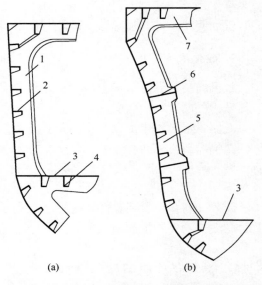

(a)　　　　　　　　(b)

图 5.8　纵骨、舷侧纵桁和强肋骨的结构形式

1-强肋骨；2-舷侧纵桁；3-底内板；4-内底纵骨；
5-强肋骨；6-舷侧纵桁；7-强横梁

3）双层舷侧结构

除了舷侧外板及其骨架，双层舷侧结构增加了舷侧内壁板及其骨架，内外壳构件位置应相互对应设置。双层舷侧结构主要用于大型集装箱船及大、中型油船等。

5.3.2　舷侧骨架

除了舷侧外板，纵骨架式舷侧结构主要构件有舷侧纵骨、强肋骨和舷侧纵桁。

1）舷侧纵骨

舷侧纵骨是纵骨架式舷侧结构的纵向连续构件，通常采用球扁钢或不等边角钢制成，大型船采用组合 T 型材制成。

舷侧纵骨的作用是支撑外板并承受舷侧水压力，参与总纵弯曲，保证外板的稳定性。由于船底附近的舷侧纵骨受较大的总纵弯曲力和横向载荷，因此其尺寸较大。而水线附近受到载荷较小，其舷侧纵骨尺寸也较小。

舷侧纵骨的布置：民船舷侧纵骨作水平方向布置，纵骨间距一般为 600～900mm（不超过 1.0m），型钢凸缘一般都向下。而军舰的舷侧纵骨型钢腹板则垂直于外板，舷侧纵骨间距一般为 300～600mm。

舷侧纵骨遇到强肋骨、水密横舱壁时的连接形式与船底纵骨遇非水密板材、水密板材的连接形式基本相同。

2）强肋骨

强肋骨是纵骨架式舷侧结构的唯一横向构件，结构形式与横骨架式的强肋骨基本相同，由组合 T 型材制成。强肋骨作用是支持舷侧纵骨，保证横向强度。安装在有实肋板的肋位，间距不大于 3.6m。

3）舷侧纵桁

纵骨架式舷侧结构的舷侧纵桁作为强肋骨的支点，其腹板高度大于舷侧纵骨，采用组合 T 型材制成。舷侧纵桁作用是增加舷侧刚度，并将一部分载荷传给横舱壁。舷侧纵桁通常安装在肋骨跨距偏下的舷侧部位。

5.4　散货船、油船和集装箱船舷侧结构特点

5.4.1　散货船舷侧结构特点

散货船舷侧有单层和双层两种结构形式，双层舷侧结构可以是横骨架式也可以是纵骨架式。

1）散货船横骨架式单层舷侧结构

散货船在舷侧顶部和舭部设有顶边舱和底边舱，用于装压载水。舷侧采用单一的主肋骨。主肋骨的上下端用肘板与顶部及底部边水舱连接，如图 5.9 所示。肋骨与肘板的连接可用对接或搭接的形式，搭接的长度大于或等于肋骨腹板高度的 1.25 倍。

2）散货船横骨架式双层舷侧结构

在双层舷侧内应适当设有水密或非水密的平台（或称舷侧纵桁），并要注意双壳中的通道要求。双层舷侧的上下端，分别与顶边舱和底边舱的斜顶板、斜底板端部相连，其连接处均设置平台，内壳与底边舱的连接可以是圆弧形式也可以是焊接形式。横骨架式每隔 3～6 个肋位设一道横向强肋骨加强（或称开孔横隔板）。图 5.10 为散货船横骨架式双层舷侧结构。

5.4.2　油船舷侧结构特点

油船舷侧有单层和双层之分。过去油船多数采用单层结构，现代新型油船采用双层结构。目前由于国际规范规则的修改并生效，传统的单层油船已趋于淘汰，双层油船已成为主流船型。

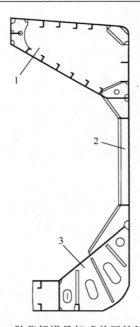

图 5.9　散货船横骨架式单层舷侧结构

1-顶部边水舱；2-主肋骨；3-底部边水舱

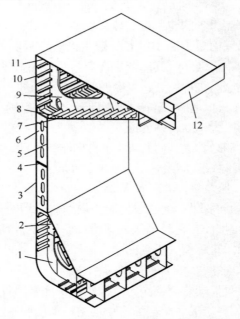

图 5.10　散货船横骨架式双层舷侧结构

1-底边舱；2-底边舱斜顶边板；3-舷侧外板；4-平台；5-内壳纵舱壁；
6-强肋骨（开孔横隔板）；7-顶边舱斜底板；8-斜底板纵骨；
9-顶边舱；10-舷侧纵骨；11-甲板；12-舱口围板

1. 油船单层舷侧结构

根据骨架布置形式有横骨架式和纵骨架式舷侧结构两种形式。单层舷侧结构特点是可以采用高腹板的构件和高大的肘板，因为这样并不影响装载液货却可以限制液体的晃动。

横骨架式单层舷侧结构，中小型油船的舷侧结构常采用横骨架式单层舷侧结构形式，舷侧骨架由主肋骨和舷侧纵桁组成。图 5.11 为货油舱舷侧结构的下半部分，图中肋板处的舭肘板延伸到邻近的舷侧纵桁上，舷侧纵桁与横舱壁水平桁位于同一平面上，并有撑杆（或称为撑材）支撑。

2. 油船双层舷侧结构

根据《国际防止船舶造成污染公约》（MARPOL73/78）的要求，大于 5000 载重吨的油船应采用双层舷侧结构。双层油船不仅能增加船舶的安全性，减少海洋污染，光滑的油舱内表面更便于清舱。双层壳油船一般采用纵骨架式结构。双层舷侧结构中除了内外壳板，其骨架组成有舷侧纵骨、内壳板及其纵骨、平台及其纵骨、横隔板等。图 5.12 为双层油船舷侧结构。

1）舷侧纵骨

舷侧纵骨一般采用球扁钢、不等边角钢或 T 型材，沿船深方向等间距均匀布置。舷侧纵骨遇水密横隔板时，如在水密横隔板处切断，应用肘板与横隔板连接。船长超过 150m 或纵骨采用高强度钢时，离船底和强力甲板 $0.1D$（型深）范围内的舷侧纵骨应连续穿过水密横隔板。舷侧纵骨遇非水密横隔板，在非水密横隔板上开口让其穿过，并用补板相连。

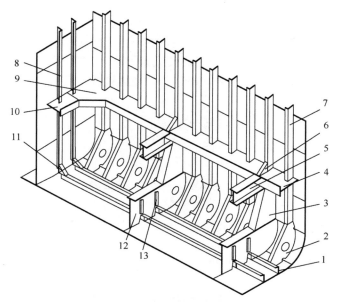

图 5.11 货油舱横骨架式舷侧结构

1-船底纵骨；2-舭肘板；3-加高肘板；4-舷侧纵桁；5-撑杆；6-肘板；7-主肋骨；8-垂直扶强材；
9-肘板；10-水平桁；11-肘板；12-肋骨；13-加强筋

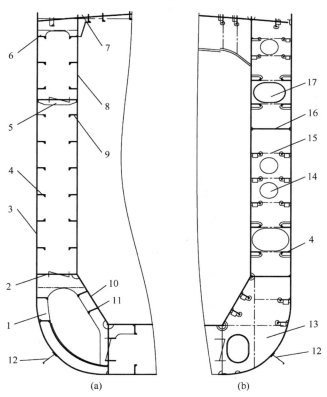

(a)　　　　　(b)

图 5.12 双层油船舷侧结构

1-底边舱；2-带孔平台；3-舷侧外板；4-舷侧纵骨；5-加强筋；6-梁肘板；7-甲板；8-内壳纵舱壁；9-内壳纵骨；
10-斜顶板；11-肋骨；12-舭龙骨；13-舭肘板；14-减轻孔；15-加强筋；16-平台；17-人孔

2）内壳板及其纵骨

内壳板应伸展到舷侧全深或从双层底顶端到最上层甲板，内壳板的布置应使得全部货油舱皆位于边压载水舱的内侧，同时应尽量向首尾方向延伸并与该处结构有效连接和过渡。内壳板的纵骨间距与舷侧纵骨间距相同，与横隔板的连接形式同舷侧纵骨。

3）平台及其纵骨

双壳内与货油舱横舱壁的水平桁同一高度处应设置纵向连续的平台。在底边舱顶部高度处必须设平台，该平台根据稳性要求也可不开人孔。在平台下设置2～3道纵骨。

4）横隔板

双壳内与双层底肋板同一平面内应设置横框架或横隔板，它与货油舱甲板强横梁、纵舱壁的垂直桁材、横向撑材（设于内壳与纵舱壁之间或纵舱壁之间）和双层底的肋板构成横向强框架结构。横隔板上舷侧纵骨和内壳纵骨之间应设置加强筋。

5.4.3　集装箱船舷侧结构特点

集装箱船货舱载货的有效宽度差不多与货舱口宽度相等，为了补偿甲板大开口对总纵强度造成的削弱，集装箱船货舱的舷侧都采用双层舷侧结构，形成舷边舱，图5.13为集装箱船横骨架式双层舷侧结构。

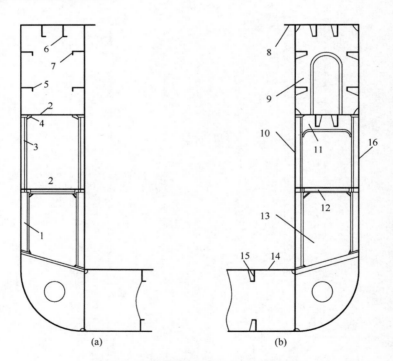

图 5.13　集装箱船横骨架式双层舷侧结构

1-主肋骨；2-平台甲板；3-肋骨；4-肘板；5-舷侧纵骨；6-甲板纵骨；7-内壳纵骨；8-主甲板；9-抗扭箱；10-内层壳纵壁；11-强横梁；12-横梁；13-舷边舱；14-内底板；15-内底纵骨；16-舷侧外板

上层平台与上甲板间的箱形结构称为抗扭箱，抗扭箱内必须采用纵骨架式，且设有横隔板或强肋骨,其他部位可采用纵骨架式或横骨架式。舷边舱内壳纵壁上的构件应与舷侧外板上的构件对应设置。抗扭箱上的甲板、外板和纵舱壁板都必须加厚,以提高船舶的抗扭强度和总纵强度。

舷边舱能提高船舶的抗沉性能,并可用作压载水舱。舷边舱内一般应装设两层以上的平台甲板,可增加横向强度和刚度,在风暴天气,上层平台甲板还可作为人员的通道。

还有一类多用途货船,也可用来载运集装箱,但无舷边舱。其主肋骨的结构形式与杂货船相同,强肋骨采用桁板肋骨的结构形式,其腹板高度较一般强肋骨大。

5.5 舷墙和护舷材结构

5.5.1 舷墙结构

舷墙是安装在露天甲板舷边处的纵向垂直板材,其作用是保障人员安全,减少甲板上浪,防止甲板物品滚落海中。所以露天甲板、上层建筑及甲板室甲板的露天部分均应装设舷墙和栏杆。

船舶相关规范规定,主甲板、升高甲板及上层建筑的露天部分四周均应装设舷墙或栏杆,货船的上甲板和上层建筑甲板的露天部分设置舷墙,艇甲板上用栏杆代替舷墙,军舰与油船上仅在船首部分和一些上层建筑上设置舷墙,而露天甲板的上甲板上通常装置栏杆。渔船特殊作业的部分区域装设活动栏杆或其他替代装置,应征得渔业船舶检验监督管理机构同意。

舷墙结构主要由垂直的舷墙板、舷墙板上缘的水平特制型钢和支撑肘板组成,如图 5.14 所示。舷墙或栏杆高度不得小于 1000mm,首尾部的舷墙应适当增高,甲板上舷墙板的厚度应不小于 5mm。

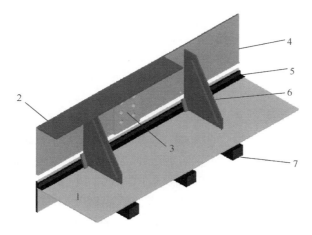

图 5.14 舷墙结构

1-露天甲板;2-型钢;3-伸缩接头;4-舷墙板;5-舷边角钢;6-支撑肘板;7-横梁

为避免舷墙参与总纵弯曲，除首尾端外，舷墙结构一般不与船体的甲板或舷顶列板紧密连接，而用带有折边或面板的支撑肘板焊接在甲板上。支撑肘板应具有折边或球缘，厚度不小于 4mm，设在有甲板横梁的位置上。支撑肘板的间距不大于 1.8m，通常每隔两个肋距设置，首楼舷墙外倾较大时，在每档肋位处设置。

如在舷墙上开有通道口或其他开口，则应在开口两侧设置加强的支撑肘板。在上层建筑及升高甲板端部的加强区域内的舷墙，不得有任何开口。舷墙上若装有导向滑轮或稳索系固装置时，该处的支撑肘板及舷墙面板均应增厚，必要时应增设肘板。

舷墙与上层建筑侧立壁端部的连接常采用分离结构或伸缩接头，伸缩接头的形式可用 U 形搭接板或铆钉连接的搭接板，如图 5.15 所示。

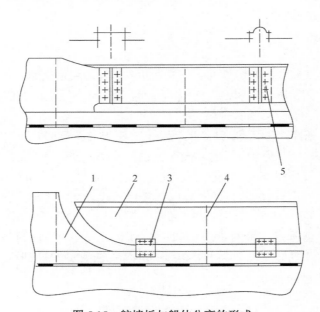

图 5.15　舷墙板与船体分离的形式

1-侧立壁；2-舷墙；3-扶强肘板；4-搭接板；5-伸缩接头

5.5.2　护舷材结构

护舷材是指安装于船舶甲板两旁船壳板左右两侧，以减少船舶在靠岸停泊或两船靠拢时舷侧撞击河岸而产生的结构冲击的木质或金属防护型材。船舶靠岸或船舶相互靠近时如产生碰撞，会产生冲击力，护舷材可以缓冲这种冲击，保护船舶和码头。为了保护舷侧外板，护舷材通常设置在船舶中段舷侧顶部靠近甲板处。

大型海船通常不设护舷材。内河船和一些工作船经常停靠码头或船靠船，为了保护舷侧外板，在船舶中段舷侧顶部靠近甲板处，需要装置护舷材。

护舷材有木质、钢质和橡胶质等几种，木质和橡胶质护舷材本身具有弹性，缓冲作用好，但木质材料易腐烂，经常需要更换。钢质护舷材虽缓冲作用较差，但强度较好，且可计入船体梁的剖面（必须保证焊接强度），特别对大开口的甲板驳，可弥补甲板有效剖面积的不足，有利于纵向强度。钢质护舷材的板厚取舷侧外板的厚度，内部应在肋位处设横肘板或纵向加强筋。

现在多数船舶采用钢质护舷材，有些船舶则采用橡胶护舷材。木质护舷材结构形式如图 5.16（a）所示，舷侧外板顶部焊有两条扁钢或间断的耳板，木质护舷材装在上下扁钢或耳板之间，隔一定距离用螺栓与扁钢或耳板连接；钢制护舷材结构形式如图 5.16（b）所示，用 4～8mm 厚的钢板弯成半圆形，间隔一定距离用横向板加强，横向板之间焊上纵向的扁钢加强筋。

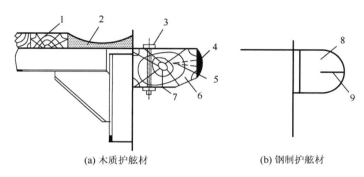

(a) 木质护舷材　　　　　　(b) 钢制护舷材

图 5.16　护舷材结构形式

1-木铺板；2-水泥流水沟；3-螺栓；4-半圆扁钢；5-木螺钉；6-硬木；7-扁钢；8-横向板；9-扁钢加强筋

护舷材端部结构应逐渐缩小尺寸，直到消失，图 5.17 为护舷材的端部结构形式。

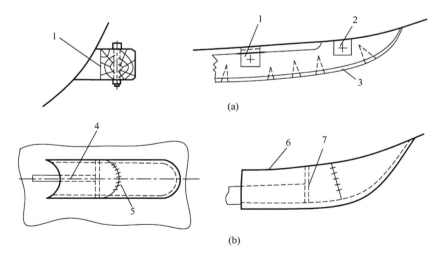

(a)

(b)

图 5.17　护舷材的端部结构形式

1-衬板；2-耳板；3-扁钢；4-扁钢加强筋；5-焊缝；6-外板；7-横向板

5.6　本　章　小　结

舷侧结构相当于船体梁的腹板，总纵弯曲时的剪应力主要由舷侧部分承担，是船体梁的重要组成部分。本章主要介绍了纵横骨架式结构的舷侧结构形式、舷侧骨架的类型、作用及在舷侧外板上的排列方式、舷侧肋骨在艏部与艉肘板的连接形式等，详细介绍了单层和双层散货船的舷侧结构特点、油船与集装箱船双层舷侧结构特点，简单介绍了与舷侧外板相连的舷墙结构与护舷材结构。

习 题

1. 单项选择题

（1）横骨架式舷侧结构的主要横向构件是_____。
    A. 普通肋骨 　　B. 强肋骨 　　　C. 主肋骨 　　　　D. 甲板间肋骨

（2）肋骨最大间距一般不大于_____。
    A. 600mm 　　　B. 800mm 　　　C. 1000mm 　　　D. 2000mm

（3）甲板间肋骨是位于_____的肋骨，尺寸比主肋骨小。
    A. 两层甲板之间 　　　　　　　B. 最下层甲板以下
    C. 最下层甲板以上 　　　　　　D. 最上层甲板以下

（4）由主肋骨、强肋骨和舷侧纵桁组成的舷侧结构形式主要用于_____。
    A. 海船货舱区 　B. 内河船舷侧 　C. 内河船货舱区 　D. 驳船舷侧

（5）在纵骨架式舷侧结构中，仅设_____。
    A. 主肋骨 　　　B. 甲板间肋骨 　C. 强肋骨 　　　D. 中间肋骨

（6）圆弧舷边的特点是_____。
    A. 应力分布均匀 　　　　　　　B. 甲板有效面积减少
    C. 甲板排水易弄脏舷侧板 　　　D. A＋B＋C

（7）舷墙的主要作用是_____。
    A. 保障人员安全 　　　　　　　B. 避免甲板上浪
    C. 防止甲板物品滚落水中 　　　D. A＋B＋C

（8）为提高抗扭强度和总纵强度，集装箱船双层舷侧上部设置有_____。
    A. 顶边舱 　　　B. 抗扭箱 　　　C. 内壳纵壁 　　　D. 平台

（9）大型油船通常采用_____。
    A. 横骨架式舷侧 　　　　　　　B. 纵骨架式单层舷侧
    C. 纵骨架式双层舷侧 　　　　　D. 横骨架式双层舷侧

（10）一般舷墙在甲板上的高度应不小于_____。
    A. 600mm 　　　B. 800mm 　　　C. 1000mm 　　　D. 1200mm

2. 判断题

（对的打"√"，错的打"×"）

（1）单一肋骨制舷侧结构全部舱室都采用相同尺度的肋骨。 （　　　）

（2）舷侧纵骨遇到横舱壁时间断并加肘板焊接。 （　　　）

（3）在纵骨架式舷侧结构中，仅设强肋骨。 （　　　）

（4）船上肋骨编号习惯上以舵杆中心线处的肋骨为 0 肋位对全船肋骨进行编号。

（　　）

（5）主肋骨是指位于防撞舱壁与尾尖舱舱壁之间，且在下甲板以下的船舱肋骨。

（　　）

（6）当舷侧纵骨遇到强肋骨时，在强肋骨腹板上开孔穿过与腹板焊接。　（　　）

（7）舷墙结构与上甲板和舷顶列板一般应牢固连接在一起。　（　　）

（8）舷墙结构参与船舶的总纵弯曲。　（　　）

（9）舷侧纵骨遇强肋骨和横舱壁通常都间断。　（　　）

（10）护舷材可以缓冲船舶舷侧与码头间的冲击，保护船舶和码头。　（　　）

3. 简答题

（1）横骨架式舷侧结构形式有哪几种？分别用于什么船型？

（2）横骨架式舷侧结构和纵骨架式舷侧结构的骨架分别由哪些构件组成？

（3）什么是主肋骨、甲板间肋骨、强肋骨？它们分别采用哪种形式的型材？

（4）舷侧纵桁与强肋骨、主肋骨及横舱壁的连接形式是什么？

（5）简述散货船舷侧结构特点。

（6）油船双层舷侧结构特点及组成是什么？

（7）集装箱船舷侧结构特点是什么？

（8）舷墙、护舷材的用途是什么？有哪些结构形式？

4. 读图题

（1）画简图说明舷侧纵骨遇强肋骨及水密横舱壁的连接形式。

（2）在习题图 5.1 中写出图中标号构件名称。

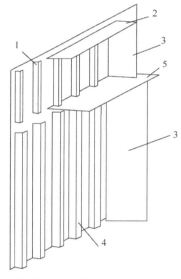

习题图 5.1　横骨架式舷侧结构

第6章 甲板结构

📖 知识目标

（1）了解甲板结构形式及名称、甲板的作用及受力情况。

（2）掌握纵、横骨架式结构的构件组成、构件布置形式、所用型材及构件相互连接形式。

（3）了解货舱口结构、舱口悬臂梁结构和支柱结构基本形式。

（4）了解并掌握油船、散货船和集装箱船甲板结构特点。

📖 能力目标

（1）能根据甲板受力特点确定甲板采用的结构骨架形式。

（2）能确定纵、横骨架式甲板结构组成、构件布置、所用型材及相互连接形式。

（3）能根据船舶类型判断甲板结构形式是否正确、甲板结构构件组成、构件布置、所用型材及相互连接形式。

（4）能根据船舶类型判断舱口结构形式是否正确，知道如何对舱口结构进行加强。

（5）能正确叙述油船、散货船和集装箱船甲板结构特点。

本章首先介绍横骨架式甲板结构和纵骨架式甲板结构，然后介绍货舱口结构、舱口悬臂梁结构及支柱结构，最后介绍油船、散货船和集装箱船甲板结构特点。

6.1 概　　述

6.1.1 甲板的结构形式及名称

船体水平方向布置的板架结构称为甲板，甲板与主船体形成水密的船体结构，是船体的重要组成部分。甲板上有舱口及上层建筑，因而甲板板架的结构较复杂。

按骨架形式可分为纵骨架式和横骨架式甲板结构。

横骨架式甲板结构横向构件尺度小、布置较密，纵向构件尺度大、布置稀疏，因此这种结构的甲板横向强度好，能承受较大的横向载荷，但它的纵向强度不大，承受总纵弯曲的能力差。此种结构形式简单、制造方便，适用于小型船舶如内河船、渔船及船舶的下甲板或平台甲板，上甲板的首尾端和纵骨架式甲板的舱口间也采用这种结构形式。

纵骨架式甲板结构沿船长方向布置了大量纵骨，可大大提高甲板结构在总纵弯曲时的强度和稳定性，但装配施工比较麻烦，主要用于总纵强度要求较高的大中型船舶的上甲板。

在船体结构中，船体被甲板分为上下若干层。最高一层露天全通甲板（此甲板上的一切开口都必须有永久性的水密关闭装置）称为上甲板，又称为主甲板或水密甲板，在丈量时又称为量吨甲板。依次往下分别称为第二甲板、第三甲板等，第二甲板、第三甲板等也统称为下甲板，有时在部分舱室中设置局部间断的平台甲板。少数远洋船舶在主甲板上还有一层贯通船首尾的甲板，由于其开口不能保证水密，所以只能称为遮蔽甲板。

甲板大部分是单层板架结构。通常上甲板是强力甲板，即船舶总纵弯曲时起最大抵抗作用的一层甲板。它作为船体梁的上翼板组成部分，参与船体的总纵强度。

小型船舶及油船、散货船在主船体部分只有一层甲板，大、中型杂货船和客货船及滚装船等为了充分地利用船体内部空间，有些船舶在主船体内根据需要设置第二甲板、第三甲板或平台甲板等。下甲板主要承受横向载荷，多采用横骨架式结构。

6.1.2　甲板受力情况

作用在甲板上的力主要有以下几方面。

（1）承受船舶总纵弯曲时的拉应力和压应力，上甲板距离船体梁的中性轴远，受力最大。

（2）受集中载荷作用。如带缆桩、起锚机、吊起架和集中放置的货物等重力作用，以及由支柱传来的力。由于这些力的数值较大，一般由强横梁、甲板纵桁等来支承，或在集中载荷下设置支柱支承。

（3）受横向载荷作用。如货物、人员、甲板上面的结构和设备，以及甲板上浪等对甲板的垂直作用力。

（4）甲板开口处的应力集中。为了能让机器、装载和人员等进入船舱内，甲板上开有各种尺度的开口，如货舱口、机舱口、梯子口和人孔等。这些开口破坏了甲板的连续性，而且在开口角隅处产生应力集中。

6.1.3　甲板的作用

甲板在船体结构中具有以下作用。

（1）上甲板板与外板共同组成船体外壳的水密结构，并在水平方向分隔船体空间，与横舱壁板架结构共同组成各种用途的舱室。

（2）上甲板作为船体的水密顶板，遮蔽舱室空间，一些船舶的上甲板也载货。下甲板和平台甲板分层安置设备及各种装载物。在长江客货船上，通常设有舷伸甲板，以扩大甲板的使用面积。

（3）上甲板通常是强力甲板，参与船体的总纵强度，是保证船舶总纵强度的基本构件，在船体梁的剖面设计中，它具有上翼板的作用。

（4）甲板上设有各种大小不同的开口，如机舱口、货舱口、人孔和梯口等，让人员、机器及货物出入船舱。

（5）甲板板与甲板骨架一起承受并传递各种横向载荷，下甲板和平台甲板则主要保证局部强度。

6.2　横骨架式甲板结构

横骨架式甲板结构如图 6.1 所示。下面将介绍横梁、梁肘板、甲板纵桁、舷伸甲板。

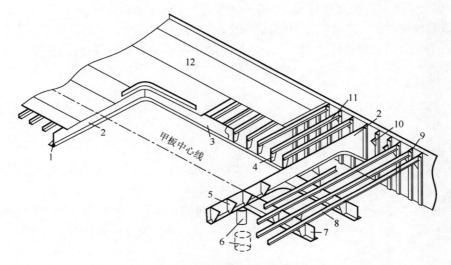

图 6.1　横骨架式甲板结构

1-圆钢；2-舱口端横梁；3-舱口纵桁；4-肘板；5-防倾肘板；6-支柱；7-甲板纵桁；8-横梁；
9-肋骨；10-主肋骨；11-半梁；12-甲板

6.2.1　横梁

横梁是设在甲板或平台之下各肋位上的横向构件的统称。横梁支持甲板板，承受甲板上货物、机器设备和甲板上浪时的水压力作用，将甲板的载荷传递给舷侧和甲板纵桁，保证船体的横向强度和稳定性。横梁的梁拱高度一般不小于 $B/50$，B 为船宽。

横梁是横骨架式甲板的主要构件，在甲板下方每个肋位处应设置横梁。位于货舱口横围板下的横梁称为舱口端横梁，货舱开口范围内的横梁称为半梁，半梁的剖面尺寸与横梁相同，它一端由肘板与肋骨连接，另一端与舱口围板连接。横梁按其设置位置和尺寸大小分为普通横梁、强横梁、半梁和舱口端横梁。

1）普通横梁

普通横梁是横骨架式甲板结构中的主要构件，贯通整个船宽，由尺寸较小的不等边角钢或球扁钢制成，主甲板的横梁尺寸一般与主肋骨相同。

　　横梁的两端用梁肘板与舷侧主肋骨连接，以增强节点处的刚度，并能相互传递作用力，横梁与肋骨端部留有 15mm 的间隙，以便于装配施工，梁肘板的高度不小于肋骨腹板高度的 2 倍。

　　普通横梁与甲板纵桁相遇时，纵桁腹板上开切口让横梁穿过，如图 6.2（a）A-A 剖面所示，但纵桁腹板高度应不小于该切口高度的 1.6 倍。在甲板纵桁上每隔 2～4 档肋距设置防倾肘板。

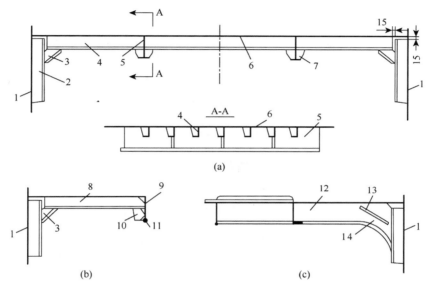

图 6.2　横梁结构

1-舷侧外板；2-肋骨；3-梁肘板；4-横梁；5-甲板纵桁；6-甲板；7-防倾肘板；8-半梁；9-舱口纵桁；10-肘板；
11-圆钢；12-舱口端横梁；13-加强筋；14-圆弧形腹板

　　2）强横梁

　　为了更好地保证船体的横向强度，每隔几个肋位设置一道强横梁，它的位置必须与强肋骨相对应，以便与船底肋板组成牢固的横向框架。强横梁的尺寸要比普通横梁大，一般采用 T 型材。

　　3）半梁

　　舷侧至舱口边的横梁称为半梁，在机舱口和货舱口的两侧，横梁被舱口隔断，形成半梁。半梁的剖面尺寸与普通横梁相同，因此又称为普通半梁。它的一端与舱口纵桁用肘板相连，另一端用梁肘板与主肋骨连接，如图 6.2（b）所示。

　　4）舱口端横梁

　　在货舱口前、后端设置的强横梁，称为舱口端横梁，采用腹板尺寸较大的组合 T 型材制成，如图 6.1 所示。舱口端横梁的主要作用是加强舱口处的强度，补偿大开口对甲板强度的削弱，舱口端横梁还起着支持舱口纵桁的作用。

　　舱口端横梁与舱口纵桁的腹板等高，舱口端横梁连续，纵桁间断，并相互牢固连接。其与主肋骨的连接最好采用加大腹板高度的圆弧形腹板代替梁肘板，圆弧形腹板上焊加强筋，如图 6.2（c）所示。

6.2.2 梁肘板

横梁与肋骨、甲板纵桁必须用肘板牢固连接，以增强节点处的刚度，并能相互传递作用力。横骨架式甲板结构中有许多肘板，有连接横梁与肋骨之间的梁肘板、连接横梁与甲板纵桁的防倾肘板等。图 6.3 为横梁与肋骨用梁肘板连接的形式。

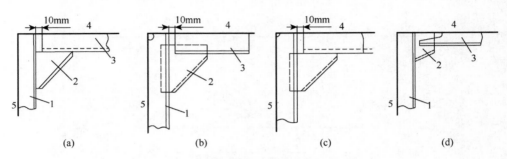

图 6.3 横梁与肋骨用梁肘板连接的形式
1-肋骨；2-梁肘板；3-横梁；4-甲板；5-舷侧外板

图 6.3（a）表示肘板与横梁和肋骨采用对接形式，是最为常用的一种。在大型船舶中，要用折边肘板，采用无折边肘板时厚度要增大，以保证肘板加强的稳定性和强度。图 6.3（b）～（d）表示肘板与横梁和肋骨采用搭接形式，用料多些，但施工方便，目前采用的也较多。

横梁与舷侧肋骨用肘板连接时，应留有至少 10mm 间隙。

6.2.3 甲板纵桁

甲板纵桁是甲板骨架中的纵向桁材，是甲板上的强构件，有甲板纵桁和舱口纵桁两种类型，通常沿舱口两边和甲板中心线纵向布置。

1）甲板纵桁

横骨架式结构中的纵向构件只有甲板纵桁，由尺寸较大的组合 T 型材制成，作为甲板上的纵向连续构件，参与船体的总纵弯曲，作为横梁的支点，可以减小横梁的尺寸。

甲板纵桁一般平行于中纵剖面布置，其数目和位置根据船舶的总布置要求和主尺度确定，多数是 1～3 道，沿船宽等距布置。其中应有 2 道与舱口边板对齐，兼作舱口纵桁，并贯通全船，还可兼做舱口的下围板，因此这两道纵桁又称为舱口纵桁，其腹板的高度应增大，一般情况下与舱口端横梁的腹板等高。

2）舱口纵桁

舱口纵桁是位于舱口两端的那段甲板纵桁，为了防止吊货时磨损绳索，通常采用组合角钢，即在相互垂直的腹板和面板的交角处焊接一圆钢，纵桁面板应偏向舷侧一边，如图 6.1 和图 6.2（b）所示。舱口纵桁的作用是增加舱口处的强度。

在船的首尾端,由于船宽减小,舱口宽度也常常减小。在这种情况下,两道舱口纵桁仍然布置在舱口边,但间距减小了,与中部的甲板纵桁不再连续。为了保证甲板结构的强度,中部的甲板纵桁应向首或尾延伸两个肋距作为过渡,如图 6.4 所示。

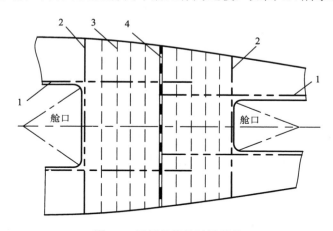

图 6.4 甲板纵桁的过渡结构

1-舱口纵桁;2-舱口端横梁;3-普通横梁;4-水密横舱壁

3)甲板纵桁与横向构件的连接形式

普通横梁与甲板纵桁相遇时,纵桁腹板上开切口让横梁穿过,并且每隔 2~4 档肋距设置防倾肘板。横梁穿过甲板纵桁时,应与纵桁腹板焊接。增加连接处腹板高度以代替连接肘板的方法,可减少构件的数量,在建造工艺上比较简便合理,连接强度也好,现采用较多。甲板纵桁腹板高度应不小于横梁穿过处开口高度的 1.6 倍,横梁通过甲板纵桁的切口应尽量减少应力集中。

甲板纵桁与强横梁相遇时,通常断开以保持强横梁连续。

甲板纵桁与横舱壁相遇时,二者之间的连接形式有两种:一种连接形式是纵桁断开并与舱壁焊接,在舱壁的两边加装有折边或面板的肘板,如图 6.5(a)所示,甲板纵桁在舱壁处间断,并加装肘板与舱壁扶强材连接或采用纵桁腹板高度逐渐增大的连接形式;另一种连接形式是让纵桁穿过舱壁,然后用补板将切口封焊起来,如图 6.5(b)所示,甲板纵桁连续,穿过横舱壁,然后用衬板封焊切口。

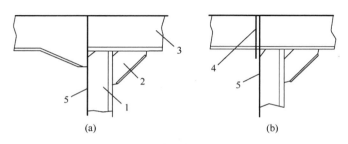

(a)　　　　　　　　　　　(b)

图 6.5 甲板纵桁与横舱壁的连接形式

1-舱壁扶强材;2-肘板;3-甲板纵桁;4-补板;5-横舱壁

　　图 6.6（a）表示当甲板纵桁为折边角钢时，水密补板型切口与补板形式；图 6.6（b）表示当甲板纵桁为 T 型材时，水密补板型切口与补板形式。

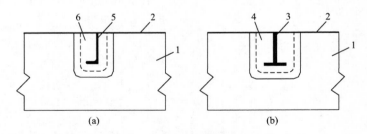

图 6.6　甲板纵骨穿过横舱壁时水密节点形式

1-横舱壁；2-甲板；3-T 型甲板纵桁；4-CT-9 型切口与补板形式；5-折边型甲板纵桁；6-CT-7 型切口与补板形式

6.2.4　舷伸甲板

　　舷伸甲板一般应用在长江客货船上，是伸出船舷以外的甲板，可以增加甲板面积。舷伸甲板梁结构如图 6.7 所示。支持该甲板结构的主要是舷伸甲板梁，梁的间距不大于 2 档肋距。在不设舷伸甲板梁的肋位上应设置普通横梁，其尺寸与甲板横梁相同。舷伸甲板梁在舷侧处的腹板高度应不小于舷伸甲板宽度的 1/3，厚度则应不小于上述高度的 1/100，腹板上可以开减轻孔。

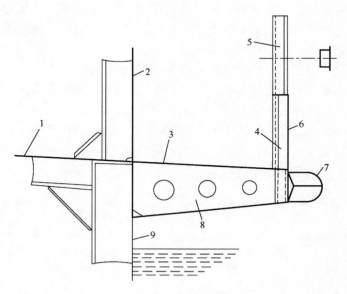

图 6.7　舷伸甲板梁结构

1-主甲板；2-甲板室围壁；3-舷伸甲板；4-扁钢扶强材；5-撑柱；
6-舷墙；7-护舷材；8-舷伸甲板梁；9-外板

6.3 纵骨架式甲板结构

纵骨架式甲板结构由甲板板、甲板纵骨、甲板纵桁、强横梁和连接肘板等组成。图 6.8 为纵骨架式上甲板结构。下面介绍甲板纵骨、甲板纵桁、强横梁、肘板。

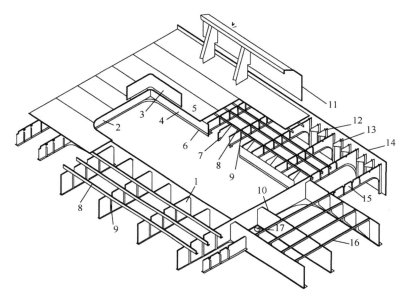

图 6.8　纵骨架式上甲板结构

1-强横梁；2-舱口端横梁；3-舱口围板；4-舱口纵桁；5-上甲板；6-圆钢；7-防倾肘板；8-甲板纵骨；9-加强筋；10-甲板纵桁；11-舷墙；12-主肋骨；13-肘板；14-舷侧外板；15-强横梁；16-横梁；17-管形支柱

1. 甲板纵骨

甲板纵骨是甲板结构中采用的纵向构件，由球扁钢、不等边角钢及扁钢制成。其主要作用是保证船舶总纵强度和甲板板的稳定性，同时将甲板承受的载荷传递给横舱壁和强横梁，在甲板总纵弯曲时承受拉力或压力的作用。

1）安装布置

甲板纵骨平行于中线面沿船宽均匀布置，纵骨间距参照船底纵骨间距选取，并与舱壁结构互相配合，使它与舱壁扶强材、船底纵骨在同一纵剖面内，组成纵向框架结构。纵骨安装时型钢腹板垂直于基平面安装，除了靠近舱口的一根背向船中，其余折边通常朝向船中，甲板纵骨间距与船底纵骨间距一致。

2）甲板纵骨与横向构件的连接

甲板纵骨遇强横梁时，应在强横梁的腹板上开切口让纵骨穿过，且与腹板焊接，并设防倾肘板。小型舰艇上常开与纵骨形状相似的切口，纵骨穿过腹板并在周围焊接，如图 6.9 所示。

甲板纵骨与横舱壁的连接要求与船底纵骨相同。

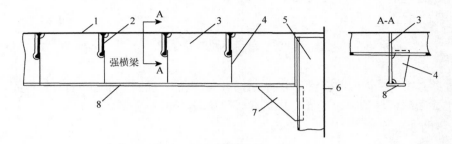

图 6.9　甲板纵骨与强横梁的连接形式

1-甲板板；2-甲板纵骨；3-强横梁腹板；4-防倾肘板；5-强肋骨；6-舷侧外板；7-梁肘板；8-强横梁面板

当舷侧为横骨架时，在不设强横梁的肋位上，肋骨上端需设置达到最靠舷边一根甲板纵骨的肘板，有两种连接形式，图 6.10（a）为肘板与肋骨对接形式，图 6.10（b）为肘板与肋骨搭接形式。

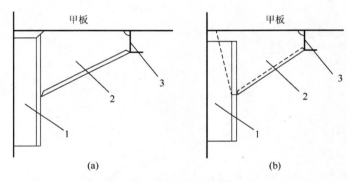

图 6.10　甲板纵骨与肋骨的连接形式

1-肋骨；2-肘板；3-甲板纵骨

2. 甲板纵桁

纵骨架式甲板纵桁的结构和布置与横骨架式甲板结构中的甲板纵桁基本相同。

3. 强横梁

强横梁是纵骨架式甲板结构中的主要横向构件，由尺寸较大的组合 T 型材或折边钢板制成。它的作用是支持纵骨，减小纵向跨距，从而减小纵骨的剖面尺寸。

在纵骨架式甲板上，一般每隔 3~5 档肋距设置一强横梁。它的位置与强肋骨相对应，并与船底实肋板组成牢固的横向框架，更好地承受船侧水压力和各种横向载荷。在甲板的某些区域受力较大（如甲板上装有较重的机器设备），所以在机舱和尾尖舱区域内，需做局部加强，也可在甲板下设置若干强横梁。

4. 肘板

强横梁与强肋骨采用肘板连接，连接形式可采用图 6.11 所示的五种形式。图 6.11（a）

为强肋骨与强横梁采用带有折边的肘板进行连接的示意图，肘板的高度应与强横梁腹板高度相同，厚度应与强横梁腹板厚度相同。图 6.11（b）中强横梁的腹板高度向强肋骨处逐渐增大以代替肘板，其高度和长度应不小于强横梁高度的 1.5 倍，其面板应为强横梁面板的延续。图 6.11（c）中强横梁与强肋骨之间腹板呈圆弧形并连接成一个整体结构，圆弧切点处设置加强肘板。图 6.11（d）中强横梁与强肋骨的连接采用一块整腹板，角隅处其高度逐渐增加，再分别与强横梁和强肋骨对接。最好用加大高度的圆弧形的腹板代替梁肘板，并且圆弧形的腹板上加焊斜置的加强筋，以防腹板褶皱，如图 6.11（e）所示。

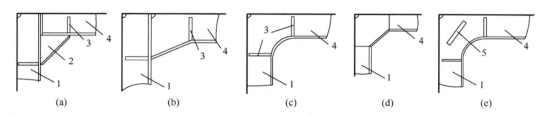

图 6.11　强横梁与强肋骨的连接

1-强肋骨；2-肘板；3-加强筋；4-强横梁；5-倾斜的加强筋

　　增加连接处腹板高度以代替连接肘板的方法，可减少构件的数量，在建造工艺上比较简便合理，连接强度也好，现在采用较多。

6.4　货舱口、舱口悬臂梁结构

6.4.1　货舱口结构

　　为了让人员、机器及装载物等出入船舱，在甲板上通常设有各种大小不同的开口，如机舱口、货舱口、人孔和梯口等。甲板的大开口削弱了甲板结构的强度，同时引起甲板开口角隅处的应力集中，为了保证甲板结构的强度，减少甲板开口角隅处的应力集中现象，甲板上的开口应做成圆形或长轴沿船长方向布置的椭圆形，并设腹板加强以补偿甲板结构强度的损失，详见 3.2.5 节。

　　1. 露天甲板货舱口结构

　　当在货船的甲板上开有大的货舱口时，货舱口周围设有舱口围板。根据《钢质海船入级规范》（2018）的要求，露天舱口围板在上甲板上面的高度至少为 600mm，其作用是增加舱口处的强度，防止海水灌入舱内和人员跌落，保障作业人员安全。图 6.12 为露天上甲板货舱口结构。

　　甲板舱口上围板结构由纵向围板、横向围板、肘板、水平加强筋、圆钢和半圆钢组成。纵向、横向围板由钢板组成，它的高度规范规定应不小于 600mm。当其高度等于或大于600mm 时，应在其上缘或距上缘适当距离设置水平球扁钢或其他等强度构件（如水平面板），并应在水平面加强筋与甲板之间设置间距不大于 3m 的垂直加强筋或肘板，肘板应

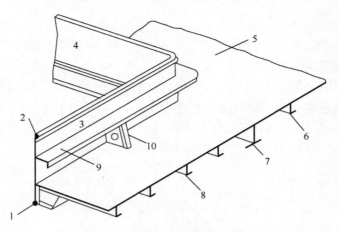

图 6.12　露天上甲板货舱口结构

1-圆钢；2-半圆钢；3-纵向围板；4-横向围板；5-上甲板；6-横梁；7-舱口端梁；8-半横梁；9-水平加强筋；10-肘板

尽可能地与甲板下面的舱口纵桁和舱口端横梁的防倾肘板装在同一平面内。当围板高度大于 900mm 时，其结构还应加强。这些构件起着防倾和增强刚度的作用。

在围板顶部内上缘装有一根半圆钢，在装卸货物时可减小吊货钢丝绳与舱口围板上缘的磨损。

由于甲板货舱口四角都为圆角，舱口角隅处结构连接比较复杂。露天上甲板舱口角隅结构如图 6.13 所示。其中，图 6.13（a）为舱口围板伸入甲板内，与甲板开口四周焊接；图 6.13（b）为甲板伸入舱口围板内，将围板分成上下两部分。上甲板以下的舱口甲板纵桁与端横梁交叉处的面板可以用一块菱形板连接，如图 6.13（c）所示。

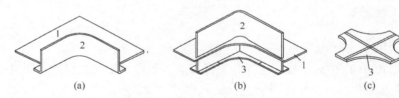

图 6.13　露天上甲板舱口角隅结构

1-甲板；2-舱口围板；3-菱形面板

2. 下甲板货舱口结构

为了便于装卸货物，下甲板货舱口上的围板一般不必装得过高，甚至可不设围板。

下甲板货舱口结构的形式如图 6.14 所示。其中，图 6.14（a）是把甲板以上的舱口围板做成楔形剖面，即一块折边长条板，设置于舱口四周。甲板以下部分有两种形式：一种为 L 形剖面，此种形式比较简单，如果用在大型船舶上，要求折边围板的厚度大，折边加工困难，因此这种形式只适用于中小型船舶的下甲板；另一种如图 6.14（b）所示，是把舱口纵桁做成带圆弧的箱形纵桁，此种形式对于钢索的防磨作用较好，且放置舱口盖比较方便；图 6.14（c）是用于大型货舱口的箱型纵桁，内有横隔板加强，其上开有减轻孔，此种结构的强度和刚度都较好，适用于大型船舶的下甲板。

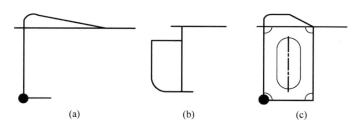

图 6.14　下甲板货舱口结构的形式

6.4.2　舱口悬臂梁结构

用于装运特大特重货物的货船，货舱口宽度可达船宽的 60%～80%，或者是货舱口长度达到货舱长度的 70%～80%，并且舱内不设支柱。这种大舱口货船的甲板结构常采用图 6.15所示的悬臂梁结构形式。它是从舷侧悬伸至舱口边的强横梁，与强肋骨的连接采用半径较大的圆弧过渡。悬臂梁除了承受甲板纵骨传递的力，还必须承受来自舱口围板及甲板纵桁力的作用。悬臂梁的剖面弯曲力矩从舱口边到舷侧逐渐增大，因此悬臂梁的腹板做成逐渐加高的变断面梁。有了悬臂梁的支持，舱口纵桁的尺寸可适当减小，并且舱内可不设置支柱。

舱口悬臂梁可以在舱口范围内每档肋位或隔档肋位均匀设置，也可仅在舱口长度的中部集中设置 1～3 根尺寸较大的悬臂梁，在其他相应的肋位上仍设置一般的强横梁，但集中设置的悬臂梁尺寸很大，影响大件货物的装载。

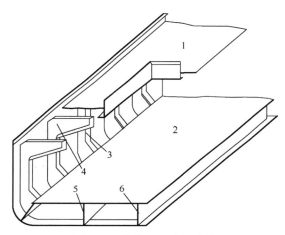

图 6.15　货舱口悬臂梁结构

1-上甲板；2-内底板；3-肋骨；4-悬臂梁；5-旁底桁；6-中底桁

6.5　支 柱 结 构

支柱是船舱内的垂向构件，由钢管或工字钢等做成，作用是支撑甲板骨架，主要承受轴向压缩力。但在装载液体的深舱内的支柱也可能受到轴向拉伸力。

为了有效地支撑甲板骨架，支柱应设在甲板纵桁与横梁的交叉点上，船舱支柱的下端则设在底纵桁和实肋板等刚度较大的构件上，若支柱的间距较大则应设在交叉点上。在多层甲板船上，支柱应尽可能地设在同一垂线上，使甲板上的载荷通过支柱一直传递到船底的刚度骨架上。

支柱的设置应尽量减少对货物的影响。货舱内支柱的布置形式如图 6.16 所示。舱内支柱数目一般是 2 根或 4 根，通常 4 根支柱设置在舱口的四角，2 根支柱设置在舱口两端的船体中线面上。

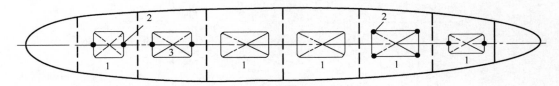

图 6.16　货舱内支柱的布置形式

1-货舱；2-支柱；3-机舱

　　支柱剖面形状应能保证强度和稳定性，常采用对称形状，如图 6.17 所示。图 6.17（a）为圆管形状剖面，图 6.17（b）为工字形剖面，图 6.17（c）为方形管剖面，图 6.17（d）为四个槽剖面。上述形状中以圆管形状剖面最为常用。

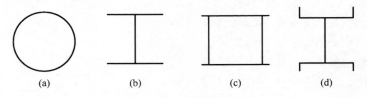

图 6.17　支柱的剖面形状

　　支柱上下端的连接形式如图 6.18 所示。其中，图 6.18（a）为在圆管支柱的上端端面装设垫板，下端装腹板，垫板和腹板形状可为圆形或方形，其直径或宽度为支柱直径的两

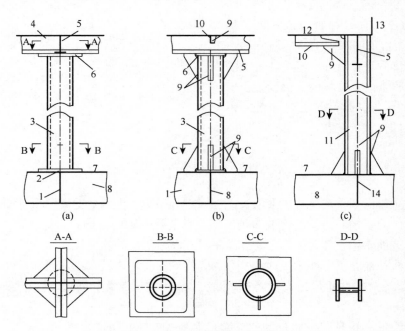

图 6.18　支柱上下端的连接形式

1-底纵桁；2-腹板；3-支柱；4-强横梁；5-甲板纵桁；6-垫板；7-内底板；8-肋板；9-肘板；10-横梁；
11-机舱支柱；12-机舱平台；13-机舱围壁；14-旁底桁

倍，如 6.18（a）中 A-A 剖面和 B-B 剖面所示；图 6.18（b）为上下端装有肘板的圆管支柱，此结构形式适用于受拉或偏心载荷的支柱，肘板高度约为支柱直径的 1.5 倍，宽度等于支柱直径，支柱上下端的连接情况如图 6.18（b）中 C-C 剖面所示；图 6.18（c）为设在机舱内的工字型剖面的支柱。

6.6 散货船、油船和集装箱船甲板结构特点

1. 散货船甲板结构特点

为了提高装卸效率，散货船甲板货舱口的宽度较大，有的散货船上每个货舱设 2～3 个舱口。散货船的舷顶部做成三角形的顶边舱。顶边舱的作用是防止散货偏向一舷，影响船舶稳性，顶边舱内装压载水能提高船舶的重心、减小摇摆、改善航行性能，同时还能增加结构的强度。

顶边舱由甲板、斜底板、舱口纵桁、一部分舷侧外板及纵横骨架组成。顶边舱一般采用纵骨架式结构，横向设有强框架以支持纵骨。图 6.19 为单层舷侧散货船顶边舱结构，图 6.19（a）为无框架结构，顶边舱四周的板上全部设置纵骨，各个角上都安装肘板，以增强节点处的刚度；图 6.19（b）为环形框架结构（包括甲板强横梁、斜板强横梁和舷侧强肋骨），环形框架也可用开孔的板来代替。顶边舱在货舱水密舱壁处应尽可能地设置水密隔壁，否则设置制荡舱壁。

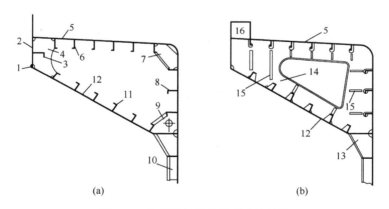

图 6.19 单层舷侧散货船顶边舱结构

1-半圆钢；2-舱口纵桁；3-纵骨；4-肘板；5-甲板；6-甲板纵骨；7-梁肘板；8-舷侧纵骨；9-肘板；10-肋骨；11-斜底板纵骨；12-斜底板；13-肘板；14-横框架；15-加强筋；16-舱口围板

双层壳散货船的内壳纵壁与顶边舱的斜底板相连，在相交处设置平台。

2. 油船甲板结构特点

油船的甲板均为单层甲板，货油舱区域大多采用纵骨架式结构，小型油船也有采用横骨架式结构的。

1）油船纵骨架式甲板结构

油船纵骨架式甲板结构的骨架组成有高腹板的甲板纵桁、强横梁和密集的甲板纵骨。高腹板的纵桁既能增加甲板结构的强度，又能起制荡作用。

图 6.20 为某万吨级油船中油舱的甲板结构，中油舱强横梁间断于甲板纵桁，两端升高代替肘板。强横梁腹板上开切口让纵骨穿过并且与腹板焊接，至少每隔一根纵骨设置垂直加强筋。甲板纵桁的腹板高度约为强横梁的 2 倍，为了提高纵桁腹板的稳定性，其上装设两道水平加强筋。甲板纵桁与横舱壁的连接形式与船底中内龙骨相同。甲板纵骨与横舱壁的连接应保证纵向强度，当船长大于 150m 时，甲板纵骨应连续穿过横舱壁。

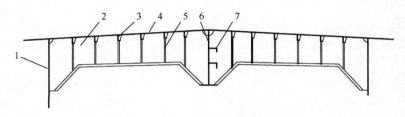

图 6.20　某万吨级油船中油舱的甲板结构

1-纵舱壁；2-强横梁；3-甲板纵骨；4-甲板；5-加强筋；6-甲板纵桁；7-水平加强筋

图 6.21 为 150000t 大型油船甲板中部局部结构，中纵舱壁将船体分成左右两个油舱。甲板上设有高腹板的强横梁和密集的纵骨，强横梁腹板升高与中纵舱壁及竖桁连接。

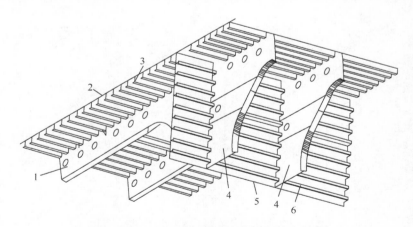

图 6.21　150000t 大型油船甲板中部局部结构

1-强横梁；2-甲板；3-甲板纵骨；4-竖桁；5-中纵舱壁；6-舱壁纵骨

2）货油舱舱口结构

货油舱不需要开大舱口，为了清仓，仅开设人员出入舱口，兼作为膨胀井。边油舱和中油舱的舱口应尽量避免开设在同一肋距内。开口形状为圆形或椭圆形，舱口四周围板一般应不小于 600mm。图 6.22 为油舱口结构，其中，图 6.22（a）为圆形舱口，舱口围板伸至甲板以下，切断一根纵骨并用肘板连接；图 6.22（b）为椭圆形舱口，其长轴沿船长方向布置，舱口围板不伸入甲板，在舱口前后端加装一横向的短角钢。

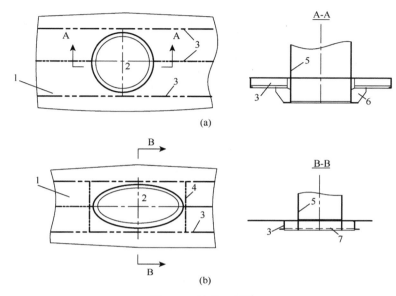

图 6.22　油舱口结构

1-甲板；2-油舱口；3-甲板纵桁；4-舱口端横梁；5-舱口围板；6-肘板；7-短角钢

3. 集装箱船甲板结构

集装箱船的甲板货舱口宽度很大，货舱区域内的上甲板结构应全部采用纵骨架式，在舱口范围内至少于甲板中心线上设一根纵桁，或与之对称地左右各设一根纵桁。

6.7　本 章 小 结

甲板结构可以看成船体梁的上翼板，承受船体的总纵弯曲。根据甲板的位置不同有主甲板、水密甲板、船体内的下甲板及平台甲板等。甲板有横骨架式和纵骨架式两种形式，本章主要介绍了组成这两种甲板结构的骨架名称、作用、骨材形式及在甲板板上的排列方式，以及纵横骨材相交时节点形式、横梁与舷侧肋骨连接形式等，详细介绍了露天甲板舱口形式及大开口甲板使用的悬臂梁结构，简单介绍了散货船、油船及集装箱船的甲板结构特点。

习　　题

1. 单项选择

（1）横骨架式甲板结构一般用于_____。

　　A. 下甲板和小型船舶甲板　　　　B. 上甲板

　　C. 大型船舶甲板　　　　　　　　D. 散货船甲板

（2）甲板纵骨遇强横梁连接形式_____。

A. 间断于强肋骨

B. 强肋骨腹板上开切口穿过

C. 强肋骨腹板上开切口并加装水密补板

D. 间断于强肋骨并加肘板连接

（3）强横梁仅在_____甲板结构中采用，可支持半梁，保证横向强度。

A. 纵骨架式　　　　　　　　　　　　B. 横骨架式

C. 平台甲板　　　　　　　　　　　　D. 舷伸甲板

（4）纵骨架式甲板结构沿甲板纵向布置了大量纵骨，大大提高了甲板结构在_____时的强度。

A. 总纵弯曲　　　　　　　　　　　　B. 横向变形

C. 局部变形　　　　　　　　　　　　D. 扭转变形

（5）甲板纵桁的作用是_____。

A. 承受总纵弯曲力矩　　　　　　　　B. 承受横向强度

C. 增加舱口处的强度　　　　　　　　D. A＋C

（6）甲板纵骨是安装在_____甲板结构中的_____构件。

A. 纵骨架式/纵向　　　　　　　　　　B. 横骨架式/纵向

C. 纵骨架式/横向　　　　　　　　　　D. 横骨架式/横向

（7）甲板纵骨的作用是_____。

A. 保证船舶总纵强度　　　　　　　　B. 增加舱口处的强度

C. 保证甲板的稳定度　　　　　　　　D. A＋C

（8）散货船甲板货舱区结构最大的特点是_____。

A. 纵骨架式结构　　　　　　　　　　B. 横骨架式结构

C. 设置有顶边舱　　　　　　　　　　D. 设置有底边舱

（9）上甲板舱口围板的作用是_____。

A. 保障作业人员安全　　　　　　　　B. 防止海水灌入舱内

C. 增加舱口处强度　　　　　　　　　D. A＋B＋C

（10）一般舱口围板在甲板上面的高度应不小于_____。

A. 400mm　　　　　B. 600mm　　　　　C. 900mm　　　　　D. 1200mm

（11）舱口悬臂梁主要作用于_____。

A. 普通杂货船上　　　　　　　　　　B. 散装货船上

C. 集装箱船上　　　　　　　　　　　D. 装特大特重货物的大开口船上

2. 填空题

（1）连续的上甲板主要承受_____应力，下甲板主要受横向载荷作用。

（2）横骨架式甲板结构由甲板板、不同类型的_____和甲板纵桁等构件组成。

（3）横骨架式甲板结构中的横梁设置在_____，其主要作用是支持甲板板并将甲板的横向载荷传递给舷侧和甲板纵桁。

（4）普通横梁是横骨架式甲板结构中的主要构件，遇甲板纵桁时在纵桁腹板开切口让_____穿过。

（5）普通横梁是在_____甲板结构中采用的横向构件。

（6）甲板纵骨是安装在_____甲板结构中的纵向构件。

（7）甲板纵桁的作用是支持横梁，同时具有增强甲板_____强度和力的传递的作用。

（8）当在货船的甲板上开有大的货舱口时，货舱口周围应该设有_____。

（9）支柱作用是支撑甲板骨架，主要承受_____力作用。

（10）舱口悬臂梁结构货舱口宽度达到船宽的_____倍时使用，并且舱内不设支柱。

3. 判断题

（对的打"√"，错的打"×"）

（1）甲板结构中的横向构件统称为横梁。　　　　　　　　　　　　　　（　　）

（2）舱口端横梁又称为半横梁。　　　　　　　　　　　　　　　　　　（　　）

（3）纵骨架式甲板结构每档肋位设置普通横梁。　　　　　　　　　　　（　　）

（4）纵骨架式甲板结构的纵向强度好，装配施工方便。　　　　　　　　（　　）

（5）甲板纵骨与横舱壁的连接要求同船底纵骨。　　　　　　　　　　　（　　）

（6）支柱通常用于油船上。　　　　　　　　　　　　　　　　　　　　（　　）

（7）甲板纵骨主要作用是抵抗甲板上的横向压力。　　　　　　　　　　（　　）

（8）舱口端横梁设置在舱口左右两边。　　　　　　　　　　　　　　　（　　）

（9）连接横梁与甲板纵桁的肘板称为梁肘板。　　　　　　　　　　　　（　　）

（10）甲板纵骨装配位置应与横舱壁扶强材配合。　　　　　　　　　　（　　）

4. 简答题

（1）横骨架式甲板结构主要由哪些构件组成？

（2）横梁有哪几种形式？采用什么钢材形式？

（3）纵骨架式甲板结构主要由哪些构件组成？

（4）甲板纵骨有什么作用？采用哪种型材？是如何安装布置的？

（5）露天货舱口结构主要由哪些构件组成？舱口为何设置围板？

（6）简述支柱的作用、受力、布置和数量。

（7）散货船甲板结构特点是什么？

（8）写出在甲板结构中骨材或桁材的具体名称。

5. 读图题

指出习题图 6.1 中甲板板架骨架形式并写出图中标号构件名称。

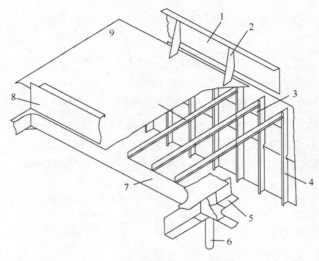

习题图 6.1　甲板结构

第7章 舱壁结构

📖 **知识目标**

（1）掌握舱壁种类、作用、受力情况及水密舱壁的设置要求。
（2）掌握平面舱壁结构组成、各构件布置及要求、所用型材及相互连接形式。
（3）了解槽型舱壁的结构、形状、布置及上下端连接形式。
（4）了解轻舱壁的结构形式及所用材料。

📖 **能力目标**

（1）能正确判断舱壁的类型及结构组成。
（2）能确定平面舱壁的舱壁板与扶强材布置情况和槽型舱壁的槽型体布置方向，知道两种类型舱壁的应用场合。
（3）知道槽型舱壁和轻型舱壁的应用场合。

本章首先介绍舱壁的作用、种类、受力等，然后重点介绍平面舱壁和槽型舱壁的结构，并简要介绍轻型舱壁的型式及应用场合。

7.1 概　　述

船上沿船长和船宽方向布置的垂直板架结构或隔板称为舱壁。其中，沿船长方向设置的舱壁称为纵舱壁，沿船宽方向设置的舱壁称为横舱壁。

7.1.1 舱壁的种类

舱壁的种类很多，通常可按用途及结构形式分类。

1）按用途分类

（1）水密舱壁：在规定的水压力下能保持不渗漏水的舱壁。一般是指由船底至上甲板的主舱壁，它把船体分隔成若干个水密分舱。干货船货舱是由水密横舱壁进行分隔的。

（2）油密舱壁：在规定的压力下能保持不渗透油的舱壁。油船的货油舱和船舶的燃油舱等均采用油密舱壁进行分隔。

（3）液体舱壁：液舱（油舱或水舱）之间的界壁。经常承受液体压力，要求保证油密或水密。

（4）制荡舱壁：在液舱内设置的开有流水孔的舱壁，用来减小舱内液体的摇荡，它一般设在首尾尖舱及深舱内。

（5）轻型舱壁：一种只起简单隔离作用的轻型结构舱壁，有密封性、强度和防火要求。一般用于上层建筑房间隔壁，要求具有一定的刚度。

（6）防火舱壁：设置有隔热和防火装置的舱壁，在一定的火灾温度下能限制火灾蔓延的舱壁，用于客船居住区或舰艇上。

2）按结构形式分类

（1）平面舱壁：由平舱壁板和加强它的骨架组成的舱壁。一般为单层舱壁，也有双层舱壁，双层舱壁内部设置一定数量的隔板。

（2）槽型舱壁：将舱壁板压成梯形、弧形等形状来代替扶强材的一种舱壁。

（3）球形舱壁：利用舱壁板的薄膜作用，将舱壁板做成球面形状，不设扶强材。这种舱壁通常用于水下船艇。

3）按舱壁设计方向分类

（1）横舱壁：安置在肋骨平面内，并垂直于基线，直接与船侧外板、甲板板焊接。在单层底船上，横舱壁直接焊接在外底板上。在双层底结构的船上，横舱壁安装在内底板上面，横舱壁下面要设置水密肋板。

（2）纵舱壁：沿船长方向布置的舱壁。不是所有的船型上都设置纵舱壁，在大中型油船上通常设置二道纵舱壁，小型油船通常在纵中剖面上设置一道纵舱壁。

（3）具有相当强度并保持水密性的舱壁称为主舱壁，主舱壁除了作为船底、甲板和舷侧板架的支承，还对保证船体横向强度和刚度起着重要作用。

7.1.2　舱壁的作用

船体内设置了许多横向和纵向的舱壁，这些舱壁的作用是能将船体内部空间分隔成供各种用途的舱室，作用如下。

（1）满足使用要求。将船体内部分隔成若干舱室，供居住、工作，以及装载货物、燃料、淡水、备品、压载水等用。

（2）提高抗沉性。水密舱壁将船体分成若干个水密分舱，当发生海损事故，个别舱室进水时，保证其他水密舱室安全，提高船舶抗沉性和船舶的生命力。

（3）增加船体的强度和刚度。横舱壁对保证船体横向强度和刚度有非常重大的作用，特别是在纵骨架式的船上更为显著；较长的纵舱壁参与总纵弯曲，对提高船体的总纵强度也有一定作用。舱壁上连甲板下接船底，使船体各构件的受力能通过舱壁相互传递。

（4）制荡舱壁提高船舶稳性。液货船的纵舱壁可限制液体摇荡，减少自由液面对船舶稳性的影响，首尾尖舱的制荡舱壁防止压载水晃荡对稳性的影响。

（5）保证防火安全。在客船上某些舱壁经防火处理后，万一舱内发生火灾，舱壁可起到隔离作用，防止火势蔓延和毒气扩散等。

7.1.3　舱壁结构的受力

舱壁结构的受力与其布置及用途有关。

（1）水密舱壁：承受舱壁平面内的压缩力作用，包括甲板载荷和舷外水压力，以及进坞时龙骨墩的支反力等。当船体海损破舱后，还要承受舱内水的静压力或动压力。

（2）液体舱壁：除受到与水密舱壁相同的作用力外，主要是承受经常性的舱内液体静压力及船舶摇摆时流体的晃动载荷。

（3）纵舱壁：在油船与液体舱内的纵舱壁，除液体舱壁承受舱内液体的压力外，长的纵舱壁还参与船体的总纵弯曲，承受总纵弯曲应力作用。

7.1.4　水密横舱壁的数目

水密横舱壁的数目和间距与船舶类型有关，根据船长、舱室布置及抗沉性的要求而定。从抗沉性要求来看，军船最高，然后是客船，最后是货船。

《钢质海船入级规范》（2018）对船舶水密舱壁的数量的要求不少于表 7.1 的规定。对于船长 L 大于 190m 的船舶由计算确定舱壁数量。客船和有抗沉性要求的船舶，其水密舱壁的设置应符合船旗国主管机关的有关规定。油船水密横舱壁的数目主要根据船长 L 而定，规范中规定了油船货油舱长度的最大值。

表 7.1　干货船水密舱壁数规定

船长 L/m	水密舱壁数量		船长 L/m	水密舱壁数量	
	中机型	尾机型		中机型	尾机型
$L \leqslant 65$	4	3	$125 < L \leqslant 145$	7	6
$65 < L \leqslant 85$	4	4	$145 < L \leqslant 165$	8	7
$85 < L \leqslant 105$	5	5	$165 < L \leqslant 190$	9	8
$105 < L \leqslant 125$	6	6	$190 < L \leqslant 210$	10	9

1）防撞舱壁

规范规定，船舶应设一道从船底通到水密甲板的首尖舱舱壁，也称为防撞舱壁，是位于船首最前端的一道水密横舱壁，是极为重要的抗沉舱壁。其作用是一旦船首破损，可阻止水流入其他船舱。防撞舱壁的位置主要考虑船舶的抗沉性，离艏柱太近，可能导致首尖舱和后面的第一货舱同时进水，如果太远，则防撞舱壁受损后首尖舱进水过多，大大增加船舶沉没的危险性。因此规范规定防撞舱壁距首垂线的距离应不小于 0.05L，对于船长 L 大于 200m 的船，应不小于 10m，并且均不大于 0.08L 或 0.05L + 3m（取大者）。在防撞舱壁上不允许开门、人孔、通风管道或任何其他开口，多采用平面舱壁。

某万吨级干货船横舱壁布置简图如图 7.1 所示。

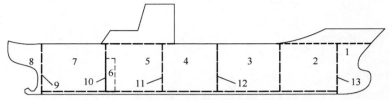

图 7.1　某万吨级干货船横舱壁布置简图

1-首尖舱；2-第二货舱；3-第三货舱；4-第四货舱；5-机舱；6-燃油舱；7-第七货舱；8-尾尖舱；9-尾尖舱舱壁；
10-机舱舱壁；11-机舱舱壁；12-货舱水密舱壁；13-防撞舱壁

2）尾尖舱舱壁

尾尖舱舱壁是位于船尾最后一道水密横舱壁，其作用是当船舶尾部破损时，可阻挡海水进入前面舱室，并加强尾部横向强度。尾尖舱舱壁应水密地通至舱壁甲板。

3）机炉舱两端的水密横舱壁

机炉舱的前后端必须设置水密横舱壁与其他舱室隔开。对于尾机型船，机炉舱后舱壁即为尾尖舱舱壁。

在货油舱与非油舱之间应设置隔离空舱，隔离空舱舱壁之间的距离不小于 760mm，以便于进入。泵舱、压载水舱、燃油舱可兼作隔离空舱。此外，油船上沿船长方向还设置一道或二道纵舱壁。

除了水密舱壁，有些货船上，在货舱口横向围板至横舱壁间的中线面内设置局部舱壁。

7.2　平　面　舱　壁

平面舱壁由舱壁板和纵横骨架组成，如图 7.2 所示。现代干货船和客船等较多地采用平面舱壁形式。

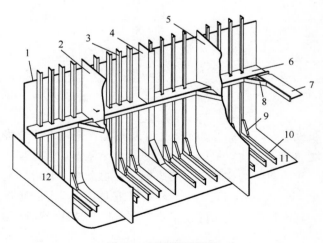

图 7.2　平面舱壁结构

1-横舱壁；2-纵舱壁；3-垂直扶强材；4-竖桁；5-纵舱壁板；6-水平桁；7-舷侧纵桁；8-肘板；
9-舭肘板；10-船底纵骨；11-船底板；12-舷侧外板

7.2.1　舱壁板

在钢质海船上，舱壁板由多块钢板拼合焊接而成，其板列的布置形式可分水平和垂直两种形式，图 7.3 为某大型船舶平面横舱壁水密舱壁板的布置形式及厚度分布。

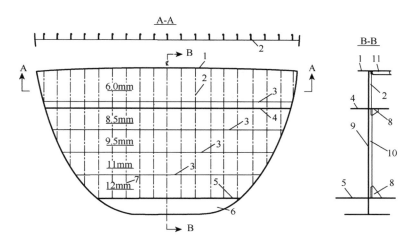

图 7.3　某大型船舶平面横舱水密舱壁板的布置形式及厚度分布

1-上甲板；2-垂直扶强材；3-焊缝；4-二甲板；5-内底板；6-水密肋板；7-板材厚度；8-肘板；
9-水密横舱壁；10-垂直扶强材；11-甲板纵骨

横舱壁可视为船体箱形梁隔板，它可将承受的力有效地传递到与其相邻接的其他部分。在舱壁受到的各种力中，由舷侧、甲板、船底传递过来的力是作用在舱壁平面下的，而由于货物的碰撞引起的冲击力、压力和破舱进水后的水压力是垂直作用在舱壁平面上的。由于水的压力与水深成正比，因而在船底部承受的水压力最大。由于舱壁下端列板承受的水压力最大，而且最易腐蚀，故应取得厚些，舱壁板厚度分布如图 7.3 所示（由船中看向船尾）。

大型船舶舱壁板的钢板长边沿水平方向布置，根据承受横向水压力的大小，其厚度由下向上逐渐减薄，以减轻重量，节省钢材。深舱舱壁板的厚度要比一般水密舱壁板的厚度厚。

甲板间舱壁或舱深不大的小船舱壁，舱壁板可垂直布置，这样重量增加不大，便于施工，如图 7.4 所示。

防撞舱壁板比其他水密舱壁板稍厚些，其上不准开任何门或人孔；尾轴管通过处舱壁板的厚度则应增加一倍。

7.2.2　舱壁骨架

为了承受横向的水压力及舱壁平面内的压缩力，且保证舱壁结构的刚度，在舱壁板上加骨材加强。舱壁骨架由扶强材和桁材两种构件组成，起到增加舱壁板强度和刚度的作用。

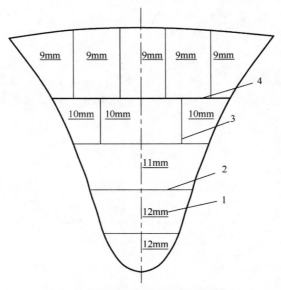

图 7.4　小型船舶舱壁板的布置形式

1-板材厚度；2-板材接缝；3-板材接缝；4-平台甲板

1. 扶强材

扶强材是较小的骨架，一般采用不等边角钢或球扁钢制成，较大的舱壁扶强材用 T 型材。扶强材按其设置方向，分为垂直扶强材和水平扶强材两种。

（1）垂直扶强材：在货舱横舱壁上都采用垂直扶强材，根据受力分析，这种布置方式比较有利。从承受舱壁平面的压缩力来看，上下方向的压缩力较左右舷的压缩力大。而且，从承受横向的水压力看，由于舱深比船宽小得多，将扶强材沿跨度较小的方向布置比较合理。

扶强材间距一般为 600～900mm，但防撞舱壁的扶强材间距不得大于 600mm。扶强材应尽可能地均匀布置，且与船底及甲板的纵向构件对准。在甲板纵桁下需设置加大尺寸的垂直扶强材，以支撑甲板纵桁。

扶强材仅安装在舱壁面向船中的一侧，也可根据需要安装在背向船中的一侧。通常将扶强材的凸缘朝向船体的中线面，如图 7.3 所示。但也有例外，如考虑舱壁上的开孔，扶强材与甲板纵桁的连接等情况。

扶强材末端与甲板或船底连接形式可分为三类，如图 7.5 所示。①图 7.5（a）为用肘板连接扶强材与甲板横梁，是一种最坚固的连接形式，适用于受力较大或不影响舱容的深舱；②图 7.5（b）为将扶强材直接焊接在甲板上，端部牢固性略差于肘板连接的情况，但不影响舱容，适用于受力不大的舱壁；③图 7.5（c）为扶强材端部削斜，不与其他构件连接，用于受力不大的舱壁，如甲板尖舱舱壁或上层建筑的舱壁。图 7.5（d）～（f）为扶强材与内底板的三种连接形式。

（2）水平扶强材：在狭窄的舱壁上，其高度比宽度大得多，且舱壁内左右舷方向的受力又较大时，可采用水平扶强材以代替垂直扶强材。例如，在冰区航行的船舶的首尾舱壁上多采用这种扶强材。通常，水平扶强材折边朝下，并与舷侧纵骨对应。

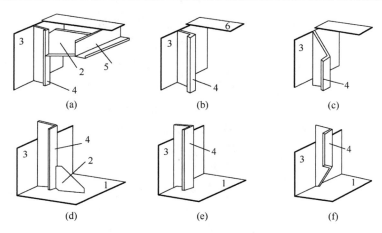

图 7.5 扶强材末端与甲板或船底连接形式

1-内底板；2-肘板；3-横舱壁；4-扶强材；5-横梁；6-甲板

2. 桁材

桁材是较大的骨架，一般采用组合 T 型材或折边板。它支持扶强材，作为中间支座使其跨度减小，从而减小扶强材剖面的尺寸，一般仅设在深舱或油舱的纵舱壁上。桁材按其设置方向分为水平桁和竖桁。

（1）水平桁：当深舱或液舱的深度较大且舱壁采用垂直扶强材时，需设置水平桁作为扶强材的中间支座。水平桁应与舷侧纵桁在同一平面内，组成坚固的水平框架，水平桁两端需用肘板固定，肘板宽度至少与水平桁腹板高度相同。扶强材穿过水平桁处每隔 2～4 档扶强材间距设置防倾肘板。图 7.6 为舱壁上设置一道由组合 T 型材做成的水平桁。

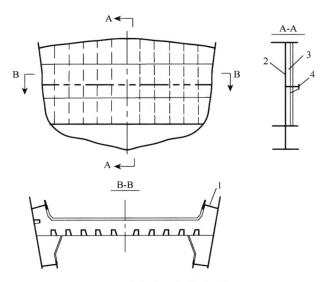

图 7.6 带有水平桁的平面舱壁

1-舷侧纵桁；2-舱壁板；3-垂直扶强材；4-水平桁

（2）竖桁：竖桁可作为水平扶强材的中间支座，并对承受舱壁平面上下方向的压缩力有较大的作用。

上面主要讨论了横舱壁的结构情况，纵舱壁与横舱壁在结构上无原则差别。水密纵舱壁沿船长方向布置，一般平行于中纵剖面或位于中纵剖面，在矿砂船、集装箱船（即双层舷侧的内壳纵壁）和油船上设置。当参与总纵弯曲的纵舱壁与横舱壁相遇时，通常使纵舱壁连续而横舱壁间断。在纵舱壁中断处，应在横舱壁的另一端设置较大的肘板，并延伸几个肋距，以保证结构的连续性，减小端部应力集中。

7.3　槽型舱壁与轻型舱壁

7.3.1　槽型舱壁

槽型舱壁是由钢板压制而成的，它的槽型折曲部分起到了扶强材的作用，如图 7.7 所示，目前主要应用于油船和散货船上。

1）槽型舱壁的特点

与平面舱壁比较，槽型舱壁具有以下特点。

（1）在保证同样强度条件下，中小型船舶槽型舱壁结构轻，节省钢材。

（2）组成槽型舱壁的零件较少，可减少装配和焊接的工作量。

（3）在散货船和油船上槽型舱壁便于清舱，有利于防止锈蚀。

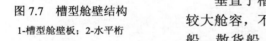

图 7.7　槽型舱壁结构
1-槽型舱壁板；2-水平桁

垂直于槽型方向的承压能力较差，槽型舱壁占据较大舱容，不利于装载杂货。因而槽型舱壁适用于油船、散货船、集装箱船及舱深较大的杂货船。对于150000DWT 以上的大型油船，因槽型舱壁重量较大，宜采用平面舱壁。大型油船首尾型线变化较大，由于施工原因不宜采用槽型舱壁。

2）槽型舱壁剖面形状

槽型舱壁的剖面形状如图 7.8 所示。图 7.8（a）为三角形，图 7.8（b）为矩形，图 7.8（c）为梯形，图 7.8（d）为弧形，其中梯形剖面应用较广，但在大型军舰或油船的槽型舱壁上，也有采用弧形剖面的。

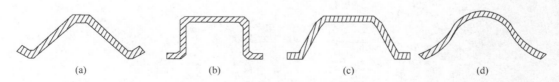

(a)　　　　　　(b)　　　　　　(c)　　　　　　(d)

图 7.8　槽型舱壁的剖面形状

3）槽型体的布置及上下端的连接

由于舱壁在水平方向和垂直方向的承压能力不同，因此槽型方向的合理布置非常重要。横舱壁的槽型体，考虑与纵舱壁水平槽型连接方便，且对支持甲板载荷有利，通常垂直布置，考虑到装配工艺及水平方向的承压能力较差，故在靠近舷侧处保留一部分平面舱壁，其上的扶强材垂直布置，另一面设置斜的加强筋，如图 7.9 所示，或在槽型舱壁四周加装平面框架，如图 7.10 所示。油船上的纵舱壁因参与总纵弯曲，槽型体也可采用纵向水平布置。

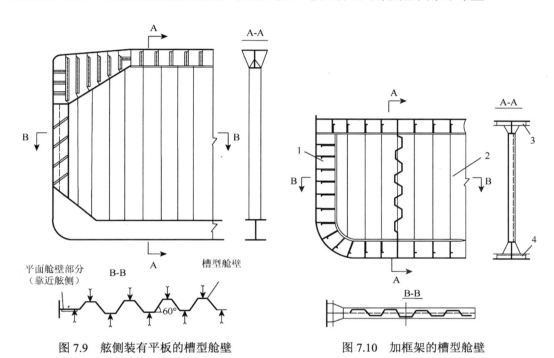

图 7.9　舷侧装有平板的槽型舱壁　　　　图 7.10　加框架的槽型舱壁

1-平面框架；2-槽型舱壁；3-甲板纵骨；4-船底纵骨

槽型舱壁端部连接情况如图 7.11 所示。图 7.11（a）为直接与船底及甲板焊接，加防倾肘板加强；图 7.11（b）为横骨架式船底结构，将槽型体装在 T 型材的面板上，T 型材加防倾肘板加强；图 7.11（c）为纵骨架式船底结构，也是将槽型体装在 T 型材的面板上，T 型材加防倾肘板加强；图 7.11（d）为大型船舶的槽型横舱壁，安装在凳式结构（或称壁墩）上。凳式结构是一种内部带有隔板的箱形结构，在舱壁上端称为顶凳，在舱壁的下端称为底凳。

7.3.2　轻型舱壁

轻舱壁是指只起分隔舱室作用而不承受载荷的舱壁。通常用作上层建筑内部舱室的隔壁，需具有一定的刚度。轻型舱壁的结构与平面舱壁相似，只是其构件尺寸较小而已。

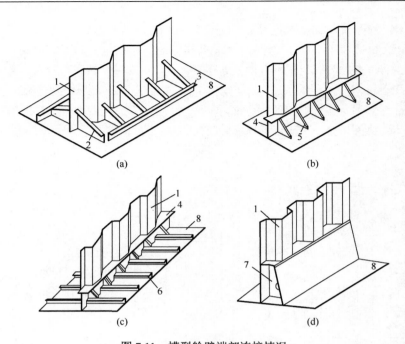

图 7.11　槽型舱壁端部连接情况

1-槽型舱壁板；2-肘板；3-横向加强筋；4-T 型材；5-防倾肘板；6-船底纵骨；7-凳式结构；8-船底板

　　轻舱壁分平面轻舱壁和压筋轻舱壁。平面轻舱壁由舱壁板和扶强材组成，其结构与主船体平面舱壁在结构上相似，只是所用钢板很薄，扶强材尺寸也较小；由于薄板在焊接时产生较大变形很难矫正，现在常用压筋板做成的压筋轻舱壁。压筋板是在平板上压出的筋（类似槽型舱壁），可以增强板壁的刚度，可以省掉扶强材，节省材料，减轻重量，也可以减少变形。压筋舱壁如图 7.12 所示。为了减轻结构重量，舰艇上采用 1.2～3.0mm 厚的硬铝板制成的铝质轻舱壁。

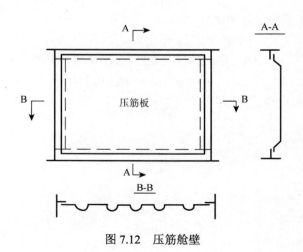

图 7.12　压筋舱壁

7.4 本 章 小 结

舱壁是船体内设置的沿船舶横向和纵向的隔板。舱壁的主要作用是能将船体内部空间分隔成供各种用途的舱室。本章介绍舱壁的种类及作用、规范对舱壁数量的规定及要求，以及平面舱壁和槽型舱壁的结构形式；详细叙述了平面舱壁的结构形式及骨架组成，简单介绍了槽型舱壁的特点、形状及与船底和甲板的连接形式。

习　　题

1. 选择题

（1）水密舱壁一般应从_____。
　　A. 底部通到下甲板　　　　　　　　B. 底部通至甲板室甲板
　　C. 底部通至上甲板　　　　　　　　D. 底部通至露天甲板

（2）船舶的防撞舱壁位于_____之间。
　　A. 首尖舱与货舱　　　　　　　　　B. 尾尖舱与货舱
　　C. 货舱与货舱　　　　　　　　　　D. 货舱与机舱

（3）船舶设置水密横舱壁的主要作用_____。
　　A. 便于装卸货
　　B. 保证抗沉性
　　C. 调整前后吃水
　　D. 增加船舷承受负载的能力

（4）钢质海船一般设置防火舱壁的部位有_____。
　　A. 机舱的舱壁
　　B. 客船起居处所的舱壁
　　C. 货舱与货舱之间的舱壁
　　D. A＋B

（5）万吨级船舶至少有四道以上的水密舱壁，其主要作用是_____。
　　A. 有利于分舱积载　　　　　　　　B. 防止火灾蔓延
　　C. 提高船舶稳性　　　　　　　　　D. 提高抗沉性

（6）制荡舱壁的主要作用是_____。
　　A. 减小液体摇荡时产生的冲击力
　　B. 控制液体纵向流动
　　C. 减小自由液面对船舶稳性的影响
　　D. A＋B

（7）舱壁桁材一般安装在_____。
　　A. 液体深舱　　　B. 散货舱　　　　　C. 杂货舱　　　　　D. 甲板室围壁外侧

（8）_____是用于分隔防火主竖区，在一定的温度和时间内能限制火灾蔓延的舱壁。

    A. 制荡舱壁   B. 防火舱壁

    C. 油密舱壁   D. 水密舱壁

（9）轻舱壁按结构分_____。

    A. 平面舱壁和槽型舱壁

    B. 横骨架式和纵骨架式

    C. 水密和非水密

    D. 平面轻舱壁和压筋围壁

（10）油船设置纵向隔舱壁的主要作用是_____。

    A. 减轻横摇

    B. 减少自由液面的影响及提高船舶的总纵强度

    C. 增大承受总纵弯曲的能力

    D. 增加储备浮力

2. 判断题

（对的打"√"，错的打"×"）

（1）水密舱壁的数目和间距与船舶的类型有关。   （   ）

（2）抗沉性要求高的船舶其水密舱壁数量多。   （   ）

（3）防撞舱壁上垂直扶强材间距不得大于 900mm。   （   ）

（4）设置轻舱壁可减小主船体的质量。   （   ）

（5）槽型横舱壁的槽形方向一般是竖向布置的，适用于油船或散货船。   （   ）

（6）水平扶强材一般只用在狭窄舱壁或纵舱壁上。   （   ）

（7）槽型舱壁比平舱壁结构质量小，节省钢材。   （   ）

（8）纵舱壁一般在油船和液体舱内设置。   （   ）

（9）首尖舱舱壁后的第一道水密舱壁称为防撞舱壁。   （   ）

（10）较长的纵舱壁可增强船体的总纵强度。   （   ）

3. 简答题

（1）舱壁按结构形式分为哪两种？各有什么特点？

（2）舱壁有什么作用？

（3）平面舱壁由哪些部分组成？其中舱壁骨架有哪些？

（4）槽型舱壁剖面形状有几种？槽型舱壁有何特点？

（5）轻型舱壁主要应用在船体什么结构上？

4. 读图题

写出习题图 7.1 序号所指构件名称。

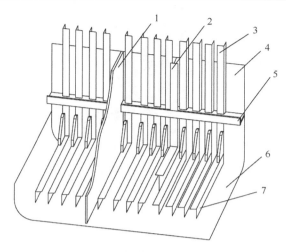

习题图 7.1　横骨架式舱壁结构

第8章 首尾结构

📖 **知识目标**

（1）掌握船舶首尾常见形状、受力特点、船首尾部结构加强措施。
（2）掌握船舶艏柱及艉柱形式及应用场合。
（3）了解首侧推器、尾轴架和轴包套结构。

📖 **能力目标**

（1）能根据船首尾形状确定适用的船舶类型。
（2）能确定船首尾端结构基本组成，所用构件名称及布置要求。
（3）能简单叙述首侧推器、尾轴架和轴包套结构，知道此类结构的应用场合。

本章将介绍船舶首尾端的形状和特点、首尾端受力及加强措施、首尾端的结构形式、艏艉柱形式及尾轴架和轴包套结构。

8.1　船首结构概述

船首结构是指从船艏柱到防撞舱壁间的结构，包括船底、舷侧、甲板等部分。

船首结构较复杂，骨架形式分为横骨架式和纵骨架式两种结构。民用船舶一般采用横骨架式船首结构。图8.1为某船的横骨架式船首结构，组成船首结构的船底部分、舷侧部分及甲板部分的结构形式都为横骨架式，中线面上有开孔的纵舱壁，当首尖舱装压载水时能起制荡作用，也称为制荡舱壁。沿着舷侧设置三道舷侧纵桁和强胸梁骨。首尖舱内防撞舱壁前设置锚链舱。

船首最前端有艏柱，船体两舷结构在此相会合。艏柱到防撞舱壁之间的舱室称为首尖舱。由于船首线型比较尖瘦，首尖舱内不宜装载货物，一般作为压载水舱，调节船体纵倾。首尖舱内设有锚链舱，用来存放锚链。首尖舱上面的空间，一般作为放置工具和设备的贮藏室。

艏柱是船首最前端的构件，船首的外板、甲板、平台和纵桁都结束于艏柱。艏柱主要承受偶然性的冲击载荷（如漂浮物的撞击和可能发生的碰撞等），因此要求艏柱有足够的刚度和强度。

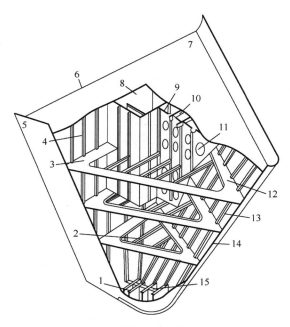

图 8.1 某船的横骨架式船首结构

1-升高肋板；2-强胸横梁；3-水平桁；4-垂直扶强材；5-舷侧外板；6-防撞舱壁；7-甲板；8-锚链舱；9-制荡舱壁；
10-横梁；11-减轻孔；12-舷侧纵桁；13-肋骨；14-艏柱；15-中内龙骨

8.1.1 船首形状

（1）直立型艏：船首轮廓线与基线相垂直或接近垂直的直线，首部甲板面积不大。这种首部不增加船的长度，便于在狭窄航道航行和作业，主要用于驳船、内河船和特种船舶，如图 8.2（a）所示。

（2）前倾型艏：船首为一倾斜直线或微带曲线前倾，其倾斜度一般与首垂线呈 20°～25°角，一般不大于 30°。在外形上看较大的甲板悬伸部，雄伟美观，有快速感。船首甲板面积较大，便于布置起锚机等系泊设备，并能减少波浪冲上甲板。在发生碰撞时船体水线以下的部分不易受损，其缺点是增加了船长，在港内调头不方便。军用船多采用直线前倾型，民用船上多采用微带曲线前倾型，如图 8.2（b）所示。

（3）飞剪型艏：艏柱在设计水线以下部分较直，设计水线以上呈凹形曲线，具有前倾型艏的特点，同时增加了船体水下部分长度和排水量，可以改善船舶的航行性能，提高航速，常用在远洋航行的大型客船和一些货船上，如图 8.2（c）所示。

（4）破冰型艏：艏柱在设计水线以上呈凹形曲线，首部不易上浪，且较大的甲板悬伸可以扩大甲板面积，有利于布置甲板上设备。设计水线以下的艏柱呈倾斜状，与基线约呈 30°角，以便冲上冰层。该艏型用于破冰船上，如图 8.2（d）所示。

（5）球鼻型艏：设计水线以下的首部前端有球鼻型的突出体（称为球鼻艏），突出体有多种形状，水线上部分是前倾型，如图 8.2（e）所示，球鼻艏的作用是减小兴波阻力，提高航速，同时对船体纵摇产生较大的阻尼作用，因而能改善船舶的纵摇性能，但它有时会妨碍抛锚和起锚，在靠、离码头时也不方便。在现代较大型船舶上普遍使用，有些远洋渔船也采用球鼻艏结构。

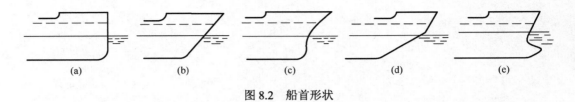

图 8.2　船首形状

8.1.2　船首受力特点

（1）船舶在波浪中航行时，发生首摇和垂荡，首部甲板上浪，船首的舷侧和底部也受波浪的冲击，波浪产生的动力载荷比静水压力大得多，作用部位约在 1/4L 内。

（2）船首还受首尖舱内压载水的静压力与摇摆时的冲击力。

（3）船首有较多发生碰撞的机会。

（4）航行于冰区的船舶首部受到冰块的撞击和挤压力。

船首与船的中部相比，所受的总纵弯曲力矩较小，局部外力是主要的。因此船首必须具有足够的强度和刚度，在结构上采取加强措施。民用船舶首尾部通常采用横骨架式结构。

8.2　船首结构及加强

8.2.1　首尖舱结构的加强

首尖舱加强的范围从艏柱至防撞舱壁。

在船的首部约 1/4L 内，波浪冲上甲板和对船底的砰击作用常造成船体严重损害，因此在结构上必须采取加强措施。

首部的加强区域可分为首尖舱区域、防撞舱壁后至首垂线距离 0.25L 的舷侧区域和底部区域三部分，如图 8.3 所示。

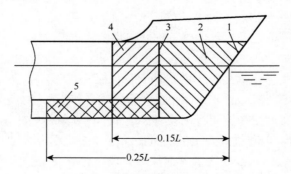

图 8.3　首部的加强区域

1-艏柱；2-首尖舱；3-防撞舱壁；4-舷侧区域；5-底部区域

1）肋板

底部每一肋位设置升高肋板，高度向船首逐渐升高，肋板高度与厚度比船中大，不得小于规范规定的尺度，与中内龙骨相交时，中内龙骨间断，肋板保持连续。

2）肋骨

首尖舱内的肋骨要求延伸至上甲板，肋骨间距不超过 600mm。

3）中内龙骨

在中纵剖面处设置与肋板等高、等厚和同样面板的中内龙骨。

4）平台甲板或强胸横梁

每隔一档肋位设置上下间距不大于 2.0m 的强胸横梁（强胸横梁是上面没有甲板覆盖，起支撑作用的结构），其剖面形状一般为 T 型材。其设置范围从肋板上缘到下层甲板，应至少达到满载水线 1.0m 高度处。

横骨架式船首结构沿每列强胸横梁必须设置舷侧纵桁，舷侧纵桁、水平桁与强胸横梁形成强框架结构，以保证首部抗波浪拍击的能力。

可用开孔平台代替强胸横梁和舷侧纵桁，开孔平台上下间距应不大于2.5m，开孔平台的开孔面积不小于平台总面积的 10%，以减轻平台的重量。当舱深超过 10.0m 时，在舱深中点处必须设置开孔平台。

通常首尖舱作为压载水舱，为了减少舱内压载水在船舶摇摆时产生振荡，一般在中纵剖面处装设开孔的挡水板。

图 8.4 为某船首结构中纵剖面图。

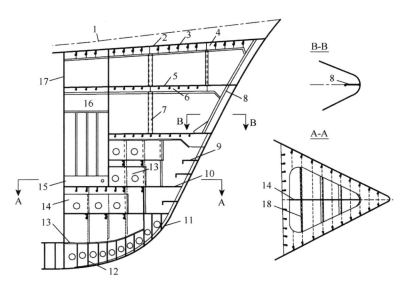

图 8.4 某船首结构中纵剖面图

1-舷墙；2-首楼甲板；3-甲板纵骨；4-强横梁；5-主甲板；6-强横梁；7-支柱；8-甲板间肋骨；9-舷侧纵桁；10-水平框架；11-艏柱；12-升高肋板；13-中内龙骨；14-制荡舱壁；15-污水井；16-锚链舱；17-防撞舱壁；18-强胸横梁

8.2.2　首尖舱后舷侧加强

首尖舱后舷侧加强范围为防撞舱壁后至距首垂线 0.15L 的区域。对于横骨架式的舷侧结构，当肋骨跨距小于 9m 时，首垂线距防撞舱壁后 0.15L 的区域，可不设间断的舷侧纵桁，该区域舷侧外板需要加厚 5%～15%。

防撞舱壁后区域，由于波浪的砰击，肋骨的尺寸应适当加大，或增设舷侧纵桁。底部肋板应向首逐渐增高到首尖舱肋板高度，面板不能再用折边来代替，必须用 T 型材，

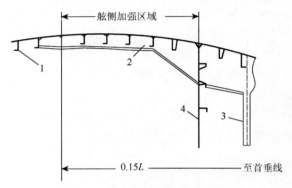

旁内龙骨应尽量向首延伸，若是双层底时，则每一肋位应设置实肋板，并增设半高旁桁材。

当肋骨跨距大于 9m 时，该区域必须设置延伸的间断舷侧纵桁，间断的舷侧纵桁设在首尖舱，在每道舷侧纵桁或开孔平台向后的延伸线上，间断舷侧纵桁高度与舱内肋骨相同，并在防撞舱壁处设置宽度等于首尖舱内舷侧纵桁的舱壁肘板，舱壁肘板延伸的长度不小于二档肋距，如图 8.5 所示。

图 8.5　防撞舱壁后的舷侧纵桁
1-主肋骨；2-舷侧纵桁；3-强胸横梁；4-防撞舱壁

8.2.3　船首底部的加强

加强范围为防撞舱壁后距首垂线 0.2L 的底部区域。

在首尖舱底部每一肋位上均设置升高肋板，其高度向船首逐渐升高。肋板面板的面积应增加，腹板应增厚，并设置间距不大于 3 个肋距的旁内龙骨，尽量向首尾延伸。

升高肋板之间设置间断的中内龙骨作为防撞舱壁后面船底中底桁的延伸。

对横骨架式双层底结构，应在每一肋位上设置不超过船中肋距的实肋板，并设置间距不大于 3 个肋距的旁底桁，其间加设半高旁底桁，如图 8.6 所示。

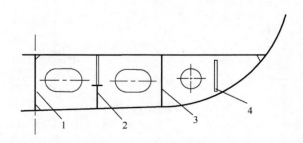

图 8.6　半高旁底桁结构图
1-中底桁；2-半高旁底桁；3-旁底桁；4-加强筋

　　对纵骨架式双层底结构，应在每隔一个肋位处设置实肋板，纵骨尺寸要相应地增加，并设间距不大于 3 个纵骨间距的旁底桁，旁底桁应尽量向首延伸。

8.3　船尾结构概述

　　船尾结构指的是从尾尖舱壁到尾端的船体结构，尾端结构包括尾尖舱和尾部悬伸端（即船尾突出部分），由船尾的甲板、舷侧结构和艉柱组成，有的船还有舵支架、尾轴架。尾部悬伸体的作用是扩大甲板面积，保护螺旋桨和舵，并改善航行性能。

　　在船尾上甲板下面的舱室内装有舵机设备，称为舵机舱。舵机舱下面的舱室是尾尖舱。尾尖舱比较狭小，一般作为尾压载水舱，调节船体的纵倾。舵机舱与尾尖舱之间的平台称为舵机平台。

　　尾端结构有横骨架式和纵骨架式两种形式，民船的尾部多用横骨架式结构，图 8.7 为巡洋舰型尾端加强结构。

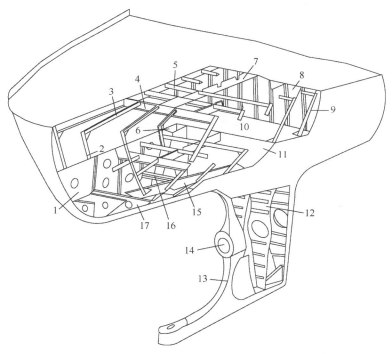

图 8.7　巡洋舰型尾端加强结构

1-制荡舱壁；2-斜肋骨；3-斜横梁；4-强横梁；5-横梁；6-舵杆管；7-甲板纵桁；8-横舱壁；9-肋骨；10-舵机舱平台；
11-尾尖舱壁；12-尾升高肋板；13-艉柱；14-轴毂；15-舷侧纵桁；16-强胸横梁；17-肋板

8.3.1　船尾形状

　　船尾形状有以下三种形状。

　　（1）椭圆型尾：船的尾部有短的尾伸部，折角线以上呈椭圆体向上扩展，端部露出水面较大，桨和舵易受破坏。现在仅在某些驳船上可以见到，如图 8.8（a）所示。

（2）巡洋舰型尾：具有光顺曲面的尾伸部，尾部大部分浸入水中，增加了水线长度，有利于减小船的阻力，有利于舵和螺旋桨的保护。巡洋舰型尾曾在巡洋舰和民用船上应用较广，如图 8.8（b）所示。

（3）方型尾：将巡洋舰尾的水上部分做成平面，在尾部设垂直或斜的尾封板，其他仍保留巡洋舰型尾的特点。尾部水流能较平坦地离开船体，使航行阻力减小，尾部甲板面积较大有利于舵机布置，并能防止高速航行时尾部浸水过多，且施工简单。方形尾大多用于航速较高的舰艇及许多货船上，如图 8.8（c）所示。

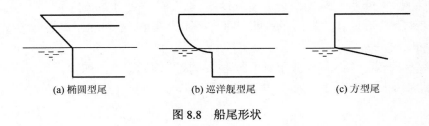

(a) 椭圆型尾　　　　　(b) 巡洋舰型尾　　　　　(c) 方型尾

图 8.8　船尾形状

8.3.2　尾端受力特点

（1）艉柱设在尾端下部，除船尾受静水压力外，它承受舵和螺旋桨的重量、螺旋桨工作时产生的振动、转舵时的力矩及螺旋桨运转时的水动压力。

（2）螺旋桨工作时产生周期性脉冲振动，机舱在船尾时，主机功率大的船常产生激振，严重时会造成局部结构的破坏。因此尾端结构应有较好的防振加强措施，要有足够的强度和刚度以保证舵和螺旋桨能正常可靠地工作。

8.4　尾端结构及加强

8.4.1　尾端结构形式

1）巡洋舰型尾端结构

巡洋舰型尾广泛地用于客船和货船，也常用于中低速军舰。图 8.7 为巡洋舰型尾端加强结构，其上甲板、舵机平台和舷侧及船底均为横骨架式，尾舷侧的最末端肋骨和上甲板横梁都呈扇形布置，在舵机平台以下的尾尖舱内设有一道开孔制荡舱壁和一道强胸横梁。

由于悬伸体较大，部分可能会受到较大的撞击力，对结构的强度要求高，尾端需要进行特殊的加强。每个肋位都要安装实肋板，在中线面上有甲板纵桁。为了使弧形外壳板与甲板有效地连接，在尾突出体后端，采用扇形的斜肋骨和斜横梁结构。斜横梁延伸到甲板强横梁并与之牢固地连接，且斜肋骨与斜横梁形成框架结构。由于尾端的振动比较大，为了增加刚度，甲板纵桁、底部纵桁应尽可能地向尾延伸并组成纵向的环形框架结构，巡洋舰型尾采用弧形的外壳板，因此其结构和工艺性都很复杂。

　　2）方型尾端结构

　　方型尾端结构较巡洋舰型尾结构简单，施工也方便。方型尾相当于将巡洋舰型尾的扇形部分切去，用一平直的尾封板代替，尾封板倾斜或垂直布置，其上装有垂直扶强材，方形尾不需要安装斜肋骨，下部安装升高肋板和中内龙骨加强，如图 8.9 所示。

　　方型尾看上去比巡洋舰型尾短，除了省掉扇形部分，其他结构不变。方型尾主要用于货船和高速军舰。

　　3）纵骨架式尾端结构

　　纵骨架式尾端结构通常只用于军用船舶，尾端与船中的骨架形式相同更有利于保证纵向强度。图 8.10 为护卫舰纵骨架式尾端结构，采用的是宽平断面的方型尾端结构。其纵骨和纵桁都延伸至尾端，甲板纵桁和底纵桁伸至尾端与竖桁组成了纵向环形框架结构，这对尾伸部的结构起了加强作用。尾端振动较大，为了增加刚度，下甲板以下的肋骨数目较甲板间肋骨增加了一倍。

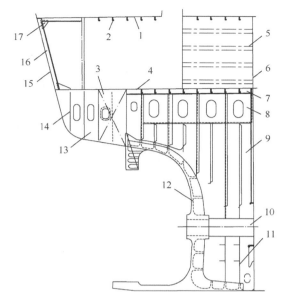

图 8.9　方型尾端结构

1-甲板；2-甲板纵骨；3-舵杆管；4-舵机舱平台；5-槽型舱壁；
6-尾尖舱壁；7-强横梁；8-制荡舱壁；9-尾尖舱；10-轴毂；
11-升高肋板；12-艉柱；13-中内龙骨；14-肋板；
15-尾封板；16-扇形肋骨；17-梁肘板

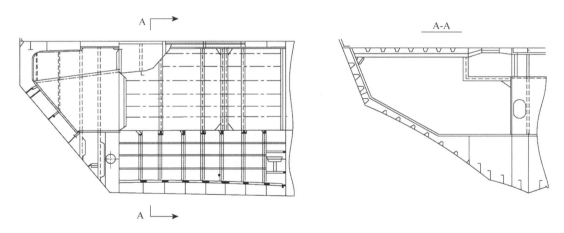

图 8.10　护卫舰纵骨架式尾端结构

8.4.2　尾端结构的加强

　　尾端的加强区域是从尾尖舱舱壁至船尾端，包括尾尖舱内和尾尖舱以上舷侧的加强，加强方法与船首相似。

1）尾尖舱区域的加强

（1）尾尖舱内的肋骨间距不大于 600mm。

（2）每档肋位设置升高肋板，肋板上缘应有面板或折边，单桨船的肋板应伸至尾轴管以上足够高度，在推进器柱、尾轴架、挂舵臂处的肋板一般应伸至舱顶并应加厚。

（3）当舷侧为横骨架式时，肋板以上应设置间距不大于 2.5m 的强胸横梁和舷侧纵桁或开孔平台。当舷侧为纵骨架式时，在舱顶应设置适当数量的强横梁。

（4）尾尖舱悬伸体的中线面上半部分应设置纵向制荡舱壁，当悬伸体特别宽大时，最好在中线面左右两侧各设一个制荡舱壁。

（5）尾尖舱内设间断的中内龙骨，或用数道水平加强筋加强升高肋板。

2）尾尖舱以上的舷侧加强

尾尖舱上面的甲板间舱舷侧为横骨架时，设置抗拍击舷侧纵桁或增加外板厚度，并应设置不大于 4 个肋骨间距的强肋骨。

尾尖舱内所有结构的角焊缝应采用双面连续焊缝。

8.5 艏艉柱结构

8.5.1 艏柱结构

船体两舷结构在船首最前端汇合处的结构称为艏柱，是位于船体最前端，汇拢首部两侧外板，保持船首形状的强力构件。

艏柱受力主要是偶然性的外力，如水面漂浮物和浮冰的撞击，以及船舶相靠时可能发生的碰撞，船首的外板、甲板、平台和舷侧纵桁都结束于艏柱，因此要求艏柱有足够的刚度和强度。

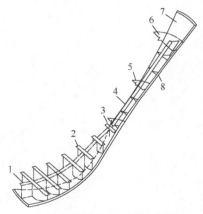

图 8.11 钢板焊接艏柱结构

1-中内龙骨；2-实肋板；3-舷侧纵桁；4-加强筋；5-上甲板；6-首楼甲板；7-艏柱板；8-肘板

艏柱下端与平板龙骨连接，上端延伸到上甲板以上，两边与船体外板相接，所以艏柱的形状随首部线型而变化，通常在水线附近艏柱截面较瘦，可减少航行时的阻力，从水线向上逐渐加宽，水线以下至平板龙骨处也要加宽，因此艏柱断面为变截面形状。

艏柱可用钢板焊接、铸造、锻造制成，也可以用分段组合结构制成，艏柱按其制作方式分为三种。

1）钢板艏柱

钢板艏柱是由艏柱板、加强材和肘板焊接而成的，具有弧形变化的截面，图 8.11 为钢板焊接艏柱结构。艏柱板由钢板加工成弧形，艏柱板的厚度为水线以上 0.5m 至顶端，要求不小于外板的厚度，水线附近及以下的厚度要增加。其内侧装有间距不大于 1.0m 的水平首肘板，并延伸至邻近的肋骨或舷侧纵桁以获得可靠的连接，曲率半径大的艏柱设置与首肘板等厚的竖向加强筋。

钢板焊接艏柱结构特点是制造方便、重量轻、成本低，受碰撞后易变形，但变形范围小，易修理，适用于中小型船舶。

2）铸钢和钢板混合式艏柱

铸钢艏柱为钢水浇铸而成的艏柱。其特点是刚度好，可制作较复杂的结构，但重量大、韧性差。因此适用于断面复杂且刚度要求较高的艏柱,在破冰船上通常采用这种艏柱，其他船上很少采用。

现代大中型船舶常采用铸钢和钢板混合式艏柱，即在夏季载重线之上 0.5m 处以下区域采用铸钢件，在该处以上区域用钢板焊接。图 8.12 为铸钢和钢板混合式艏柱，图中铸钢的一段，铸有横向和纵向的加强筋，加强筋可与船体的其他构件相焊接。铸钢艏柱的边缘有凹槽，便于外板嵌入焊接。

3）锻钢艏柱

锻钢艏柱是用钢锭锻造的艏柱。其特点是强度和冲击韧性好，适于截面形状简单，容易加工的构件。大型的锻件常因船厂设备条件的限制，不易加工制造，因此可采用锻钢和钢板混合的结构。

小船的艏柱可用厚的棒状型钢制造。

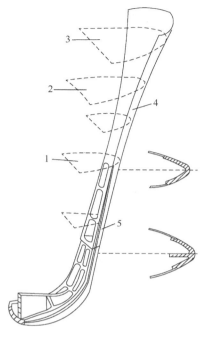

图 8.12 铸钢和钢板混合式艏柱

1-下甲板；2-上甲板；3-首楼甲板；
4-钢板艏柱；5-铸钢艏柱

8.5.2 首端侧推器管隧

首端侧推器管隧就是在船舶首部横向贯通的管隧，其内装有电动机驱动的侧向推进器。侧推器在船舶靠离码头时，作为辅助的推进器，可改善船舶的操纵性。一般用于某些渡船、拖船、客船、科学调查船及集装箱船。图 8.13 为首端侧推器管隧的结构图。管隧直接焊在肋板上，管隧的边缘四周用圆钢围绕，推进器装在中线面处。

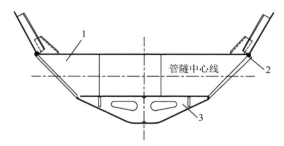

图 8.13 首端侧推器管隧的结构图

1-首端侧推器管隧；2-圆钢；3-肋板

8.5.3 艉柱结构

艉柱是设置在尾端中纵剖面上的大型构件，其作用是连接两侧外板和平板龙骨，加强尾部结构，并支持和保护螺旋桨与舵。艉柱主要承受舵和螺旋桨的重量及螺旋桨工作时产生的振动和转舵时的力矩。因此要求有足够的强度和刚度保证舵和螺旋桨能正常可靠地工作。

艉柱的形式视舵的类型及螺旋桨的数目而定，通常有以下几种常见的形式。

（1）装有不平衡舵单螺旋桨船的艉柱是由舵柱、螺旋桨柱和艉柱底骨组成的框架结构，螺旋桨柱上有轴毂，如图8.14（a）所示。由于不平衡舵已很少见，此种艉柱结构已较少采用。

（2）装有下支承式平衡舵单螺旋桨船的艉柱，由螺旋桨柱和艉柱底骨组成，无舵柱，如图8.14（b）所示，目前此种艉柱结构最常见。

（3）单螺旋桨悬挂舵船上采用的艉柱由螺旋桨柱和舵轴架组成，无向后伸出的底骨，结构简单，如图8.14（c）所示。

（4）双螺旋桨船艉柱即舵柱，是双螺旋桨有中间舵的船上采用的艉柱，和船身组成一体，如图8.14（d）所示。

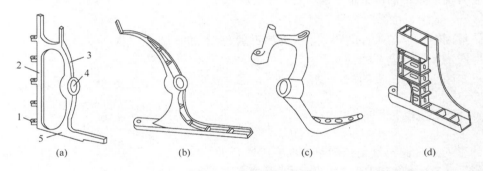

图8.14　艉柱的形式

1-舵承；2-舵柱；3-螺旋桨柱；4-轴毂；5-底骨

艉柱截面随尾部线型而变，螺旋桨柱和底骨截面的尺寸根据船长而定。螺旋桨柱内用间距不大于650mm的横向加强筋或肘板加强。艉柱底骨向首部方向延伸部分的长度至少有3个肋距并与平板龙骨连接。艉柱上端应与肋板或横舱壁连接。

艉柱按其制作方式又可分为锻钢艉柱、铸钢艉柱和钢板焊接艉柱。

（1）结构简单的艉柱可采用锻钢制造，只用在小型船舶上。锻钢艉柱虽然韧性和强度很好，但较复杂形状的艉柱在锻造时工作量太大，不被广泛采用。

（2）形状复杂的艉柱都采用铸钢艉柱，大型的艉柱可分段铸造，然后焊接起来，适用于大型船舶，如图8.15所示。

（3）钢板焊接艉柱如图8.16所示，由钢板或钢板与型钢组合而成的艉柱由下支承、圆钢、舵轴架、加强筋与肘板焊接而成。它与同样大小的铸钢艉柱相比，重量轻，损坏时易修理，但是强度较差。

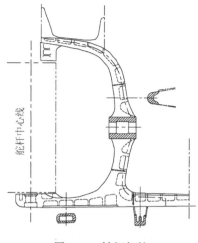

图 8.15 铸钢艉柱

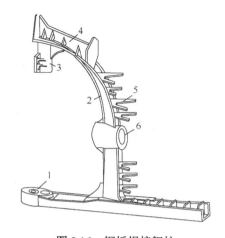

图 8.16 钢板焊接艉柱

1-下支承；2-圆钢；3-舵轴架；4-加强筋；5-肘板；6-轴毂

8.6 尾轴架和轴包套

双螺旋桨船上的推进器为左右舷对称布置，由于船尾下部比较瘦，推进器轴在未到尾端时就伸出船体外面。为了使螺旋桨获得有效支持，可靠地工作，并减少螺旋桨工作时产生的振动，伸出船体外面的推进器轴必须有尾轴架或轴包套支撑，图 8.17（a）为尾轴架结构示意图，图 8.17（b）为轴包套结构示意图。尾轴架和轴包套形状需配合尾部线型，以减小水阻力，并且应能承受局部的振动力，当一个叶片折断时尾轴架也能承受最大转速产生的不平衡力。

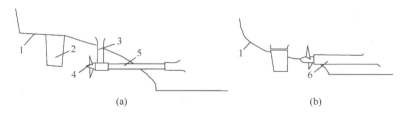

(a)   (b)

图 8.17 尾轴架和轴包套结构示意图

1-船尾端外板；2-舵；3-尾轴架；4-螺旋桨；5-螺旋桨轴；6-轴包套

8.6.1 尾轴架

尾轴架常用于中小型的船舶和舰艇上，根据尾轴在船体外伸出的长度和支承要求，由 1～2 个尾轴架支撑。

尾轴架的优点是结构重量轻，价格便宜；缺点是暴露在外面的尾轴易受碰撞和腐蚀。尾轴架有单臂和双臂之分。

尾轴架可采用铸钢、钢板焊接或锻件焊接制成。

1）单臂尾轴架

单臂尾轴架指只有一个支臂的尾轴架。

单臂尾轴架结构简单、水阻力小，其刚度较差，容易产生局部振动，但重量轻，损坏时易修理更换，常用于多螺旋桨的小型舰艇上。图 8.18 是钢板焊接的单臂尾轴架，支臂焊在外板的加强腹板上。

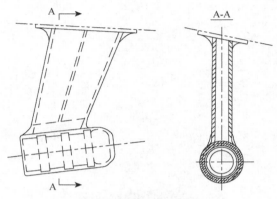

图 8.18　单臂尾轴架

2）双臂尾轴架

双臂尾轴架指有两个支臂的尾轴架，俗称人字架。其结构刚度比单臂尾轴架好。人字架两个支臂的夹角为 60°～90°，角度接近 90°时尾轴架的支撑刚度最好。支臂伸入船体内与刚度骨架连接。为了减小水的阻力，支臂的截面应做成流线型。支臂伸入外板的地方应局部加厚或加焊腹板。

图 8.19 是沿海小型客货船的铸钢人字架结构，两个支臂的夹角呈 90°，左右两个人字架的水平支臂通过船体连在一起。伸入船内的支臂与肋板、舱壁、平台等刚度结构牢固地连接，使人字架的刚度大为增强。

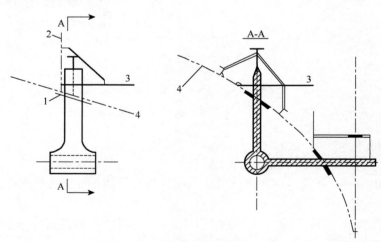

图 8.19　沿海小型客货船的铸钢人字架结构

1-腹板；2-舱壁；3-平台；4-外板

　　军舰的船体线型较瘦,尾部抬离基平面,两个支臂的夹角很难做成 90°。图 8.20 为护卫舰上的铸钢人字架结构,两个支臂的夹角约为 60°。伸入船体内的矩形壁用铆钉与船体内的刚度构件连接。

8.6.2　轴包套

　　轴包套常用在线型较肥、航速较低的大型船舶上,尾轴伸出部分全部包在鼓出的包套内。轴包套的优点是尾轴与轴承保养和检修方便,能提高螺旋桨的工作效率,还可起到减摇的作用;缺点是操纵和回转性差,结构复杂,施工麻烦,适用于吨位较大、线型较肥、航速不太高的双螺旋桨船。

　　轴包套使尾轴伸出部分的外包板向外凸出,肋骨鼓出成眼镜形骨架,将螺旋桨轴包在里面,如图 8.21 所示。图 8.22 是将轴架与船体尾端骨架连在一起的眼镜形铸造骨架,这种结构的刚度好,能承受重量大的螺旋桨和尾轴。

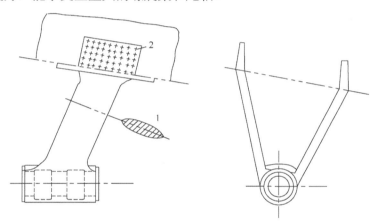

图 8.20　护卫舰上的铸钢人字架结构

1-支臂截面;2-铆钉

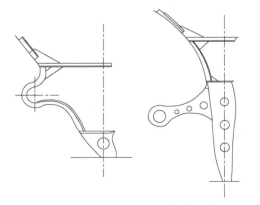

图 8.21　尾轴鼓出处的肋骨剖面

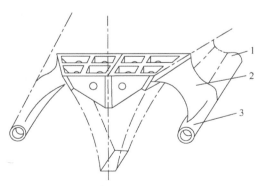

图 8.22　眼镜形铸造骨架

1-轴包板;2-支臂;3-轴毂

8.7 本 章 小 结

船首位于船舶的最前端，线型变化复杂，主要受局部外力作用，因此结构与船体中部有很大不同。本章主要介绍了常见的船舶首尾端形状，重点叙述了首尾端结构特点及加强的方法、常见的艏艉柱形式及双桨船上的尾轴架和轴包套结构。

习   题

1. 单项选择题

（1）船首受力主要有_____。
    A. 振动力   B. 波浪冲击力   C. 总纵弯曲力   D. 横向水压力

（2）船舶首部结构通常是指距首垂线_____船长处至船首前端的结构。
    A. 5%   B. 15%   C. 25%   D. 35%

（3）为了保证船舶首部强度，首尖舱区域内多采取_____。
    A. 横骨架式结构   B. 纵骨架式结构
    C. 混合骨架式结构   D. A 或 B

（4）首尖舱内肋骨间距不大于_____。
    A. 550mm   B. 600mm   C. 650mm   D. 700mm

（5）船体首部设置球鼻艏的主要作用是_____。
    A. 减少兴波阻力   B. 增加首部强度   C. 降低重心   D. 造型美观

（6）强胸横梁是指_____。
    A. 加强舱口强度的横梁   B. 位于货舱内尺寸较大的横梁
    C. 位于首尾间舱内的空间撑杆   D. 强横梁

（7）为减小首尖舱内压载水的晃动，设置_____。
    A. 水密纵舱壁   B. 开孔平台   C. 强胸横梁   D. 中纵制荡舱壁

（8）现代各类船舶上应用较多的船尾形状是_____。
    A. 椭圆形尾   B. 巡洋舰型尾   C. 方型尾   D. 球型尾

（9）艉柱是船体结构最后端连接外板的强力构件，其作用是_____。
    A. 支持与保护舵和螺旋桨   B. 改善航行性能
    C. 增强尾端结构   D. A + C

（10）船舶尾部结构区域内要承受的力有_____。
    A. 水压力   B. 桨叶转动的振动力
    C. 舵的水动力   D. A + B + C

（11）轴包架通常安装在_____上，以便支撑和保护螺旋桨。
    A. 油船   B. 滚装船   C. 单桨船   D. 双桨船

（12）尾尖舱肋骨间距应不大于_____mm。

　　　A. 300　　　　　　　B. 600　　　　　　C. 800　　　　　　　D. 900

（13）扇形斜肋骨和斜横梁用于＿＿＿＿＿。

　　　A. 巡洋舰型尾端　　　　　　　　　B. 方型尾端

　　　C. 横骨架式船首　　　　　　　　　D. 纵骨架式尾端

（14）艏柱和艉柱必须加强的原因是＿＿＿＿＿。

　　　A. 离船中最远，受力大

　　　B. 首部受风浪冲击、破冰和碰撞的冲击力

　　　C. 尾部受螺旋桨振动及舵的侧压力

　　　D. B + C

2. 判断题

（对的打"√"，错的打"×"）

（1）横骨架式船首结构的特点是横向强度好，是民用船舶上常用的形式。　（　　）

（2）首尖舱主要做压载水舱。　（　　）

（3）球鼻艏的优点是可减小兴波阻力。　（　　）

（4）沿海小型杂货船多采用球鼻型艏。　（　　）

（5）纵骨架式尾端结构通常只用于内河船舶。　（　　）

（6）钢板艏柱制造方便、质量小、成本低，受碰撞易变形。　（　　）

（7）方型艉主要用于货船和高速军舰。　（　　）

（8）巡洋舰型尾仅用于巡洋舰上。　（　　）

（9）侧推器作为辅助推进器，可改变船舶的操纵性。　（　　）

（10）尾轴架和轴包套主要用于双桨和多桨船支承推进器轴。　（　　）

3. 填空题

（1）船首结构主要是指＿＿＿＿＿的结构，它包括船底、舷侧、甲板等部分。

（2）首尖舱是指艏柱和＿＿＿＿＿之间的舱室。

（3）船舶艏部形状主要有直立型艏、＿＿＿＿＿、飞剪型艏、破冰型艏和＿＿＿＿＿。

（4）军舰船上常用的船首骨架形式是＿＿＿＿＿。

（5）首尖舱内的肋骨要求延伸至＿＿＿＿＿；肋骨间距不超过＿＿＿＿＿mm。

（6）艏柱按其制作方式分为＿＿＿＿＿、铸钢、＿＿＿＿＿艏柱和锻钢艏柱三种。

（7）大型远洋客货船常用的船首形状是＿＿＿＿＿。

（8）现代各类船舶上应用较多的船尾形状是＿＿＿＿＿。

（9）尾部悬伸体的作用是扩大甲板面积，保护＿＿＿＿＿，并改善航行性能。

4. 简答题

（1）船舶首尾分别有哪几种形状？试画出图形表示。

（2）指出船首加强区域并说明首尖舱区域加强措施。

（3）尾尖舱区域加强措施有哪些？

（4）球鼻艏的主要作用是什么？球鼻艏结构的主要特点有哪些？

（5）艏柱有哪几种结构形式？

（6）艉柱有哪几种结构形式？

（7）为什么要用轴包套或艉轴架？

第9章 上层建筑和机舱棚结构

📖 **知识目标**

（1）掌握上层建筑的作用、形式、受力特点及其结构特点。
（2）了解机舱棚结构的组成及结构特点。
（3）了解桅杆及起重桅柱的结构特点及加强措施。

📖 **能力目标**

（1）能采取正确的措施对船楼及甲板室进行结构加强。
（2）能采取正确的措施减缓上层建筑端部的应力集中。
（3）知道不同类型桅杆的加强措施。

上层建筑位于上甲板的上方，其各部分结构组成与主船体相应部位相似。本章将介绍上层建筑的名称、作用和受力，船楼结构、甲板室结构及其加强，并介绍机舱棚结构，最后简略介绍桅柱及其下部的加强结构。

9.1　概　　述

9.1.1　上层建筑的形式

位于上层连续甲板以上的各种围蔽建筑物统称为上层建筑。上层建筑有两种形式：船楼和甲板室，有时上层建筑专指船楼。

船楼是指两侧伸至船的两舷或距舷边的距离小于船宽的 4% 的上层建筑。根据上层建筑所在的位置分为首楼、桥楼和尾楼，如图 9.1（a）所示。

上层连续甲板以上，不延伸到两侧舷的围蔽建筑称为甲板室，甲板室的宽度较该处的船宽小，其侧壁位于舷内甲板上的围壁建筑物。甲板室侧壁与船舷之间的空间为走道。甲板室根据所在的位置分为中甲板室和尾甲板室，如图 9.1（b）所示，首甲板室极少采用。

除了油船设有桥楼，货船的船楼大多采用首楼和尾楼，首楼只有一层空间，其上的甲板称为首楼甲板。尾楼部分是船员生活及日常活动的场所，它由若干层甲板分隔而成。按自下向上的顺序通常有如下几层：最下层是尾楼甲板，其中，居住舱所在的甲板称为起居甲板，救生艇所在的甲板称为艇甲板，驾驶台所在的甲板称为驾驶甲板，标准罗经所在的甲板称为罗经甲板，若是平台，则称为罗经平台，它是船楼中的最高一层。

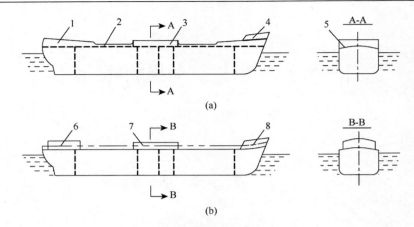

图 9.1　船楼和甲板室

1-尾楼；2-上甲板；3-桥楼；4-首楼；5-桥楼甲板；6-尾甲板室；7-中甲板室；8-甲板室甲板

货舱之间设置的甲板室称为桅室（或桅屋），它的上面通常布置起货机，称为起货机平台。

9.1.2　上层建筑的作用

（1）扩大舱室容积：上层建筑内除了可设客舱及船员的生活舱室，有的地方如首楼的甲板间还可以作为部分货舱使用，或存放缆绳、灯具和油漆等。

（2）提高驾驶室高度：驾驶室在船中部和尾部上层建筑的顶部，可设置驾驶室以扩大驾驶视野，保证船舶的航行安全。

（3）改善船舶航行性能：上层建筑能增加船舶的储备浮力，提高船舶的抗沉性，首楼可减少上浪，增加干舷的高度。

（4）保护机舱：上层建筑设置于机舱上方，可围蔽机舱开口，保护机舱。

（5）提高船体总纵强度：当上层建筑足够长时，可全部或部分地参与主船体的总纵弯曲，提高船体的总纵强度。

9.1.3　上层建筑的受力

上层建筑主要承受如下几种力的作用。

（1）波浪冲击力。船舶航行遭遇恶劣海况时，上层建筑可能受到波浪的冲击力，特别是首部前围壁受到的冲击力最大。尤其当船舶迎着风浪航行时，中部上层建筑前端壁受力最大。

（2）总纵弯曲力。中部较长的上层建筑，特别是长桥楼，将随船舶主体一起弯曲，承受很大的总纵弯曲应力。中部甲板室长度如果很大，且又支撑在主体的三道舱壁或有支柱支持的强横梁上，也会随着主体一起弯曲，承受总纵弯曲应力。长首楼向船中延伸较长时，也承受一定的总纵弯曲应力。

就上层建筑参与主体总纵弯曲的程度而言，长上层建筑的弯曲变形比短上层建筑大，在船中的上层建筑比在首尾端的变形大。

（3）重力。承受位于其上的各层建筑的结构重量及各种机械、设备的局部载荷，如救生艇甲板上的救生艇吊架等重量。

（4）应力集中现象。船舶主体沿船长方向是连续的，而上层建筑却是间断的，船体在上层建筑端部附近，结构发生突变，当船舶总纵弯曲时，在船中的上层建筑端部将会产生严重的应力集中现象。因此对上层建筑的端部应采取一定的加强措施。

（5）船舶摇摆产生的惯性力。

以上各种力中，总纵弯曲和应力集中对上层建筑的影响最大。

9.2　上层建筑结构

上层建筑由侧壁、前端壁、后端壁、内部围壁和甲板组成。它们的结构与主船体的相应结构很相似，也是由围壁板、甲板板及肋骨（仅装在船楼的侧壁）、横梁或甲板纵骨、甲板纵桁和围壁扶强材等构件组成，不过除强力上层建筑外一般板厚和骨架尺寸都比较小，如图 9.2 所示。

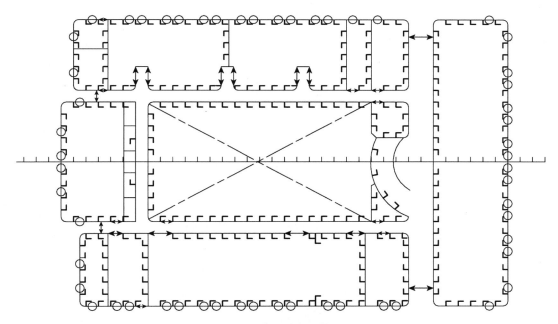

图 9.2　上层建筑或甲板室的围壁结构

船楼的舷侧和甲板骨架与主船体的骨架间距一致，端壁的骨架间距则根据门窗开口位置和宽度决定，通常在 750mm 左右。

对上层建筑结构的布置有以下几点要求。

（1）甲板室侧壁扶强材和横梁间距尽可能地与主船体一致，也可根据门窗位置安排，但要予以加强。

（2）支柱应尽量地布置在舱壁分隔处，上下要在一条线上，有利于力的传递。

（3）甲板纵桁终端处甲板不宜有开口，若必须开口，应给予加强。

（4）部分甲板下的构件应考虑舾装设备的重量，应予以加强，如救生艇架和锚机设备下的甲板结构应加强。

（5）对应力集中较大的部位，应予以加强。其加强方法，一是增加此处结构的尺寸，二是用较高级的钢材。

9.3　船楼种类及加强

9.3.1　船楼的种类

船楼根据其参与总纵弯曲的程度，分为强力上层建筑和轻型上层建筑。

规范规定，长度大于 0.15L（船长）且不小于其高度 6 倍的上层建筑称为长上层建筑；长度大于 0.15L 且不小于其高度 6 倍的甲板室称为长甲板室。长上层建筑或长甲板室结构上因其参与总纵弯曲而视为强力上层建筑或强力甲板室，对其结构的要求也更高些。

轻型上层建筑不参加抵抗总纵弯曲，则结构要求不高。

9.3.2　船楼的加强

船楼因长度和所处的位置不同，对强度的要求也不同。由于长桥楼或长甲板室承受的总纵弯曲应力较大，因此其构件的尺寸也较大；长度小和位于首尾端的上层建筑，强度要求低。

在船首 0.05L 区域内的横梁和肋骨的间距应不大于 600mm，在 0.05L～0.2L 船首区域内不大于 700mm。在船中 0.5L 区域内设置长桥楼时，其甲板板厚度和骨架尺寸应增大，且应考虑总纵弯曲的影响。为了保持结构的连续性，船楼的舷侧和甲板骨架应尽量地与主体相应骨架的间距一致；端壁的骨架间距随门窗开口的宽度而定，一般为750mm 左右，前端壁扶强材两端应设肘板。船楼的侧壁或甲板上设有大开口时应予以加强。

9.3.3　船楼局部加强

上层建筑的端部受力较复杂，有较大的应力集中现象，在端部一定范围内，船体外板、甲板及骨架均应予以加强，如图 9.3 所示。

船楼端部的下方应设置支柱、隔壁、舱壁或其他强力构件以支持上层建筑。

船楼的端部应装置弧形板自船楼的舷侧板逐渐向主体的舷顶列板过渡，并用加强肘板支持，以缓和应力集中的程度。

弧形延伸板的长度不小于船楼高度 h 的 1.5 倍，厚度应增加 25%；同时，在伸出弧形延伸板两端各两个肋距的范围内，舷顶列板和甲板边板的厚度也需相应地增加 20%。

上甲板边板和舷顶列板处厚度也要增加，加强区域从船楼端壁向内、向外延伸至少 2 个肋距。当上层建筑位于船中部 0.5L 区域内时，甲板边板增厚 20%，舷顶列板增厚 20%；当上层建筑端壁位于距首尾垂线 0.2L 区域内时，甲板边板和舷顶列板可不用增加。图 9.3 为船楼端部甲板边板和舷顶列板厚度增加值的示意图。

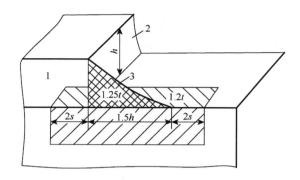

图 9.3　船楼端部甲板边板和舷顶列板厚度增加值的示意图
1-船楼；2-船楼端壁；3-弧形延伸板；s-肋距；h-船楼高度；t-板厚

9.4　甲板室结构及端部加强

9.4.1　甲板室的种类

甲板室设于船舶的上甲板或船楼甲板上。

根据甲板室参与总纵弯曲的程度可分为强力甲板室和轻型甲板室。强力甲板室是指在船中 0.5L 区域内，长度大于船长 15%及其本身高度的 6 倍，且又支持在主体的三道横舱壁或强肋骨框架之上的长甲板室。其他则为轻型甲板室。

9.4.2　甲板室结构

甲板室是由纵向围壁、前端壁、后端壁和甲板组成的，其结构也和主船体相应的板架结构类似。图 9.4 为甲板室部分结构。

第一层甲板室甲板板和围壁板的厚度一般不小于 6mm。围壁下的列板容易受潮腐蚀，应较其他围壁板稍厚些。第二层及其以上各层甲板室甲板板和围壁板的厚度可依次减薄。

甲板室前端壁扶强材的末端应与甲板牢固连接。靠近船首的甲板室前端壁受到波浪冲击的机会较多，故它的扶强材应较其他围壁的扶强材更强些。同样，尾端无蔽护的甲板室后壁扶强材也应适当增强。

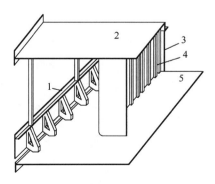

图 9.4　甲板室部分结构
1-舷墙；2-甲板室甲板；3-甲板室围壁；
4-扶强材；5-上甲板

当在船中 0.5L 区域内设置长甲板室时，甲板板厚度和骨架尺寸应增大，并考虑总纵弯曲的影响。

9.4.3　甲板室局部加强

最下层长甲板室端壁和侧壁一般应以间距不大于 9m 的局部舱壁或垂直桁材加强，并尽可能地与位于甲板室下面甲板间舱内的强力构件保持在同一垂直平面内。

当尾楼或桥楼上方有较长的甲板室时，在尾楼或桥楼内应设置间距约为 9m 的强肋骨或局部舱壁以支持甲板室的侧壁和端壁，并尽可能地与位于其下面的水密舱壁或其他强力构件在同一垂直平面内。

长甲板室侧壁上的开口应有足够的加强和圆角。门等开口的上下方应有足够高度的连续围壁板。在船中 0.5L 区域内的甲板室端部区应尽量地减小侧壁开口的尺寸和数量。

甲板室端部的下面应设支柱、隔板、舱壁或其他强力构件给予支持。甲板室侧壁与端壁的连接应做成圆角，其圆弧半径应尽量取大些，以缓和端部应力集中的程度。甲板室围壁角隅可采用图 9.5 所示两种铆钉连接形式。

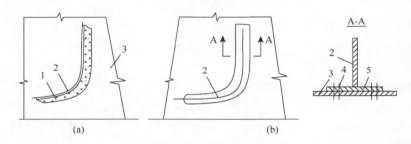

图 9.5　甲板室围壁角隅的连接
1-角钢铆接；2-甲板室围壁；3-甲板；4-铆钉；5-板条

9.4.4　伸缩接头

绝大多数的船上，甲板室应尽量地避免参与主体的总纵弯曲，为此，应尽量地缩短甲板室的长度，以达到减轻结构重量的目的。

对于较长的甲板室，为了减小长甲板室参与船体的总纵弯曲，可将长甲板室分成若干段，各段之间采用伸缩接头连接，使每段的长度都不超过甲板室高度的 6 倍。

常用的伸缩接头有滑动伸缩接头和弹性伸缩接头两种形式，图 9.6 为滑动伸缩接头形式，通过长圆形铆钉使被连接的两块围壁板在船体总纵弯曲时能够自由滑移，使甲板室前后两段做较大的相对移动，因而避免参与主体的总纵弯曲。

图 9.7 为弹性伸缩接头形式，将甲板室的甲板和侧壁板在接头处做成 U 形，当甲板室下缘与主体一起弯曲时，由于接头的变形，起到了缓冲的作用，而使甲板室中的应力降低。伸缩接头的位置应与甲板室大开口的横端错开，其间距不得小于 4 个肋距。

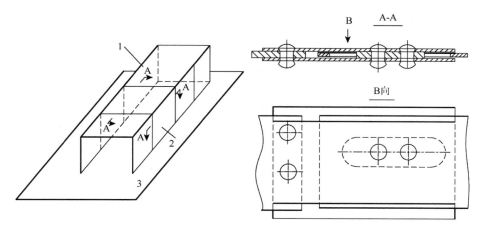

图 9.6　滑动伸缩接头形式

1-甲板室；2-滑动伸缩接头；3-主体甲板

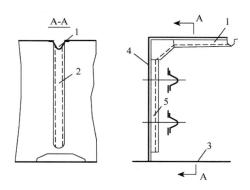

图 9.7　弹性伸缩接头形式

1-甲板接头槽；2-围壁接头槽；3-主体甲板；4-甲板室侧壁；5-弹性伸缩接头

　　有些舰船上还采用铝合金来制造轻型甲板室，以减轻船舶重量，降低船舶重心，此外还可减小甲板室的总纵弯曲应力。因为铝合金的密度仅为钢材的 1/3 左右，弹性模数也为钢材的 1/3 左右，在相同的应变条件下，铝合金甲板室的应力只有钢质甲板室的 1/3。铝合金甲板室目前在国内的民用船上还很少采用。

9.5　机舱棚结构

9.5.1　机舱棚的作用

　　机舱棚位于机舱口的上方，机舱口四周有围壁直通至上部的露天甲板，其上设置机舱棚顶盖，如图 9.8 所示。机舱棚顶应高出露天甲板以防风暴天气时波浪海水的浸入。

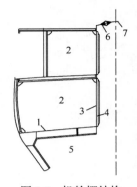

图 9.8 机舱棚结构

1-主甲板；2-舱室；
3-机舱棚围壁；4-扶强材；
5-机舱；6-天窗；7-机舱棚顶

机舱棚的作用包括：方便主机、锅炉和其他设备吊进吊出；把机舱围蔽起来，保证机舱的安全；减少机舱的噪声、热气对舱外的影响；有利于机舱的采光和通风等。

9.5.2 机舱棚围壁结构

机舱棚围壁结构由围壁板和围壁上的扶强材组成。

机舱棚围壁在干舷甲板以下的部分必须保证水密，该部分应尽可能地设置于上层建筑内。露天甲板上开口四周的围板高度至少为 600mm，在多层上层建筑的情况下则可减小些。这些围板的结构要求坚固可靠。露天机舱棚的高度应不小于 900mm。

在上下甲板间的机舱棚围壁可以连续，或被甲板切断，或呈下层甲板比上层甲板开口大的阶梯形状。为了减少应力集中，机舱棚围壁的角隅应做成圆角，如图 9.9 所示。

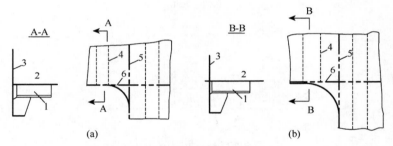

图 9.9 机舱棚围壁角隅的连接

1-横梁；2-甲板；3-围壁；4-垂直扶强材；5-垂直桁；6-水平桁

非露天机舱棚围壁板最小厚度，在货舱区域应不小于 6.5mm；在居住舱区域应不小于 5mm；露天机舱棚围壁的厚度按甲板室围壁板的要求进行设置。

机舱棚围壁扶强材在纵向围壁上的间距常与肋距一致，而在横向围壁上的间距则视布置情况而定，当甲板结构为纵骨架式时，扶强材可按纵骨位置对应排列。扶强材应设于围壁内侧，末端削斜。

当机舱棚围壁支持其上面的甲板时，围壁上的门、窗等开口应有效地加强。

9.5.3 机舱棚顶结构

根据天窗的采光要求，机舱棚顶有水平和倾斜两种形式。图 9.10 为机舱棚顶结构，棚顶用螺栓连接在围板上，需要拆装机器时，可卸下螺栓，将顶棚吊离。

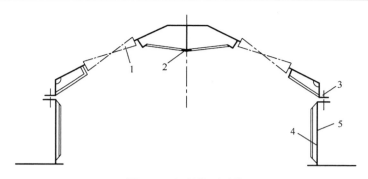

图 9.10　机舱棚顶结构

1-天窗；2-纵桁；3-螺栓；4-扶强材；5-围板

9.6　桅柱及其下部的加强结构

军舰和民船上都有桅柱，军舰上的桅柱主要用于安装观察通信设备，民船上的桅柱主要用于起吊货物，装设信号灯、天线和悬挂号旗。

桅柱的形式有多种，民船上常用的有单桅柱、人字桅柱和 V 形桅柱。军舰上的桅柱常用三角桅柱和塔式桅柱。

桅柱承受桅上的装置和本身重量及风力和船舶摇摆时产生的惯性力作用。桅柱相当于悬臂梁，它受到轴向力和弯曲力矩作用，用于起吊重货的桅柱承受的轴向力和弯曲力矩很大，要求桅柱本身要具有足够的强度和刚度。桅柱的支座和支座下的船体结构也必须进行加强。

起货用的单桅柱通常采用钢板卷成的圆筒形的结构，圆筒形桅柱的直径靠近甲板支座处最粗，上端的直径可以逐渐减小。圆筒钢板桅柱是分段焊接而成的，下端的钢板较厚，上端的钢板较薄，这样可在减轻桅柱结构重量的情况下满足受力的要求。

桅柱下端通常穿过上层建筑和起货机平台，通至上甲板或下甲板，下面应有舱壁或支柱等刚度构架支撑加强。桅柱穿过的甲板和平台开孔周围应局部加厚和加焊腹板。

桅柱下部与船体要牢固地连接在一起，图 9.11 是单桅柱下端的加强结构。桅柱穿过起货机平台安装在上甲板上，桅柱下面是一个横舱壁，桅柱上的轴向载荷通过横舱壁传至下甲板和船底。起货机平台下的桅房内和下甲板上装有局部纵舱壁和纵向加强板，纵舱壁和纵向加强板上设置垂直扶强材，加强纵舱壁和纵向加强板的强度与刚度。纵舱壁和纵向加强板与横舱壁形成交叉的加强结构，能提高桅柱的防倾能力，使桅柱在起吊重货时不会倾倒和损坏。

图 9.12 是军舰上的塔式桅柱的纵向剖面，桅柱是一个椭圆形的密闭结构，它与上层建筑连接在一起，大大增加了结构强度和刚度，可承受其上重量较大的各种装置的重量。椭圆筒可作为人员上下的通道，还能起防护作用。

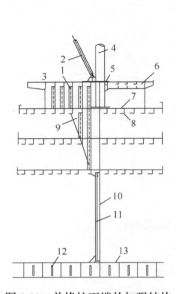

图 9.11　单桅柱下端的加强结构

1-垂直扶强材；2-起重吊；3-起货机平台；4-桅柱；5-腹板；
6-纵桁；7-上甲板；8-横梁；9-加强板；10-横舱壁；
11-竖直扶强材；12-加强筋；13-内底板

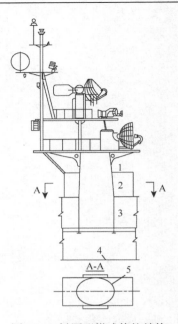

图 9.12　椭圆形塔式桅柱结构

1-上层建筑；2-值更室；3-雷达干扰室；
4-上甲板；5-椭圆桅柱

9.7　本 章 小 结

本章介绍了上层建筑的作用、基本形式及加强的方法，简单介绍了机舱棚及桅柱的作用、结构形式及加强方法。

习　题

1. 单项选择题

（1）长上层建筑或长甲板室结构上参与船舶的_____。

　　A. 总纵弯曲　　　　B. 局部变形　　　　C. 扭转变形　　　　D. 横向变形

（2）强力上层建筑是长度大于_____（L 为船长），且不小于其高度 6 倍的上层建筑。

　　A. 0.1L　　　　　　B. 0.15L　　　　　C. 0.2L　　　　　　D. 0.25L

（3）在首部 0.05L 区域内船楼的横梁和肋骨的间距应不大于_____。

　　A. 450mm　　　　B. 600mm　　　　C. 700mm　　　　D. 800mm

（4）不参与船体总纵弯曲的上层建筑称为_____。

　　A. 长桥楼　　　　B. 轻型上层建筑　　C. 甲板室　　　　D. 短桥楼

（5）在船首 0.05L～0.2L 区域内肋距不大于_____。

　　A. 450mm　　　　B. 600mm　　　　C. 700mm　　　　D. 800mm

（6）露天机舱棚的高度至少为_____。

    A. 450mm　　　　　B. 600mm　　　　　C. 760mm　　　　　D. 900mm

2. 判断题

（对的打"√"，错的打"×"）

（1）甲板室应尽量地避免参与主船体的总纵弯曲。　　　　　　　　　（　　）

（2）船楼是指两侧伸至船的两舷或距舷边的距离小于船宽的 4%的上层建筑。

                                                            （　　）

（3）船楼端部的下方应设置支柱、隔壁、舱壁或其他强力构件以支持上层建筑。

                                                            （　　）

（4）非露天机舱棚围壁板最小厚度，在货舱区域内应不小于 6.5mm。　（　　）

（5）伸缩接头的位置应与甲板室大开口的横端错开。　　　　　　　　（　　）

（6）军舰上常用的三角桅柱和塔式桅柱，用于安装观察通信设备。　　（　　）

3. 填空题

（1）上层建筑是指上甲板以上的_____。

（2）上层建筑的受力有_____力、总纵弯曲力。

（3）船楼根据其参与总纵弯曲的程度，分为_____上层建筑和轻型上层建筑。

（4）船楼根据所在位置分为首楼、桥楼和_____。

（5）首楼只有一层空间，其上的甲板称为_____。

（6）尾楼由若干层甲板分隔而成，按自下而上的顺序通常有尾楼甲板、_____、_____和罗经甲板。

（7）常用的伸缩接头有滑动伸缩接头和_____伸缩接头两种形式。

4. 简答题

（1）上层建筑的作用是什么？

（2）什么是强力上层建筑、轻型上层建筑？

（3）什么是强力甲板室？如何减缓长甲板室端部应力集中程度？

（4）船楼端部如何加强？

（5）甲板室为什么要设置伸缩接头？伸缩接头有什么作用？它有哪两种形式？

（6）机舱棚结构由哪些部分组成？围壁上的扶强材布置在什么位置？

第10章 几种典型船舶的结构特点

📖 **知识目标**

（1）理解并掌握杂货船、散货船、集装箱船、油船和滚装船的结构特点。
（2）了解客货船、内河船结构特点。

📖 **能力目标**

（1）能确定各种典型船舶的结构形式及特点。
（2）能分析判断典型运输船舶结构的优缺点。

本章将重点介绍几种典型运输船的整体结构特点。

10.1 杂货船结构特点

杂货船通常采用混合骨架式结构，其中上甲板和双层底采用纵骨架式结构，下甲板和舷侧采用横骨架式结构。在货舱区通常设有 2～3 层甲板，底部为双层底结构。上甲板和下甲板上开有较大的货舱口，舱口角隅或舱口两端中心线处设置支柱，有的设置半纵舱壁或舱口悬臂梁。

图 10.1 为杂货船货舱区典型横剖面结构。

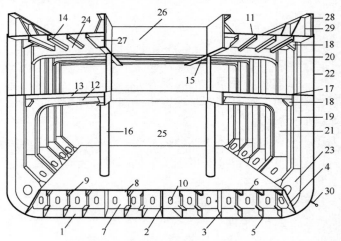

图 10.1 杂货船货舱区典型横剖面结构

1-船底板；2-中底桁；3-旁底桁；4-内底边板；5-船底纵骨；6-内底桁；7-肋板；8-内底纵骨；9-加强筋；10-减轻孔；11-上甲板；12-强横梁；13-横梁；14-甲板纵骨；15-甲板纵桁；16-支柱；17-下甲板；18-梁肘板；19-舱内肋骨；20-甲板间肋骨；21-强肋骨；22-舷侧外板；23-舱肘板；24-舱口端横梁；25-横舱壁；26-舱口围板；27-肘板；28-舷墙；29-扶强肘板；30-舭龙骨

10.2　散货船结构特点

散货船主要用于运输散装干货，包括少量矿砂专用船，多为通用型。目前，散货船有单壳体和双壳体两种结构形式。过去散货船均为单壳体结构，近年来开始采用双壳体结构。

10.2.1　单壳体散货船

单壳体散货船是混合骨架式结构。只有一层全通甲板，舱口围板高而大，甲板下面靠两舷处有两个顶边舱，底部为双层底，双层底舭部处有向上倾斜的底边舱。货舱的横剖面呈八角形，这样既可减少平舱工作，又可防止航行中因横摇过大而危及船舶的稳性，同时货舱四角的三角形边舱可作为压载舱，可以用于调节吃水和稳性高度，尤其是两个顶边舱，对调解船舶重心有很大作用。

甲板和舷侧顶部、双层底和舷侧下部采用纵骨架式结构，舷侧中部采用横骨架式结构。图 10.2 为单壳体散货船横剖面结构。

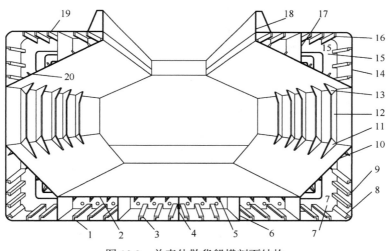

图 10.2　单壳体散货船横剖面结构

1-船底板；2-内底板；3-船底纵骨；4-中底桁；5-内底纵骨；6-旁底桁；7-底边舱；8-舭部纵骨；9-舷侧纵骨；
10-底边舱斜板；11-肋骨下肘板；12-肋骨；13-肋骨上肘板；14-舷侧外板；15-顶边舱；
16-甲板纵骨；17-甲板纵桁；18-舱口围板；19-甲板；20-顶边舱斜板纵骨

10.2.2　双壳体散货船结构

双壳体散货船是在单壳体散货船的基础上产生的，舷侧设置了舷侧纵舱壁，与舷侧外板的距离不小于 1000mm，其他结构与单壳体船没有什么差别。舷侧双壳体结构可以是横骨架式，也可以是纵骨架式。在双壳内都设有水密或非水密的平台，而且内壳与底边舱相

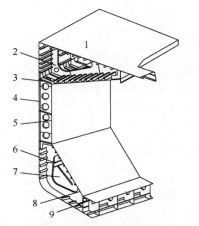

图 10.3　某双壳体散货船货舱区横剖面结构

1-上甲板；2-顶边舱；3-平台甲板；4-舷侧外板；
5-舷侧纵壁；6-肋骨；7-底边舱；
8-内底斜板；9-内底板

交处通常都应设置平台。图 10.3 为某双壳体散货船货舱区横剖面结构。

10.2.3　矿砂船结构

矿砂船也属于散货船类型，其结构特点是装矿砂的货舱容积不大，双层底较高（一般可达到型深的 1/5），货舱区有两道纵舱壁，开口边线外强力甲板和双层底为纵骨架式。另外，矿砂船都是重结构船，为了减轻船体重量，普遍采用高强度钢。专线航行的矿砂船可利用舷边的空舱装载石油，设计成矿砂-石油两用船。

矿砂船的横剖面结构如图 10.4 所示。

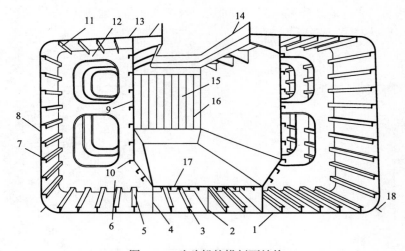

图 10.4　矿砂船的横剖面结构

1-船底板；2-中底桁；3-船底纵骨；4-旁底桁；5-船底纵骨；6-边舱强框架；7-舷侧纵骨；8-舷侧外板；9-纵舱壁；10-水平桁；
11-甲板纵骨；12-强横梁；13-甲板；14-舱口围板；15-横舱壁；16-垂直扶强材；17-内底板；18-舭龙骨

10.3　集装箱船结构特点

集装箱船的结构与一般的货船不同，它的货舱口宽度几乎与货舱宽度一样大，对船体的抗弯、抗扭和横向强度都很不利，在结构上应采取补偿措施。其船体基本结构形式为双层底和双层舷侧结构，且在双层舷侧的顶部设置有效的抗扭箱结构；也可用双层底和具有抗扭箱或其他等效结构的单层壳结构代替。集装箱船的底部及抗扭箱的顶部（包括舷侧、内壳纵壁和甲板）均应采用纵骨架式，在其他处纵骨架式和横骨架式均可采用，两个货舱口之间的舱口端横梁和甲板横梁应给予加强。图 10.5 为集装箱船货舱横剖面结构，该船抗扭箱的甲板及双层底采用纵骨架式结构，舷边舱内采用横骨架式结构，桁板肋骨上开有人孔或减轻孔，舷边舱内设置平台甲板。

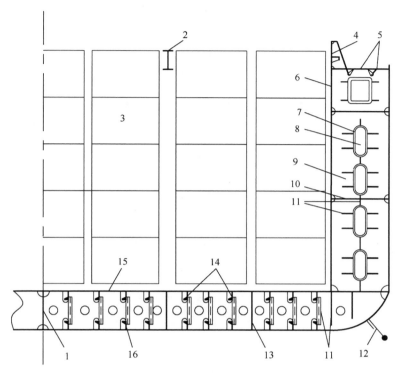

图 10.5　集装箱船货舱横剖面结构

1-中底桁；2-纵桁；3-集装箱；4-舱口围板；5-甲板纵骨；6-纵舱壁；7-围绕扁钢；8-人孔；9-桁板肋骨；10-平台甲板；11-加强筋；12-舭龙骨；13-旁底桁；14-内底纵骨；15-内底板；16-船底纵骨

10.4　油船结构特点

10.4.1　对油船结构的基本要求

油船有单壳结构和双壳结构。《国际防止船舶造成污染公约》（MARPOL73/78）和该公约 1990～1992 年修订案对新建油船提出了保护面积及假定流出油量的规定，因而对油船提出了双层壳和双层底的要求。

载重量大于等于 600t 但小于 5000t 的油船，在整个货油舱长度范围内应至少设置双层底或处所，其高度 $h = B/15$，但不得小于 0.76m。凡载重量 5000t 及以上的油船，应设双层底和双壳体。双层壳间距 W 不小于 $W = 0.5 + DW/20000m$ 或 $W = 2.0m$，取小者，但 W 最小值不得小于 1.0m；双层底舱或处所高度 h 应不小于 $h = B/15m$ 或 $h = 2m$，取小者，但最小值 $h = 1.0m$。

10.4.2　沿海小型油船结构特点

载油量较小的沿海油船，当船长大于 65m 时，货油船区域的甲板骨架、船底骨架和内底骨架应为纵骨架式，如图 10.6 所示。此类油船结构的特点是在货油舱内设置一道纵舱壁，横向分为左右两个货油舱。图 10.6 左侧表示的是设有强肋位的横剖面结构，右侧表示的是强骨架处的结构。在实肋位外，肋板、强肋骨、强横梁与竖桁形成强框架结构。

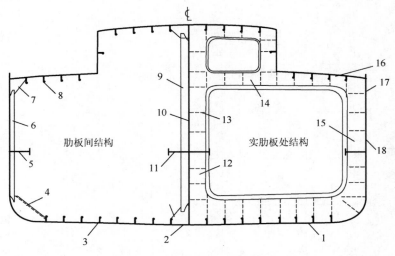

图 10.6　沿海小型油船横剖面结构

1-船底板；2-中内龙骨；3-船底纵骨；4-舭肘板；5-舭侧纵桁；6-肋板；7-梁肘板；8-甲板纵骨；9-垂直扶强材；10-纵舱壁；11-水平桁；12-竖桁；13-加强筋；14-强横梁；15-强肋骨；16-甲板；17-舷顶列板；18-舷侧外板

10.4.3　大型油船结构特点

载重量大于 5000t 的油船，根据《国际防止船舶造成污染公约》（MARPOL73178）的要求，采用双壳结构。双壳油船货油舱由双层底、双壳舷边舱、隔离空舱和单甲板围成，双层底内和双壳内不允许装货油和燃油。双壳油船的几种典型中剖面如图 10.7 所示。大型的油船设 2～3 道纵舱壁，横向分为 3～4 个货油舱。

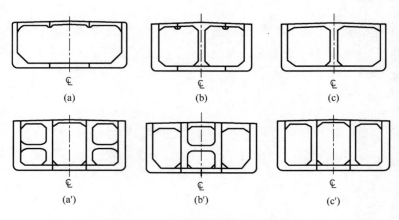

图 10.7　双壳油船的几种典型中剖面

双壳油船货油舱的甲板骨架、双层底骨架应采用纵骨架式，船长大于190m时，舷侧、内壳和纵舱壁一般也应采用纵骨架式。货油舱区域以外的船体结构可采用横骨架式或纵骨架式。斜底边舱与双层底和舷边舱相连。油密横舱壁可采用槽型或平面舱壁结构，超大型油船油密横舱壁和纵舱壁采用平面结构居多。图10.8为纵骨架式双壳油船横剖面结构（肋板间结构），图中槽型中纵舱壁将货油舱分为左右两个舱室，底部为纵骨架式双层底，并设有底边舱，舷侧为纵骨架式双壳结构，甲板则为纵骨架式单层结构。

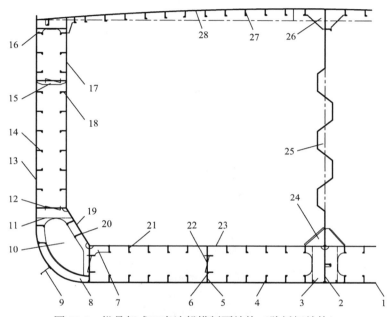

图 10.8　纵骨架式双壳油船横剖面结构（肋板间结构）

1-船底板；2-中底桁；3-加强肘板；4-船底纵骨；5-旁底桁；6-水平加强筋；7-肘板；8-舭肘板；9-减摇鳍；10-底边舱；11-水平加强筋；12-开孔平台；13-舷侧外板；14-舷侧纵骨；15-加强筋；16-梁肘板；17-内壳板；18-内壳板纵骨；19-斜底板；20-斜底纵骨；21-内底纵骨；22-旁底桁开孔；23-内底板；24-加强肘板；25-槽型纵舱壁；26-梁肘板；27-甲板纵骨；28-甲板板

图10.9为纵骨架式双壳油船剖面结构（主肋板结构）。

10.5　滚装船结构特点

滚装船是一种设计和制造成能装载车辆或使用车辆装卸集装箱或托盘货物的专用船舶。因此，其结构布置与一般货船有很大的不同。

滚装船结构布置特征是首尾设置尖舱，机舱位于尾部靠近两舷处，高度很低，近似于封闭式。船体中部是一个大货舱，货物用专用拖车通过尾跳板或尾斜跳板，通过尾门进行装卸。有的船首也设置跳板，并设置首门，首门可采用罩壳式或边铰链式。此外也有设置舷门进行装卸的，但由于舷门跳板船在装卸时易产生横倾，因此仅在大型滚装船上采用。滚装船的上层建筑设置于尾部，也可设置于船中或前部，由布置需要而定。机舱棚设置在船尾两舷相应的机舱上方，高度较低。图10.10为滚装船内部布置图。

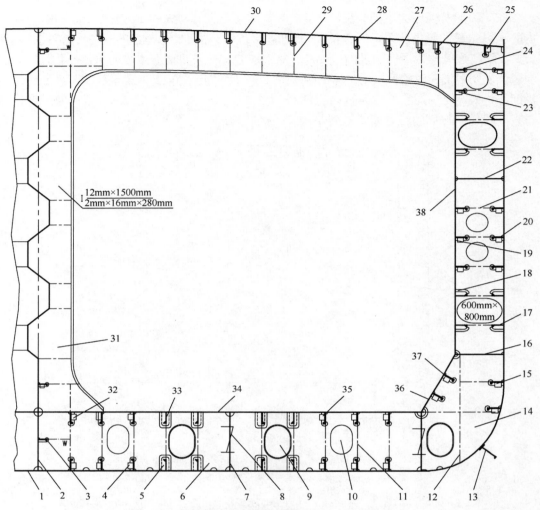

12mm×1500mm
2mm×16mm×280mm

600mm×800mm

图 10.9　纵骨架式双壳油船剖面结构（主肋板结构）

1-船底板；2-中底桁；3-水平加强筋及 CW2 型切口；4-船底纵骨及 CN5 型切口；5-船底纵骨及 CT5 型切口；6-主肋板；7-旁底桁；8-人孔；9-人孔；10-减轻孔；11-加强筋；12-垂直加强筋；13-减摇鳍；14-舭肘板；15-舭部纵骨及 CN5 型切口；16-平台；17-舷侧纵骨及 CT2 型切口；18-内壳板纵骨及 CT2 型切口；19-内壳板纵骨及 CN5 型切口；20-舷侧纵骨及 CN5 型切口；21-加强筋；22-平台；23-内壳板纵骨与 CN2 型切口；24-内壳板纵骨与 CW2 型切口；25-甲板纵骨与 CN5 型切口；26-甲板纵骨与 CN2 型切口；27-强横梁；28-甲板纵骨与 CW2 型切口；29-加强筋；30-甲板；31-T 型竖桁；32-内底纵骨及 CN2 型切口；33-内底纵骨及 CN5 型切口；34-内底板；35-内底纵骨与 CN5 型切口；36-内底斜板；37-斜板纵骨；38-内壳板

　　滚装船的结构较为特殊，上层建筑高大，上甲板平整，无舷弧和梁拱，无货舱口，船体内设置多层甲板（一般为 2~4 层），货舱内支柱极少，一般为纵通甲板；为了便于车辆开进开出及进入各层甲板，货舱区域内不设置横舱壁，设置局部舱壁或强横梁和强肋骨保证横向强度。主甲板以下设置双层船壳，两层船壳之间可作为压载水舱。滚装船的强力甲板和船底一般采用纵骨架式结构，底部为双层底结构。

　　在各层甲板间还设置斜坡道或采用升降机，上下通道开口设置水密或非水密的盖板。有些专门装运车辆的滚装船，在货舱的局部区域设置活动平台，平时翻起贴在舷侧或升起置于上一层甲板下面，需要装运车辆时才放下。

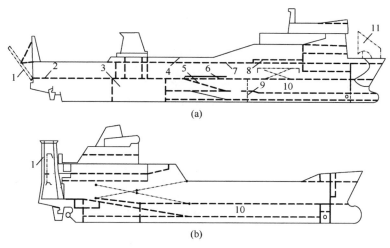

图 10.10　滚装船内部布置图

1-尾门兼做进出跳板；2-主甲板；3-机舱；4-露天甲板；5-坡道；6-坡道密封盖；7-上甲板；8-升降甲板；
9-局部横舱壁；10-货舱；11-罩壳式首门

滚装船上的升降平台一般都设计成上有平台板（厚度与车辆甲板相同）下有强横梁、桁材和扶强材等骨架（应有足够的强度）的箱形结构。图 10.11 为滚装船横剖面结构（图（a）

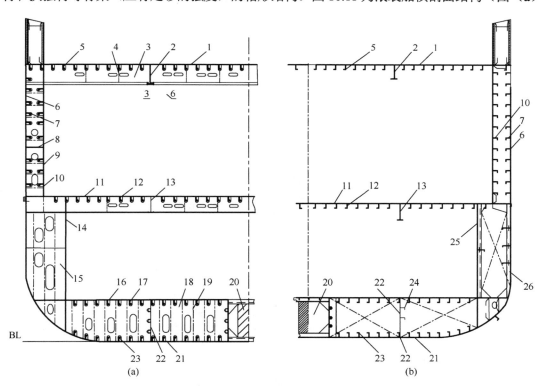

图 10.11　滚装船横剖面结构

1-甲板；2-甲板纵桁；3-横梁；4-加强筋；5-甲板纵骨；6-舷侧外板；7-舷侧纵骨；8-平台；9-内壳板；10-内壳纵骨；
11-主甲板；12-甲板纵桁；13-甲板纵桁；14-舷侧纵舱壁；15-开孔横隔板；16-内底板；17-内底纵骨；18-实肋板；
19-加强筋；20-箱式中底桁；21-船底板；22-旁底桁；23-船底纵骨；24-水平加强筋；25-扶强材；26-肋骨

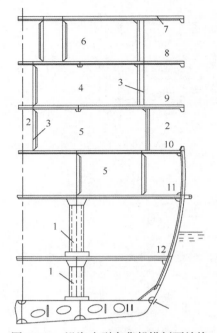

图 10.12　沿海小型客货船横剖面结构
1-支柱；2-走廊；3-围壁；4-船员舱；5-船长室；
6-客舱；7-罗经平台；8-驾驶甲板；9-艇甲板；
10-上甲板；11-下甲板；12-平台甲板

为实肋板处结构，图（b）为肋板间结构），其底部为纵骨架式双层底，并设置箱形中底桁；主船体内有两层甲板，均为纵骨架式结构，横向装有尺度较大的强横梁；下甲板（主甲板）下方设置舷边舱，内有开孔的横隔板；两层甲板之间舷侧为纵骨架式双层壳结构，内部也设置开孔的横向隔板。

10.6　客货船及内河船结构特点

客货船的特点是甲板层数多，房舱多，围壁多，甲板两旁及房舱间设置走廊。旅客和船员舱室大部分设置在水线以上的甲板上。图 10.12 为沿海小型客货船横剖面结构。

内河船受航道和吃水的限制，船长较短，船型宽而扁平，吃水浅，因此大多数中小型的内河船舶都采用单一横骨架式。图 10.13 为内河小型货船横剖面结构，其甲板、底部和舷侧均采用横骨架式单层结构，底部略向两舷升高。

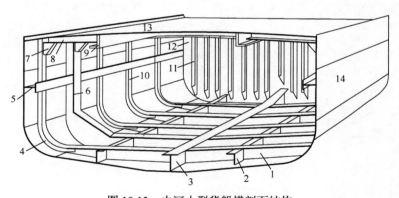

图 10.13　内河小型货船横剖面结构

1-肋板；2-旁内龙骨；3-中内龙骨；4-舭肘板；5-舷侧纵桁；6-强横梁；7-梁肘板；8-横梁；9-甲板纵桁；
10-肋骨；11-垂直扶强材；12-横舱壁；13-甲板；14-舷侧外板

10.7　本 章 小 结

本章从船体中横剖面的角度详细叙述了杂货船、散货船、集装箱船、油船和滚装船的结构特点。

<h1 style="text-align:center">习　　题</h1>

1. 简答题

（1）散货船的结构特点是什么？
（2）集装箱的结构特点是什么？
（3）油船的结构特点是什么？
（4）滚装船的结构特点是什么？

2. 读图题

指出下列横剖面的船舶类型及结构特点，并写出标号构件名称。
（1）习题图 10.1。

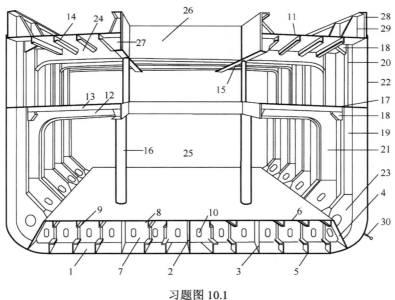

习题图 10.1

（2）习题图 10.2。
（3）习题图 10.3。

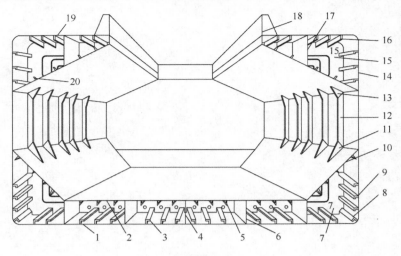

习题图 10.2

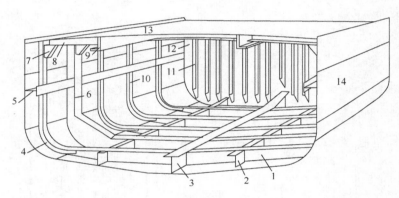

习题图 10.3

第 11 章　木质渔船结构

📖 知识目标

（1）了解木质渔船特点、常用材料及对材料的要求。
（2）了解不同类型渔船结构特点。
（3）掌握不同类型木质渔船的舯剖面结构特点。
（4）了解木质渔船建造常用的工艺方法。

📖 能力目标

（1）认识不同类型木质渔船的结构形式及特点。
（2）能正确描述不同类型木质渔船构件的组成及名称。
（3）能正确描述木质渔船构件的连接形式及常用的捻缝工艺。

本章将着重介绍木质渔船类型及结构特点。

11.1　概　　述

木质船舶在我国有着悠久的历史，从远古时代延续到 18 世纪，木材一直是造船的主要材料。原始社会人类就利用树干经过简单的加工制成独木舟或编扎成木筏，这就是最原始的船，即刳木为舟，剡木为楫。即使到目前，我国的木质渔船，特别是小型木质渔船仍占有相当大的比重。截至 2015 年，我国约有 107 万艘渔船，该数量几乎达到了世界渔船总数的 1/4。从渔船材质来看，木质渔船仍是我国生产性渔船的主体，其数量达到 90.95 万艘以上，钢质渔船占渔船总数的比重相对较少；玻璃钢渔船的数量更少，约为总数的 2%。但由于森林资源的不断减少，木材价格上升，木质渔船将会逐步被其他材质渔船替代。

木质渔船之所以自古至今获得广泛应用，是因为木材有着如下一些优点。
（1）木材比重小，质量轻，具有天然浮力，适用于建造漂浮在水上的建筑物。
（2）只要有足够的森林资源，木材可直接从自然界获得。
（3）木材具有较好的强度，且能吸收冲击与振动。
（4）木材对于热量为不良导体，有助于渔获物保鲜，又能构成适宜居住的舱室。
（5）由于木材易于加工，便于成型，所以建造木质渔船无须复杂设备。
但对于船舶建造，木材也有着一些缺点。
（1）木材易于燃烧。
（2）含水率变化时，木材膨胀收缩有显著变化，甚至会引起弯曲、扭转或者裂开。

（3）木材易于腐朽。

（4）木材强度有方向性。

从船体强度和结构原理的观点来看，木质渔船和钢质渔船没有本质上的差别。但由于木质渔船船体结构的主要材料为木材，而木材是一种天然生长的各向异性材料，木材的连接形式目前还不能像钢材那样能做到接头的强度不低于本体的强度，又能保证连接处的水密。

近代木船结构由木板制成的外壳和骨架组成。板与板的连接、外壳板与骨架的连接及骨架组成部分之间用木梢、铁钉和螺栓等连接件，即木质渔船船体构件的连接是用螺栓、钉、钜等来实现的，接头处的强度通常不及本体的强度，为了保证板板之间连接的水密性，通常在接缝处采用捻缝工艺来保证，这就是木质渔船船体结构的最大特点，因此决定了木质渔船船体结构的一些其他特征。

11.2　木质渔船材料

11.2.1　材料分类

木材通常分为硬木与软木两大类。

1）硬木

硬木来自阔叶树，一般树叶宽大春天发芽早的材质软一些，树叶小发芽晚的材质硬一些，叶脉呈网状，如红栲、毋生、柞、榆、樟、楠、榉、槐、榆、柞、柚、梢木、桉木、水曲柳、黄波罗等，这类的材质大多用于做骨架，如艏柱、副艏柱、舵柱、舵纵翼材、舵纵中材、舱壁座、肋骨、肘材等构件应使用硬材。

2）软木

软木包括红松、落叶松、美国松、马尾松、樟子松、杉木等。软木来自针叶树，即树叶细长如针，多为常绿树，这类木材大多适合做外板。舱壁板（水密隔舱板）、船体外板大多用有一定密度的耐腐软木。

11.2.2　对造船用木质材料的要求

（1）一切构件均不允许有如下缺陷。①干枯变质或带有非正常木质颜色及已经有腐烂现象。②凡存在各种能继续繁殖并直接破坏木材强度的病菌、害虫，特别是白蚁。③在构件的材料中不能有腐朽的缺陷。

（2）在龙骨板与外板上不允许有成孔的节子和死硬节，若节子直径在 30mm 以下，则允许使用在其他部位。

（3）板材捻缝口和 2 材的贴合面不允许有青皮。其余部位允许带青皮，但厚度不得超过型材厚的 1/5，型材宽的 1/4。对于松木的构件不允许有青皮出现。

（4）板材捻口部位和 2 材贴合面不允许有缺角，其余部位局部缺角长度应不超过材长的 20%，剖面积应不超过木材面积的 7%。

（5）木材平面与木纹的斜度大于 20°角的，有横向裂纹的木材不允许使用，在缝口和榫口附近不允许有纵向裂纹。其余部位纵向裂纹深度不得超过板厚的 1/4，长度不得超过材长的 1/10。

（6）采用材料时对于曲材如肋骨、艏材、艉材、艏力材、曲跼等应尽量采用天然曲材或具有弯曲木纹的材料制造。

（7）所有船体板板材或方材在安装时，均应正面向外，反面（即髓心的一面）向内，髓心板不可以用来做外板。

11.2.3　主要构件的特殊要求

（1）龙骨、内龙骨、艏材与艉材，机座底部，最大缺角断面面积不超过型材断面面积的 5%，长度不超过型材长度的 15%。

（2）龙骨翼板、舷侧厚板、承梁材最大缺角面积不超过型材断面积的 6%，长度不超过型材长度的 15%。

（3）纵通材最大缺角面积不超过型材断面积的 7%，长度不超过型材长度的 20%。

（4）肋骨用材任何部位不允许有超过本构件 1/5 的木节存在、因干燥引起的超过材厚 1/4 的裂纹存在；不允许出现因安装其他纵向构件引起的木纹裂开现象，若有此现象则必须更换。

（5）外板、龙骨翼板、舷侧厚板、压梁材等不能用木质疏松的木材，若在试水时发现渗漏现象则必须更换。

（6）不准使用能流出松油的松木做船体外板。

（7）舱壁板必须用耐腐蚀有强度的材料，不准使用如红松等不耐闷舱的材料。

11.3　木质渔船的类型

由于我国海岸线漫长，不同的海域，不同的气候条件，不同的渔具渔法和不同的传统习俗，使我国的木质海洋渔船形成了众多的船形和结构形式。从结构的角度综合来看，木质渔船尺度不大，都采用横骨架式结构。根据船长不同，木质渔船船体结构可分为有内部纵向构件和无内部纵向构件两大类。根据艏部形状不同，木质渔船分为圆艏型与折线型。

11.3.1　圆艏型木质渔船

圆艏型木质渔船（图 11.1 和图 11.2），根据舷侧强力构件的设置，又可分为三种类型。

1）内部有纵向构件的木质渔船

如图 11.1 所示，内部有纵向构件圆艏型的艟剖面结构形式主要用于尺度较大的木质渔船，在此情况下，型深与吃水也较大，因此设置船底纵通材、艏部纵通材及舷侧纵通材，用以增强舷侧与底部肋骨的承载能力，纵向构件除上述外，尚有内龙骨、舱口纵梁及受梁材等。

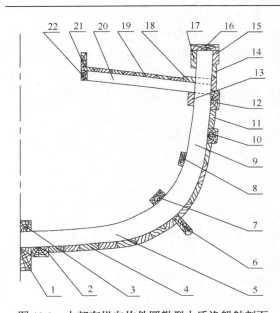 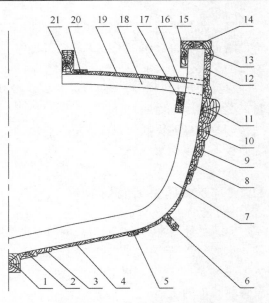

图 11.1　内部有纵向构件圆舭型木质渔船舯剖面　　　　图 11.2　内部无纵向构件圆舭型木质渔船舯剖面

1-龙骨；2-龙骨翼板；3-内龙骨；4-外板；5-底肋骨；
6-舭龙骨；7-舭部纵通材；8-舷侧纵通材；9-边肋骨；
10-护舷木Ⅱ；11-舷侧厚板；12-护舷木Ⅰ；13-承梁材；
14-舷墙板；15-舷墙外纵通材；16-舷墙盖板；
17-舷墙内纵通材；18-甲板边板；19-甲板；20-短横梁；
21-舱口围板；22-短纵梁

1-龙骨；2-龙骨翼板；3-龙骨副翼板；4-外板；5-舭部厚板；
6-舭龙骨；7-肋骨；8-舷侧厚材Ⅳ；9-舷侧厚材Ⅲ；10-舷
侧厚材Ⅱ；11-舷侧厚材Ⅰ；12-舷墙板；13-舷墙外纵通材；
14-舷墙盖板；15-舷墙内纵通材；16-甲板边板；17-承梁材；
18-短横梁；19-甲板；20-甲板纵通材；21-舱口纵梁

2）内部无纵向构件的木质渔船

如图 11.2 所示，内部无纵向构件用于尺度较小的船，如机帆渔船的尺度不大，型深与吃水也小，因此在船内不需要设置太多的纵向构件来增强纵向强度及肋骨的承载能力，同时也因舱容的需要，不能设置太多的纵向构件，太多的纵向构件将影响舱容。这种舯剖面结构形式的内部纵向构件仅为承梁材。

3）内部有铺板的木质渔船

如图 11.3 所示，有铺板结构的渔船，相当于钢质船舶的双层壳结构。如果船体内侧铺设了一层内张板（又称为内铺板），可以使舱内形成一较为平整光顺的表面，可以增强船舶的结构强度，也便于装载渔获，图 11.3 为有内张板的圆舭型木质渔船舯剖面结构图。

11.3.2　折线型木质渔船

折线型木质渔船，尺寸通常不大（图 11.4）。这种结构形式的底肋骨与舷侧肋骨在舭部用舭部弯曲材与之连接，左右舷的底肋骨则与肋骨根材连接，这种连接形式是折线的存在而造成的，即在型线上有突变存在，木质构件通常用拼接的方式来满足其要求。也有部分小型渔船折角用搭接型（没有肘板），南方大船也有用搭接型的。

我国黄渤海区的木质渔船多为折线型木质渔船。

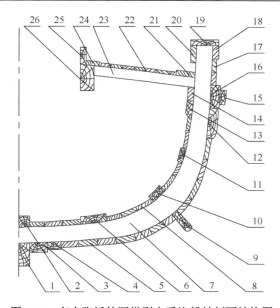

图 11.3　有内张板的圆舭型木质渔船舯剖面结构图

1-龙骨；2-内龙骨；3-龙骨翼板；4-龙骨副翼板；5-外板；
6-船底纵通材；7-肋骨；8-内张板；9-舭龙骨；10-舭部纵通材；
11-舷侧纵通材；12-舷侧厚板Ⅱ；13-副承梁材；14-承梁材；
15-护舷木Ⅱ；16-舷侧厚板Ⅰ；17-舷墙板；18-舷墙外纵通材；
19-舷墙盖板；20-舷墙内纵通材；21-甲板边板；22-甲板；
23-短横梁；24-甲板纵通材；25-舱口围板；26-舱口端纵梁

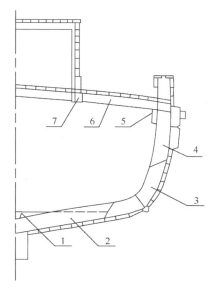

图 11.4　折线型木质渔船

1-肋根材（帮肋骨）；2-底肋骨；3-舭部弯曲材；
4-舷侧肋骨；5-承梁材；6-甲板横梁；7-甲板纵梁

11.4　木质渔船外板与甲板板

11.4.1　外板

　　船壳外板有船底外板及舷侧外板，船底外板为舭部与龙骨翼板之间的外板，舷侧外板为舭部与舷边之间的外板。

　　船壳外板起着保证船体水密的作用，而且与船体骨架一起，共同保证船体的纵向强度、局部强度和刚度。

　　船壳外板由狭而长的板条纵向排列合并组成（图 11.5）。由于船体横向曲率较大，为使船体线型保持光顺平滑，安装外板时避免出现裂缝并使板的边缘减少歪斜以便于捻缝，同时还要保证船体的纵向强度。

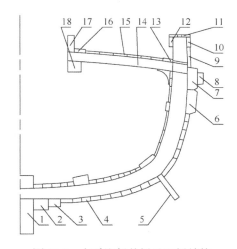

图 11.5　木质渔船外板及甲板结构

1-龙骨；2-龙骨翼板；3-龙骨副翼板；4-船底外板；5-舭龙骨；
6,7-舷侧厚板；8-护舷木；9-舷墙；10-舷墙板；11-舷墙盖板；
12-舷墙内纵通材；13-甲板边板；14-甲板短横梁；15-甲板；
16-甲板纵通材；17-舱口围板；18-舱口端短纵梁

底部靠着龙骨的一列板称为龙骨翼板。龙骨翼板也是船底纵向构件，是外板唯一称为骨材的构件，其作用除增强总纵强度外，还在较大构件龙骨与厚度较小的底部外板之间起着过渡作用，因此龙骨翼板厚度较底部外板厚。

在大尺度的木质渔船上，除了龙骨翼板，还设置龙骨副翼板，如图 11.3 所示，这是因为龙骨翼板厚度与底部外板相差较大，为了良好的过渡，故再设置龙骨副翼板，龙骨副翼板的厚度较底部外板大但较龙骨翼板小，对小尺寸的木质渔船，龙骨副翼板厚度与底部外板厚度相同，甚至龙骨翼板的厚度也与底部外板厚度相同。

龙骨、龙骨翼板及舷侧顶部的列板因远离船梁中性轴，承受的弯曲应力大，而且船舷受到的靠帮冲撞、磨损的机会也多，因此它们的厚度应比普通外板厚，而且要尽量地用长材制成，接头应采用钩形嵌接，钩形嵌接是板材连接的一种形式，板材之间的连接形式将在后面详细介绍。

舷侧外板顶部一列或几列较厚的外板，相当于钢制渔船舷顶列板，因该构件位于船体的上翼板处，在总纵弯曲力矩作用下，受力较大，故应适当增厚。

船的艉部因装设艉龙骨，而且在船搁浅时会受到额外的集中载荷和磨损，因此其厚度也应增厚，接头也应采用钩形嵌接。

外板应采用纹理正直、材质柔韧的优质木材制成。铺设时板的靠髓心的一面应向内，如图 11.6 所示。为使安装时容易符合船体表面的曲率，安装前可将板材蒸煮或加热。安装时，两舷的外板应对称进行装配，以免船体变形。

为了保证木质渔船水密，在外板与甲板处需进行捻缝（图 11.7），如设置水密木质舱壁，也需要捻缝。捻缝就是把填料拌以油灰填塞在板材之间的缝隙中，使之水密。捻缝所用的填料，各地因原料情况不同有些差异，大多为麻丝、网纱、竹类等纤维材料及旧网衣等。这些拌以油灰的填料一般要分几次打入缝隙中。在国外，也有用干燥的柔性木条压入外板板缝中，由于柔性木条遇水膨胀，从而保持缝口水密。

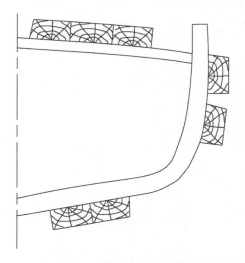

图 11.6　木材的纹心朝向船内

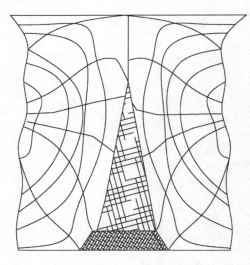

图 11.7　捻缝

11.4.2　甲板板

甲板是铺盖在横梁上防止海浪浸入舱内的水密盖板，首楼甲板是首部特别升高的甲板，起到防浪的作用。甲板也是保证船体水密的重要构件。

甲板作为船梁的上翼板，承受着极大的弯曲应力。甲板还承受着甲板货物等各种横向载荷。甲板板和船壳外板应由狭长的板条纵向并合而成。甲板板用材要方正、平直。板与板之间、甲板与横梁接触之间要紧密。甲板表面必须平滑，不允许有高低现象。

甲板板的长度除在 2 个舱口间或首尾端外，应不小于 6 个横梁间距，宽度应不大于 4 倍板厚。甲板板条可对接于横梁上。相邻两列板的接头至少应避开 2 个横梁间距，相隔一列板材的接头间至少应有 2 个横梁间距。

如图 11.8 所示，甲板两舷边的一列板称为甲板边板，由于结构及强度的需要，该列板的厚度及宽度均大于普通甲板板，其接头也应采用垂直嵌接。位于甲板开口两侧的贯通船首尾的一列板称为甲板纵通材。甲板的纵通材属强力构件，故其尺寸也应大于普通甲板板，其接头应采用嵌接法。压梁材的接头与舷侧厚板、受梁材等强力构件接头的避距不宜小于 3 个肋距。

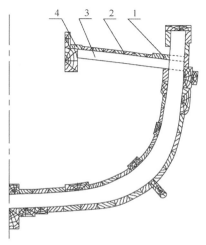

图 11.8　甲板板厚度分布

1-甲板边板；2-甲板板；
3-舱口端短横梁；4-甲板纵通材

甲板横梁、舱口端梁、短横梁均应为整材，在两舷与肋骨、承梁材紧密贴合并用螺栓紧固。未设承梁材的船舶，肋骨的侧面应开深为 20mm 的止口，以承托横梁。

短横梁在开口端应榫接于纵梁上，并用螺栓紧固。

安装重要机械设备或承重较大的甲板下面应采用适当的方法加强。

露天甲板的横梁应具有梁拱，且不小于船宽的 1/50。

甲板边板（压梁材）、甲板纵通材嵌接时，其接头处需位于甲板横梁上，接头嵌接部位应用 2 枚螺栓横向贯通连接。甲板边板（压梁材）、甲板纵通材、甲板板等均应与甲板横梁、短横梁紧密贴合，并用螺栓或钉紧固，在每一横梁上螺栓或钉的分布数量为板（材）宽＜110mm，1 枚；板（材）宽为 120～240mm，各 1 枚。其中至少每隔 1 个肋位有 1 枚是螺栓（甲板板可间隔 2 个肋位），螺栓和钉必须交错配置或全部用螺栓紧固（北方全用螺栓，南方还有用钉的）。

甲板与外板在船体上铺设时，起板材木纹的布置如图 11.6 所示，纹心朝向船内，这是因为每块木板的每个地方腐蚀程度不同，里边部分耐腐蚀，边缘部分不耐腐蚀，捻船向里捻时才能越捻越结实。同时，甲板与板材均不宜过宽，一般为不大于 200mm，过宽则易开裂。

11.5　船体结构构件名称

关于木质渔船船体结构各构件的名称，各地的习惯叫法有一些差别，目前也没有这方面的名词术语标准，因此以《船舶法定检验规则》第四篇"木质渔业船舶"（以下简称《木规》）所规定的名称为准，如图 11.1～图 11.4 中的构件名称所示。

1. 龙骨、内龙骨及龙骨翼板

1）龙骨

龙骨位于船底中线处，贯通船的首尾，为船体的脊骨，是支持全船重量的船体纵向主要构件。木质渔船的龙骨通常突出船底外部，可以减小船体在风浪中的横摇，增加船舶航行的稳性，所以龙骨的骨材必须选择坚韧结实的硬质木材，而且材体要方正、无缺陷，具有足够的强度，能承受风浪所形成的拉力与压力及浸在水中不易腐朽等。对龙骨材料的削弱，船体的纵向强度就会受到影响。

龙骨离船梁的中性轴距离最远，承受的弯曲应力极大，在船舶进坞或偏滩时，它是支撑全船重量的主要构件。因此，对龙骨的强度要求较高。

龙骨最好用整材制成，但是由于受到材料来源的限制，很难做到这一点。因此，《木规》规定龙骨长度小于 10m 时应用 1 根整材，龙骨、内龙骨长度超过 10m 时，可以拼接组合；长度不大于 18m 时，可分成 3 块组合；长度大于 18m 时，可分成 4 块组合。组合龙骨的接头，方形龙骨应做成水平钩形嵌接，扁平形龙骨应做成垂直钩形嵌接，其接头长度不得小于 3 个肋距，接合面的中心应打入有效的硬木双楔键。对于水平钩形嵌接方法，接头的长度应大于龙骨高度的 10 倍，接头两端厚度为宽度的 1/4，钩形深度为龙骨高度的 5%。对于垂直钩形嵌接方法，接头的长度不小于龙骨高度的 1.5 倍。

组合龙骨的接合面应涂稀油灰并紧密贴合，其端部应以两枚螺栓并列紧固，其余螺栓为单列，其间距应不大于 300mm，且应沿中心线左右交错排列。组合龙骨的接缝处应进行捻缝。

龙骨的厚度一般不小于外板厚度的 5 倍，当不设内龙骨时，其高度应不小于其宽度。当龙骨采用多材制成时，为了保证纵向强度，在船中部 $0.5L$ 区域及首尾区域内只允许一个接头，且接头应避开主机基座部位及甲板开口的正下方。为了保证接头处的连接强度，接头长度应不小于 3 个肋距，接头的尺寸配合应良好，接合面应平整，接头中心线上至少应打入两个硬木栓（尺寸一般可为 20mm×40mm×80mm）。接合面涂抹油灰后用螺栓紧固，接头端部为两螺栓并列，其余螺栓单列（可适当交错），间距应不大于 300mm。

龙骨上缘两侧应有中和翼板角度的坡口，以便装配龙骨翼板，也降低了捻船的难度，增加了捻缝与翼板的牢固性。

2）内龙骨

内龙骨是在龙骨上方的贯通首尾的底部纵向构件，它与龙骨一起形成了强有力的纵向组合构件，同时压在底部肋骨上面（图 11.9），对底部肋骨定位及支承底部肋骨起着重要作用。

　　船长大于 24m 的船应设置内龙骨，内龙骨的宽度应与龙骨相同，高度应不小于龙骨高度的 1/2，且接头部位应与龙骨的接头部位避开 3 个肋距以上。

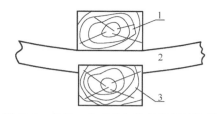

图 11.9　龙骨、内龙骨与肋骨的相对位置
1-内龙骨；2-肋骨；3-龙骨

　　内龙骨实际长度小于 12m 时用 1 材，实际长度小于 24m 时用 2 材，实际长度小于 30m 时用 2 材或 3 材，但中材应大于 12m。

　　内龙骨接头用水平钩形嵌接形式，接头长度大于 5 倍高度，两端高度为用材高度的 1/4 以上。

　　内龙骨与艉舭材的接头也采用水平嵌接形式，接头长度为肋骨间距的 2 倍以上。

　　内龙骨的设置无疑更增强了肋骨与龙骨的连接强度。内龙骨的接头与龙骨的接头应有不小于 3 个肋距的距离。

　　3）龙骨翼板

　　龙骨翼板实际长度小于 25m 时，用 2 材制成；船长小于 35m 时，用 3 材制成。

　　2. 纵通材

　　纵通材为设于肋骨内表面的贯通船的首尾的纵向构件。根据其所处的位置不同而分别称为船底纵通材、舭部纵通材、舷侧纵通材、受梁材和舷墙内纵通材等，如图 11.6 所示。

　　纵通材的设置不仅增强了船的纵向强度，而且增强了船体构架的坚固性。由于纵通材均为纵向强力构件，因此其接头应尽量少，除舷侧纵通材可以 4 材嵌接外，其余的纵材只可以 3 材嵌接，且船部纵通材及受梁材应采用钩形嵌接。

　　各纵通材应尽可能地贯通全船并对称设置。纵通材允许嵌接组成，但在船体首尾部区域只能有 1 个接头，中部的接头间距不得小于 12 个肋距。

　　各内部纵通材与肋骨应紧密贴合，每隔一道肋骨至少用 1 枚螺栓紧固。船长小于 12m 时可适当放宽。

　　甲板纵通材为增强舱口的纵向加强构件，而且也有利于增强总纵强度。

　　受梁材，又称承梁材或梁受材，其作用是加强横梁与肋骨的连接强度并增强对横梁的支承作用，因该构件靠近甲板，故也是重要的纵向构件。

　　舱口纵梁作为舱口区域横梁的支承用来加强舱口强度。

　　3. 护舷材

　　护舷材为在靠港时防止舷侧构件碰坏的一种护材。舷墙板的作用在于防止上浪及保护甲板上人员安全，舷墙板为非水密结构。舷墙的内外纵通材为舷墙上部的加强构件。

　　4. 横向构件

　　横向构件有甲板横梁和肋骨。

　　甲板横梁应用整材制成，两端与肋骨、受梁材用螺栓连接，并用梁肘材加固。舱口短纵梁应支承在横舱壁上，前后舱口的短纵桁宜保持在同一直线上，否则应有不小于两个横梁间距的过渡。半横梁一端应嵌接在舱口短纵桁上，并用平面肘材加固，另一端与肋骨连接。

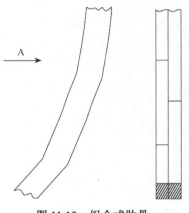

图 11.10　　组合式肋骨

肋骨在甲板以下的舷侧部分称为舷侧肋骨，在甲板以上的部分作为舷墙柱，相当于钢质渔船的舷墙肘板，在船底部分相当于钢质船的肋板，称为底部肋骨或底肋骨，在底肋骨与舷侧肋骨之间的部分称为肋骨弯曲部。肋骨截面尺寸自下而上可逐渐减小。流线形肋骨有用天然弯的木材做成的，但大多采用组合式，即用短的木材拼接组成，如图 11.10 所示。

5. 肋骨及检验要求

肋骨是船体横向骨架的主要部分，它支撑着船壳外板（起着钢质船中肋板与肋骨的作用），承受着舷侧及船底部的水压力，是保证船体横向强度的主要构件。

肋骨分单式肋骨和复式肋骨两种。从肋骨的截面来看，单式肋骨由 1 材构成，复式肋骨则由 2 材前后并合而成。

单式肋骨应尽可能地采用天然曲材制成，如因选材困难，允许用不多于 5 材嵌接或用帮材对接而成。嵌接时，应前后嵌接，接头的长度应不小于肋骨高度的 3 倍，连接螺栓应不少于 3 个。对接时，肋骨帮材的长度应不小于肋骨高度的 6 倍，其剖面积应不小于肋骨的剖面积。材质应与肋骨相同，对接缝两侧各用不少于 2 个螺栓固定。帮材可用球墨铸铁制成，其厚度可为肋骨厚度的 1/8，高度应略小于肋骨高度。

复式肋骨的每一支可采用对接法，但两支的对接缝应错开肋骨高度 6 倍的距离。

根据肋骨的受力情况，肋骨根部的剖面尺寸应最大，向上可逐渐减少。通常保持肋骨宽度不变，而逐渐减少其高度，其剖面面积仍应满足规范要求。

船首尾两端因线型变化比较大，如果仍像船舯部一样采用平面肋骨，则肋骨剖面多呈菱形。这样，肋骨用料会很不经济，而且外板与肋骨连接的螺栓或钉的固着状态也不合适。因此，在船的首尾端宜采用斜肋骨。斜肋骨顶端间距与肋骨一样。底端间距可为70%肋距。

肋骨的根部应嵌接在龙骨上，与龙骨和内龙骨（若存在）牢固地连接，必要时可加帮材或填充材以增加连接处的刚度和强度。肋骨的上端与横梁连接，必要时可加肘板，以形成坚固的横向框架。可以采取单号（或双号）肋骨向上穿过压梁材作为舷墙支柱的结构方式，也可不用肋骨延伸而另外用曲材制成舷墙支柱。首尾端的斜肋骨底部应分别榫接于艏柱或副艏柱和尾纵中材或尾纵翼材上，并加肘材或帮材，用螺栓牢固连接。

肋骨必须精确加工、准确定位，以利于外板、内部纵通材、内张板的安装，避免因肋骨线型不顺而造成纵向构件与肋骨的贴合不紧，甚至安装外板时造成外板折断等不良后果。

在肋骨底部适当位置应开设流水孔，以便船底水的集中和排出。

11.6　横　舱　壁

横舱壁或水密横隔板起分隔船体内部为不同舱室的作用,是保证船体横向强度、支撑纵向构件的最主要构件。

舱壁由多块板拼合而成,各列板应水平布置。最下列板称为舱壁座,其高度宜大于250mm。最上列板厚度宜不小于横梁厚度,以便于与甲板连接。舱壁板应用垂直扶强材加强,扶强材的间距应适当,舱口纵梁或甲板纵通材下方应设置垂直扶强材。舱壁应紧密固定在肋骨侧面上,舱壁座嵌接在龙骨上。

木质渔船舱壁一般分为有框架舱壁与无框架舱壁。

11.6.1　有框架舱壁

有框架舱壁通常分为普通舱壁与水密舱壁,我国一些木质渔船的首尖舱及各鱼舱之间的舱壁一般均采用水密舱壁,故其结构的要求相仿,且要进行捻缝以保持水密。

有框架舱壁是连接在肋骨与横梁所组成的框架上,舱壁的下列板则连接在舱壁座上,图 11.11 为有框架舱壁。

舱壁板左右与肋骨连接,上端与横梁连接,下端与舱壁座连接。

图 11.11 所示的舱壁上还设有扶强材,目的在于增强舱壁的强度,对于型深不大的木质渔船,舱壁上一般不设扶强材。

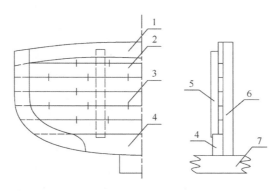

图 11.11　有框架舱壁

1-横梁;2-舱壁板;3-枣核钉;4-舱座底;5-舱壁扶强材;6-肋骨;7-龙骨

11.6.2　无框架舱壁

对于尺度不大的木质渔船,其舱壁不连接于肋骨与横梁上,故称无框架舱壁,图 11.12 为无框架舱壁。

由图 11.12 可见,舱壁板除用枣核钉连接定位外,尚可用钉钜连接。钉钜为工字形铁板,以嵌入舱壁板方式来连接舱壁板,图 11.13 为钉钜连接舱壁板的方式。除工字形钉钜外，还有钉钜螺栓，如图 11.12 所示，这种钉钜螺栓，一头嵌入舱壁板，另一头为螺栓并穿出外板用螺帽固紧，使舱壁板直接与外板固紧，除此之外，舱壁板下端连接于舱壁座，舱壁座用螺栓与龙骨相连接。

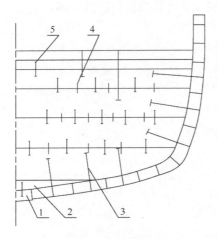

图 11.12　无框架舱壁

1-龙骨；2-舱壁座；3-钉钜螺栓；4-枣核钉；5-钉钜

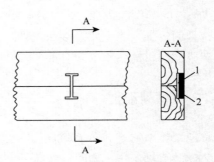

图 11.13　钉钜连接舱壁板的方式

1-钉钜；2-油灰

11.6.3　活动舱壁

在木质渔船上，除上述两种舱壁外，在鱼舱内往往还设置活动舱壁，如图 11.14（a）所示。活动舱壁是一种可拆装的舱壁，如图 11.14（b）所示，使用时可把舱壁板装上，不用时可将舱壁板取下。设置活动舱壁的目的是形成临时隔舱，以免在装载渔获时，在船产生摇摆情况下，由于鱼体摩擦系数小有类似自由液面情况发生削弱稳性，影响安全航行与作业。

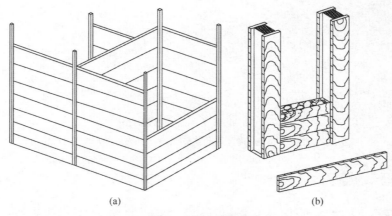

(a)　　　　　　　　　　　　　　(b)

图 11.14　活动舱壁

首尖舱舱壁和机舱前、后舱壁应予以加强，并尽量做到水密。其他横舱壁的间距应不大于 8 倍肋距，并尽量做到水密。

11.7　首　尾　结　构

木质渔船的首尾外部形状如图 11.15 所示。

图 11.15　木质渔船的首尾外部形状

11.7.1　首部结构

艏柱是耸立于船体最前端的构件。船体的外板、甲板和纵通材都汇集于艏柱，艏柱主要承受偶然性的冲击载荷（如漂浮物的撞击和可能的碰撞等）。因此，要求艏柱有足够的刚度和强度，并对外板有足够的接合面积。

一般来说，木质渔船的艏柱通常用一根木材做成，如图 11.16 所示。

艏柱宜为整材。若是弯曲艏柱而又无适当曲材时，在与龙骨连接的曲部以外部分，可以分段嵌接。嵌接部位长度不小于 200mm，接合面用稀油灰贴合加双楔键胀紧，且应加两端各不小于 300mm 的艏肘材用螺栓固定，螺栓在接口处及其上下部各不少于 2 只。直线形艏柱可用两材叠合而成，接缝内为副艏柱。艏柱与副艏柱的接合面应涂稀油灰紧密贴合，并用螺栓紧固，螺栓间距应不大于 500mm。

曲线形艏柱应嵌接于龙骨上，直线形艏柱、副艏柱应榫接于龙骨上，两者均需通过艏肘材用螺栓紧密连接（图 11.16）。

在材料尺寸不够大的情况下，可将艏柱分成前后两根构件，如图 11.17 所示，在前面的构件仍称艏柱，后

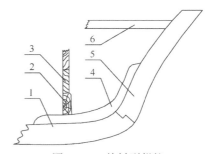

图 11.16　单材型艏柱
1-龙骨；2-舱壁座；3-舱壁；
4-艏肘材；5-艏柱；6-甲板

面的构件称副艉柱。副艉柱与艉柱应紧密贴合，用螺栓紧固。曲线形艉柱必须嵌接于龙骨上，直线型艉柱应排接于龙骨上，并用艉肘材加固。接头外面还可包覆用钢板焊制的槽型角铁，以加强连接处的强度。

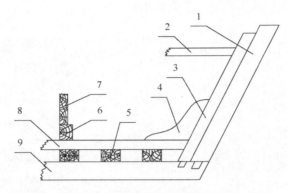

图 11.17　两材迭合型艉柱结构

1-艉柱；2-甲板；3-副艉柱；4-艉肘材；5-肋骨；6-舱壁座；7-舱壁；8-内龙骨；9-船底板

　　如果要采用弯曲的艉柱而又得不到适当的天然曲材时，允许用 2 材嵌接而成，但接头不应设在与龙骨相连接的弯曲部。在材料长度不够的情况下，副艉柱嵌接位置要与艉柱嵌接位置错开。

　　艉肘材应用硬材。艉肘材上臂长度应不小于艉柱总长的 1/4，下臂长度应不小于上臂长度的 4/5。其紧固螺栓的间距应不大于 400mm，且每臂不少于 2 枚。

　　艉柱与龙骨连接的部位宜用钢板包覆。

11.7.2　尾部结构

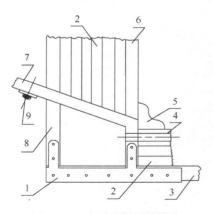

图 11.18　木质渔船尾部结构

1-后铁鞋；2-填材；3-龙骨；4-管筒材；
5-弯曲材；6-推进器；7-尾纵翼材；
8-舵柱；9-尾纵填材

　　推进器柱与舵柱在一起构成了木质渔船尾部结构，如图 11.18 所示。船的尾部装有螺旋桨和舵，因此木质渔船艉柱是一个包括推进器柱与舵柱在内的框架结构。

　　尾部结构除了承受其他的横向载荷，还要承受舵和螺旋桨的重量及螺旋桨工作时产生的激振力和转舵时的水动力。因此，要求尾部结构要有足够的强度和刚度。

11.7.3　推进器艉柱结构

　　推进器柱是艉柱的主要构件之一，其下端一般用榫插入龙骨中，推进器上端与横梁相连接，推进器柱上有一尾管孔，以便于尾轴管穿出，方便维修。

舵柱是艉柱的另一个主要构件，其作用是承受舵的重量及成为舵转动时的依托，其上端一般通达甲板表面，其下端与推进器柱一样用榫插入龙骨。为使推进器柱和舵柱能牢固地与龙骨相连接，通常在其连接部位包以铁槽，称为后铁鞋。铁槽还可以在搁浅时防止龙骨损坏。

根据尾部是否有舵柱，船尾结构分成有舵柱船尾结构和无舵柱船尾结构两种形式，如图 11.19 和图 11.20 所示。

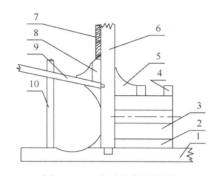
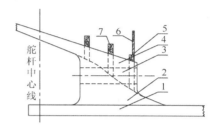

图 11.19　有舵柱船尾结构　　　　　　　图 11.20　无舵柱船尾结构
1-龙骨；2-垫材；3-艉管材；4-肋骨；5-艉肘材；6-艉柱；　　1-龙骨；2-垫材；3-艉管材；4-艉纵中材；
7-舱壁；8-舱壁座；9-艉纵中材；10-舵柱　　　　　　　5-舱壁座；6-舱壁；7-底肋骨

船尾结构由尾纵材、舵柱、艉柱、尾管材、垫材、龙骨尾端及艉肘材等组成。

艉柱应用硬质整材制成。艉柱上端与横梁相接，下端与龙骨榫接，榫接部位两侧均应用钢板包覆。艉柱与尾管材后端宜用燕尾槽连接，并用艉肘材加固。

艉肘材从轴线处分为上下两块，也可用整材制成，其宽度及厚度应不小于艉管直径的两倍。艉管材上下两材之间要牢固连接，艉管材与龙骨的相对位置用垫材来调整，并要用螺栓将艉管材、垫材和龙骨、内龙骨（若存在）牢固地连接在一起。

龙骨尾端可直接由龙骨延伸至舵轴处，并与舵柱固定连接，也可用钢制结构来代替。用钢制结构来代替时，前端应用钢板焊制的槽型结构与龙骨牢固连接。

舵柱可用木质整材制成，也可用钢材制成。木质舵柱上端应与横梁相连接，下端应榫接于龙骨上，榫接部位两侧均应用钢板包覆，以增加连接强度。舵柱与尾纵材、舵柱之间要加肘材或垫木进行连接。钢质舵柱则可通过其上下端的连接板与龙骨和尾纵中材牢固连接。

尾纵中材位于尾端船底中线处。尾纵中材应为一整材，其前端榫接于艉柱，并通过舵柱支撑在龙骨上。当采用木质舵柱时，尾纵中材前端则接于舵柱，舵柱与艉柱之间另加填充材。尾纵中材后端与甲板压梁材榫接。

尾纵翼材位于尾纵中材的两边，各为一整材。尾纵翼材与艉柱、舵柱及填充材用贯通螺栓固定。尾骨伸向船尾，尾悬体的肋骨就固定在尾纵翼材上。

尾纵填材是一根与尾纵翼材有着同样曲度的构件，它夹在两根尾纵翼中间，从而加强了尾部强度。

11.7.4　其他结构

1）升高甲板

首尾设置升高甲板的渔船，其舷墙内、外纵通材应延伸到首尾端，并可兼作升高甲板的受梁材。甲板的中断处应设置一大截面的横梁，并将甲板端部压在升高甲板端壁下。甲板升高处前后各 3 个肋距内，舷墙内、外纵通材和舷侧厚板等不应有接头。

2）基座木

主机基座木必须选用整体的、无缺陷的，并具有足够刚度的同一树种的硬质木材制成。

基座木前端应伸到机舱前壁，并用舱壁板压住，后端应延伸至离合器或齿轮箱座后不小于 2 个肋距，或延伸至机舱后壁。基座木的前后端宜镶有防裂铁箍。

基座木与肋骨的贴合应紧密，贴合面积应不小于其配合面积的 75%，连接使用白钢耐腐螺栓，螺帽应透过底板贯通骨架外缘。

3）舱口围板、甲板室围壁

舱口围板、甲板室围壁应装设在甲板横梁、舱壁扶强材和短纵梁上。围壁的下列板应用螺栓与横梁、扶强材和短纵梁紧固。

11.8　构件连接应注意的几个问题

木材是一种天然的各向异性材料，其顺纹的抗压强度与抗弯强度远胜于顺纹抗剪强度和局部横纹抗压强度，其抗劈裂的能力也很差。

木质渔船船体结构各构件的连接，目前是靠螺栓、钉、钜等连接件来实现的，还没有像钢材焊接那样的连接形式。

木材端部的平接头，由于木质纤维的不连续，接头的抗弯、抗拉、抗扭等强度远不及本体，成为结构的薄弱环节。从破坏情况来看，接头处的破坏形式多为从构件剖面急剧变化处开始劈裂折断、连接件周围构件局部的挤压碎裂和连接件的松动、脱出致使连接失效三种形式。

木质构件端部的角接和边接的破坏形式则多为连接件孔周围的材料被挤压变形或沿连接件的轴线劈裂，造成接头的松动或连接件脱出致使连接失效。

由上面可见，木质构件连接处的强度和刚度与接头的形式和尺寸，接头的配合情况，接头的布置，连接件的尺寸、数量和配置，木材本身的抗劈裂强度和局部横纹抗压强度等因素有极大的关系。因此，在构件的接头设计和施工中应特别注意如下几个问题。

（1）构件端部平接头形式选择应与构件受力情况相适应。纵向强力构件必须采用钩形嵌接法。接头的尺寸加工应精确，在切割嵌接形接头的根部时，要特别注意不能切割过深，接合面应平整。在所有以后不便捻缝的接合面处，紧固前必须涂抹油灰。

（2）为保证船体纵向强度，船体纵向强力构体应尽量地采用长材，以减少接头数量。同一断面内，特别是船中 0.5L 区域内，接头的数量要尽可能地减少。同一断面内的接头分布也应均匀，相邻断面内接头的位置应不在同一部位。所有的纵向接头都应支撑在横向构件上。

（3）构件端部角接处必须加尺寸适当的肘材、垫材或填充材，以增加各构件紧密性，增加接头的刚度，重要的接头处外面可用钢板包覆。

（4）连接件直径的选择和配置。连接件直径的选择和配置必须注意与构件的尺寸及材料的抗劈裂能力和局部横纹抗压强度相协调。

使用螺栓和钉时必须在螺栓两端和钉头端加垫圈，垫圈的厚度要适当（对水密有影响螺栓帽不能加垫），外径尽可能大一些，以增大接触面积，减小对木材的挤压应力。螺栓、钉的端部及各种钜应埋入构件平面内，但不宜过深，以免过多损失构件的截面积，降低强度。特别是在加工钜槽、螺栓和钉端的埋头穴时要避免切断过多的纤维。

打入铁钉和螺栓的孔应小于钉及螺栓的直径，即保持适当的过盈量，以增加连接的强度和刚度，但过盈量不能太大，以免造成本材劈裂。在一块构件的同一横截面上并排打入的钉和螺栓的直径之和应小于该构件宽度的 1/4，而且打入同一构件的螺栓和钉沿纵向的排列不应在同一纹路上，以防构件的劈裂。

螺栓、钉、钜的布置应合理，间距要适当。过密的布置会削弱构件本身的强度。木材端部的抗劈裂能力和横纹抗压强度都较差，因此在距离端部 4 倍（对硬材）或 7 倍（对软材）螺栓或钉直径的范围内不要打入螺栓或钉。

（5）船体结构用钢制连接件（包括螺栓、钉、垫圈和各种钜），特别是用于可能被海水浸湿和潮气严重的部位的连接件，均应镀锌，以防止和减缓连接件的锈蚀。钢制连接件的锈蚀会直接造成连接处的强度和刚度的损失。

钉和螺栓在打入木构件前，在其头部应缠 2～3 圈涂有油灰的麻丝，以使结合处更紧密，防止海水沿螺栓或钉杆渗入构件内，引起腐蚀。螺栓、钉一般应从船体的外侧向里打入。装配好后，端部的埋头穴内应填满油灰，既可保证外表面的平整，又可防止海水渗入和螺帽松动。

11.9　构件的连接形式

木质渔船的紧固件像木板本身一样重要，理想的固紧材料是一些不易于腐蚀的材料，如不锈钢，但通常由于造价原因而不得不采用电镀钢质构件，为了延长使用寿命，电镀工艺必须仔细进行，同时在与木质结构装配前，涂以油脂也有助于保存这些紧固件。通常不是紧固件本身腐蚀而是包围着它的木板，其原因是电化学腐蚀，电镀层金属与钢质海底阀这两种不同金属在潮湿的木材中产生电流，在初始投资与寿命的矛盾中，采用电镀钢质构件还是一个合理的折中办法，这与用于渔船建造的硬质木材强度也相称。

不同地区所采用的木材是不同的，在许多国家，株木比较容易买到，一般用作主要构件如龙骨与肋骨，理想的肋骨构件材料的形状应该是天然生长成型的，以使其纹路也具有如此形状，但是由于造价，目前所有的纵骨是由两块或更多块组成的。质地软的木材如松木用作外板。

11.9.1　坚固件连接形式

1）铁钉紧固法

木质渔船多用铁钉紧固法来连接木质构件。图 11.21 为铁钉固紧示意图。铁钉种类很多，其截面形式有方形、圆形、扁形、枣核型等，常因各处结构不同而有差异。

在用铁钉连接木质构件时，其中心距板边缘不得小于板宽的 1/4，铁钉直径在 5mm 以上者应在木板上预先钻孔，孔径是钉径的 90%，孔深不得超过钉子长度的 1/2，用钉固紧木板在骨架上时，钉长一般为厚度的 2.5 倍以上，在将铁钉打入木质构件时，铁钉应缠以油麻丝，便于固紧及防止锈蚀，铁钉打入后，其钉头处尚应涂抹油灰以防海水浸入造成铁钉迅速锈蚀。实际上，铁钉不可避免地会受到海水和木液的腐蚀，从而生锈并生成酸化铁，酸类反过来对木材又起腐蚀作用，故铁钉应尽可能采用镀锌铁钉，以延长其使用年限。

2）螺栓紧固法

螺栓的连接力大而可靠，且连接紧密，受振后不易松脱，同时便于拆开。图 11.22 为甲板与横梁的螺栓连接。

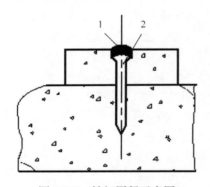

图 11.21　铁钉固紧示意图
1-填油灰处；2-螺栓

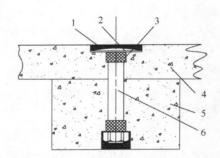

图 11.22　甲板与横梁的螺栓连接
1-填油灰处；2-垫片；3-缠油灰麻线；4-甲板；
5-螺栓；6-横梁

木质构件上的螺栓孔应用 90%螺栓直径的钻头钻孔，同时离板边或梁边不小于宽度的 1/4，为保证水密，则用油灰麻丝缠数圈于螺栓头处，螺栓头与帽应埋入木质构件中 10～25mm 并涂抹油灰，既防止螺栓头与帽外露钩坏网具，又防止海水浸入造成螺栓迅速锈蚀，当然，像铁钉一样，螺栓应尽可能镀锌，以延长其使用年限。

11.9.2　拼接连接形式

1）对接法

对接法又称为端接法，两块木材两端平头对齐，而后用帮材与这两块木材连接，若用两个帮材来连接称为双帮材对接，否则称为单帮材对接，如图 11.23 所示为单、双帮材对接。

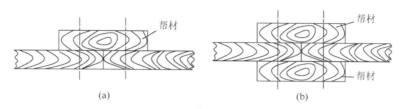

图 11.23　单、双帮材对接

2）嵌接法

在木船建造中嵌接法是被广泛应用的，如龙骨及一些纵向构件的连接多用此法。图 11.24（a）为水平钩形嵌接法，这种嵌接法主要用于正方形龙骨、长方形龙骨、内龙骨等构件；图 11.24（b）为垂直钩形嵌接法，这种嵌接法主要用于扁龙骨、龙骨翼板、舷侧厚板、受梁材、压梁材等。

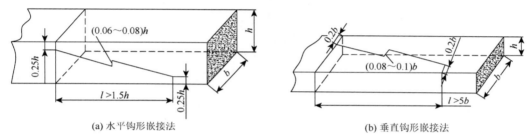

(a) 水平钩形嵌接法　　　　　　　　　(b) 垂直钩形嵌接法

图 11.24　板材的勾头接形式

对于外板、甲板等构件的嵌接，通常用图 11.25 所示的一般板材嵌接法。当外板与甲板在宽度小于 200mm 的情况下，也可用对接法来连接，其帮材则为肋骨或横梁。

3）垫角接法

在弯曲部分，受力大，当木材缺乏自然弯曲时则用垫角接，图 11.24 为折角线渔船的舭部弯曲材对舷侧肋骨与底肋骨的连接形式。

4）榫接法

图 11.26 为榫接法，此法多用于上层建筑中。

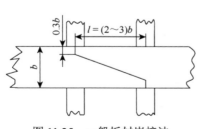

图 11.25　一般板材嵌接法

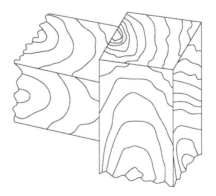

图 11.26　榫接法

11.9.3　胶合连接形式

用树脂等黏结剂将木质构件黏结在一起，如前述的胶合板船等。

在使用对接与嵌接方式时，尚有避距要求，即不论是对接或是嵌接，两个相邻接头之间需相隔一定距离。一般来说，龙骨、内龙骨及龙骨翼板的相邻两个接头之间，除首尾部分外，应做不小于 3 个肋距的避距。一舷龙骨翼板与另一舷龙骨翼板的相邻两个接头之间，应不小于接头长度的避距。

龙骨翼板、外板、舭龙骨、舷侧厚板等构件的接头，除首尾部分外，相邻 2 材的接头之间，应作不小于 3 个肋距的避距，相隔 1 列板材的接头之间，应不小于 2 个肋距的避距，相隔 2 列板材的接头之间，应不小于 1 个肋距的避距。

甲板的接头，相邻 2 材应不小于 2 个甲板横梁间距的避距，相隔 1 列板材之间应作不小于 1 个甲板横梁间距的避距。

11.10　捻缝及工艺

木质船体的水密性主要靠捻缝来保证。捻缝就是用浸油的麻絮将各构件的边接缝和端接缝填塞紧密，然后用沥青或油灰敷盖以达到水密要求的一道工序。捻缝也泛指用油灰、麻板（也称为麻饼，腻子里面加短麻丝，搅拌或用大锤砸制成）等填补孔穴，修补局部的裂缝、腐烂等缺陷的工作。

通过捻缝还可使船体各构件的联系更紧密，增强船体结构的整体性和强度，而且使船体表面比较光顺以增加美观，降低与水的摩擦力。

为便于捻缝，相邻的一个平面上的两板缝口应做成小于 90° 的缝口，相邻的两构件不在一个平面上的应中和两个构件接触面的角度，且两构件拼缝的内口应尽量紧密，缝隙不应大于 1mm，从板厚的 70% 处向外构件的侧边可制成坡口，使板缝的外口呈 V 形。当板厚不足 60mm 时，外侧缝口宽度应不大于 3mm，当板厚超过 60mm 时，外侧缝口宽度应不大于 5mm。

捻缝时应先沿板缝开好灰路，下好底油灰，然后逐次打入带油灰的填料，反复打捻，填满打实，特别是两路缝接头处要更加注意，打捻到填料距表面 5mm 时停止。填料表面应平整，再用软灰（甲板部分也可用沥青）盖住，外表面应比构件外表面凹 2～3mm。单面捻缝时，填料打入的深度应达到板厚的 60%～70%，内侧也要用桐油腻子复缝；双面捻缝时，外缝口打捻深度应不小于材厚的 60%，内缝口的打捻深度应不小于材厚的 10%。

捻缝用的填料根据不同海区的传统习惯可选用麻丝、网纱、竹丝等柔软、干燥、无泥沙的纤维。合油灰用的白灰可选用优质的贝壳灰或石灰，白灰应碾细，并用细筛筛去大颗粒杂物。合油灰必须用桐油，桐油、麻丝、石灰必须采用合格产品绝不允许掺假，曾经有过因用假桐油等次材料而酿成海上事故的教训。

11.11　船体主要构件及检验要求

艏柱、艉柱、舵柱、舱壁座、各种肘材、尾纵中材、尾纵翼材、基座木应使用硬材，龙骨和舷侧厚材一般也应使用硬材或用有一定密度的软材（如落叶松）。

甲板以上的上层建筑的板材，一般应使用密度较小的轻质软材，以降低船舶的重心，提高稳性。

舷侧厚材及船体板材应当去掉皮层即形成层（树木结构：树皮、形成层、木质部、髓心），船体外板厚度应足够、宽度应适当（中部一般不大于板厚的 4 倍，首尾部一般不大于板厚的 3 倍）。

除用于弯曲形构件的天然曲材外，船用木材均需充分干燥；不应在重要部位存在如节子、青皮、棱角（缺角）、裂纹、虫眼、腐朽等其他缺陷。

11.12　本　章　小　结

本章主要介绍了木质渔船船体的类型，外板与甲板的结构形式，船体结构构件的质量标准，横舱壁结构、首尾结构，构件连接中应注意的问题及常见的连接形式，木质渔船的捻缝工艺及船体主要构件的检验要求等。

习　　　题

1. 多项选择题

（1）木质渔船所用软材包括_____等。

  A. 红松　　　　　B. 落叶松　　　　　C. 水曲柳　　　　　D. 桉木

（2）木质渔船_____长度不超过 10m 时应为 1 根整材。

  A. 龙骨　　　　　B. 内龙骨　　　　　C. 舷侧纵桁　　　　　D. 横梁

（3）木质渔船艏肘材上臂长度应不小于艏柱总长的_____。

  A. 1/4　　　　　B. 1/2　　　　　C. 3/4　　　　　D. 1

（4）木质渔船艉纵翼材左右应各为整材，并与_____之间用横向螺栓紧固，其螺栓间距应不大于 400mm。

  A. 横梁　　　　　　　　　　　　B. 艉柱

  C. 艉纵中材　　　　　　　　　　D. 填充材

（5）木质渔船同一横剖面上的肋骨可用材质相同的木材_____构成。

  A. 嵌接　　　　　B. 对接　　　　　C. 搭接　　　　　D. 铆接

（6）木质渔船龙骨翼板应嵌接，首段的长度应不小于_____个肋距，中部的接头间距应不小于_____个肋距。

  A. 10　　　　　B. 11　　　　　C. 12　　　　　D. 13

（7）木质渔船普通外板的长度在船中部应不小于_____个肋距，首尾部应不小于_____个肋距。

　　A. 12　　　　　　　B. 10　　　　　　　C. 7　　　　　　　D. 5

（8）木质渔船中_____均应为整材，在两舷与肋骨、承梁材紧密贴合并用螺栓紧固。

　　A. 甲板横梁　　　B. 舱口端梁　　　C. 短横梁　　　　D. 甲板纵桁

（9）作用在舷侧结构上的外力有_____。

　　A. 舷外水压力　　B. 舱内货物压力　　C. 舱内液体压力　　D. 波浪冲击

（10）木质渔船船体结构必须具有_____。

　　A. 足够的强度　　　　　　　　　B. 足够的刚度

　　C. 足够的稳定性　　　　　　　　D. 可靠的水密性

（11）建造木质海洋渔船的木材，在_____附近不应有纵向裂纹。

　　A. 铁钉　　　　　　B. 缝口　　　　　　C. 榫口　　　　　　D. 螺栓

2. 判断题

（对的打"√"，错的打"×"）

（1）渔船有着从事渔业生产并兼有国防上的作用。　　　　　　　　　（　　）

（2）对拖网渔船而言，固定压载有利于保持拖网作业时的航向稳定性。（　　）

（3）固定压载在捕捞渔船上的应用很广泛。　　　　　　　　　　　　（　　）

（4）木质渔船的所有捻缝均应在钉、螺栓紧固后施行。　　　　　　　（　　）

（5）建造木质渔船时，水线以下外板可以使用有虫眼的木材。　　　　（　　）

（6）对于木质渔船，首尖舱的长度应不大于 $0.05L$。　　　　　　　　（　　）

（7）造船用木材若有虫眼，则水线以上外板仍可使用有虫眼的木材。　（　　）

（8）木质渔船艏柱、艉柱、舱壁座、肋骨、肘材等构件应使用硬材。　（　　）

（9）木质渔船船体结构型式一般采用横骨架式，分圆舭型与折线型。　（　　）

（10）木质渔船龙骨、内龙骨长度不超过 10m 时应为 1 根整材。　　　（　　）

（11）木质海洋渔船的艏柱与龙骨连接的部位宜用钢板包覆。　　　　（　　）

（12）木质海洋渔船若采用组合龙骨，则组合龙骨的接缝处应进行捻缝。（　　）

（13）有横向裂纹的木材不能用来建造木质海洋渔船。　　　　　　　（　　）

（14）建造木质海洋渔船的木材，在缝口和榫口附近可以有纵向裂纹。（　　）

（15）木质渔船的龙骨、内龙骨长度不超过 10m 时，应分成两段组合。（　　）

3. 简答题

（1）木质渔船船体外板是如何排列的？对材质有何要求？

（2）圆舭型木质渔船有几种类型？各有何特点？

（3）组成木质渔船的构件有哪些？对骨材有什么要求？

（4）木质渔船板材的拼接方法有几种？适用于什么场合？

（5）什么是捻缝？捻缝有什么作用？

（6）捻缝的填料有哪些？

4. 读图题

写出习题图 11.1 中序号所指的构件的名称。

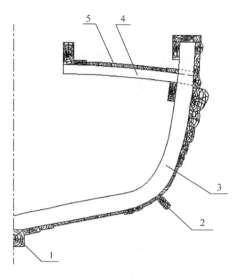

习题图 11.1

参 考 文 献

顾玉升，2001. 船舶结构与设备习题解答[M]. 大连：大连海事大学出版社.

国防科技工业科学技术委员会，2018. 中华人民共和国船舶行业标准 CB/T385-2018[S].

贾复，1994. 船舶原理与渔船结构[M]. 北京：中国农业出版社.

彭辉，2011. 船舶系列丛书：造船材料[M]. 哈尔滨：哈尔滨工程大学出版社.

孙文志，2011. 船舶原理与结构[M]. 大连：大连海事大学出版社.

孙文志，张维英，于欣，等，2008. 远洋金枪鱼延绳钓渔船总布置探讨[J]. 船海工程，37（1）：23-25.

王常涛，党杰，2015. 船舶概论与识图[M]. 北京：国防工业出版社.

王珏，1994. 铝合金在造船中的应用与发展[J]. 轻金属，（4）：49-54.

魏莉洁，2014. 船体结构[M]. 哈尔滨：哈尔滨工程大学出版社.

吴家鸣，2013. 船舶与海洋工程导论[M]. 广州：华南理工大学出版社.

吴仁元，1994. 船体结构[M]. 北京：国防工业出版社.

邢彬彬，2017. 渔具渔法学[M]. 大连：大连海事大学出版社.

许传才，2015. 水产通论[M]. 大连：大连海事大学出版社.

张孔群，2003. 船舶图解大词典[M]. 大连：大连海事大学出版社.

张孔群，2003. 英汉对照船舶图解大词典[M]. 大连：大连海事大学出版社.

中国船舶工业集团公司，等，2017. 船舶实用设计手册（总体分册）[M]. 2 版. 北京：国防工业出版社.

中国船级社，2015. 钢质海船入级规范（2015）（第二分册）[M]. 北京：人民交通出版社.

中国船级社，2018. 材料与焊接规范[M]. 北京：人民交通出版社.

中华人民共和国国家质量监督检验检疫总局，2008. 中华人民共和国国家标准-船舶通用术语（GB7727）[S].

中华人民共和国农业部渔业局，2015. 中国渔业统计年鉴[M]. 北京：中国农业出版社.

中华人民共和国渔业船舶检验局，2012. 钢质海洋渔船建造规范（2015）[M]. 北京：人民交通出版社.

中华人民共和国渔业船舶检验局，2012. 全国海洋渔船安全技术状况（2011）[R]. 大连：大连海洋大学.

中华人民共和国渔业船舶检验局，2015. 渔船船舶法定检验规则（2015）[M]. 北京：人民交通出版社.

中华人民共和国渔业船舶检验局，2015. 渔船船舶法定检验规则（远洋渔船 2015）[M]. 北京：人民交通出版社.

Dokkum K V，2008. Ship Knowledge：Ship Design，Construction and Operation[M]. 4th ed. Vlissingen：Dokmar Maritime.

Eyres D J，Bruce G J，2012. Ship Construction[M]. 7th ed. Oxford：Butterworth-Heinemann.

Germanischer L，Dokkum K V，2004. Ship Knowledge-a Modern Encyclopedia[J]. Naval Engineers Journal，116（1）：24-25.

Mandal N R，2017. Ship Construction and Welding[M]. Singapore：Springer.

Molland A F，2008. The Maritime Engineering Reference Book[M]. Oxford：Butterworth-Heinemann.